立命館大学産業社会学部創設50周年記念学術叢書

労働社会の変容と格差・排除

——平等と包摂をめざして——

櫻井純理/江口友朗/吉田 誠
［編著］

ミネルヴァ書房

立命館大学産業社会学部創設50周年記念学術叢書
刊行にあたって

産業社会学部長　有賀郁敏

　21世紀に入り15年が経過した現在，日本社会は混迷に満ちたアポリアに陥った感がある。一部多国籍企業の業績向上，資産家の富の増大とは裏腹に，個人消費をはじめとする実体経済は停滞し，中小企業の経営は冷え込みと悪化を余儀なくされ，非正規雇用の増大，子どもの貧困率の上昇，介護事業所の倒産等，いわゆる貧困と言われる数値がOECDの統計に照らしてみても悪化し続けている。東日本大震災と東京電力福島第1原子力発電所事故によって甚大な被害を被った地域は，被災者の必死の努力と多くのボランティアによる支援にもかかわらず，人々の暮らしや生業が元の姿を取り戻したとは言い難い。こうした富をめぐる非対称性はグローバル資本の動向抜きには説明できず，今や日本社会の細部にまで浸透しつつある新自由主義の猛威を前に，状況はわれわれに学問的対応を要請している。

　産業社会学部は新幹線が開通し，アジア初のオリンピックが東京で開催された翌年の1965年4月に創設された。人々の生活視線が新時代の象徴である東京タワーのように天空高く上向いていた，高度経済成長の時代である。しかしこの時代は，成長の光とともに影，すなわち新しい社会問題と病理を生み出した。産業社会学部は，これら新たな問題の解決を迫られた時代状況に敏感に応えるべく，社会学をはじめ経済学，政治学等，社会諸科学を総合し，ディシプリン相互の共同性を重視した学際学部として誕生したのである。現在，産業社会学部は「現代社会」，「メディア社会」，「スポーツ社会」，「子ども社会」，「人間福祉」の5つの専攻を有する学際学部として不断の発展の道を歩んでおり，グローバル化に対応する斬新な教学プログラム，多彩なPBL・アクティブラーニング，学外に網の目状に張りめぐらされた社会的ネットワークを活かしながら，課題に直面している人々や組織と有機的に連携し，平和にして豊かな社会

の発展を目指し学問研究に取り組んでいる。

　本年，学部創設50周年を迎えるに際し，学部教員による自由闊達な共同討議をふまえ，学際学部に相応しく専攻を横断する執筆陣により，本学術叢書の各巻が編まれることになった。すなわち，社会学のみにとどまらず，政治経済や教育，福祉，スポーツ，芸術といった多岐にわたる教員構成，互いの領域の知見を交換しあう場の創出を可能とする産業社会学部ならではの特長を生かした学問的営為の結晶である。各巻には，それぞれ具体的なテーマが設定されているが，そこにはアクチュアルな理論的，実践的な課題に真摯に対峙してゆく「現代化，総合化，共同化」という，学部創設以来の理念が通奏低音のように響いており，それゆえ本学術叢書は現代社会における複雑にして切実な課題を読み解き，解決するうえで貢献するであろう。産業社会学部の学問がどのように社会状況へ応答しているのかを知っていただくとともに，読者の皆様からの忌憚のないご意見を，学部のさらなる将来への糧とさせていただきたいと願うものである。

　「ミネルヴァのふくろうは，たそがれ時になってようやく飛びはじめる」。このヘーゲルの言葉は，現実を見つめ，知的反芻を積み重ねたうえで，時代の進むべき道筋を照らし出そうとする産業社会学部を象徴しているようにも思う。その意味で，本学術叢書がミネルヴァ書房より刊行されたことは大変意義深いものがある。ここに記して感謝申し上げたい。

労働社会の変容と格差・排除
——平等と包摂をめざして——

目　次

刊行にあたって……有賀郁敏

序　章　「格差と排除」を生む雇用・労働のあり方を問う……櫻井純理…1
　　　　──本書の主旨と概要──
　　1　労働のあり方を問うことの重要性………………………………………1
　　2　所得格差の増大と雇用の非正規化………………………………………2
　　3　ワーキングプアの顕在化…………………………………………………6
　　4　社会的排除：社会における紐帯の喪失…………………………………7
　　5　本書の構成…………………………………………………………………9

第1章　格差社会と階級理論………………………………………木田融男…13
　　　　──批判的実在論を通して──
　　1　現代社会と階級理論………………………………………………………13
　　2　格差社会論と階級理論……………………………………………………17
　　3　批判的実在論と階級理論…………………………………………………25

第2章　労働・福祉を巡る制度アプローチの開発途上国への
　　　　分析射程……………………………………………………江口友朗…41
　　　　──タイでの私的な相互援助の実態を交えて──
　　1　途上国の社会経済システム分析と制度の経済アプローチ……………41
　　2　制度のもとでの多様なアクターやアクター間での関係性を分析
　　　　する必要性…………………………………………………………………44
　　3　タイでの労働・福祉：所得再分配の家計レベルでの実態・効果に
　　　　焦点をあてて………………………………………………………………47
　　4　途上国の福祉・労働を巡る制度アプローチの精緻化・分析の深化
　　　　に向けて……………………………………………………………………52

目　　次

第3章　新自由主義のもとで変化する日本の労働市場…篠田武司・櫻井純理…61
　　　　──持続可能な社会への展望──

　　1　はじめに：ポスト・フォーディズムの蓄積体制………………………61
　　2　EUにおける労働市場政策の変化…………………………………………64
　　3　フレキシキュリティ（Flexicurity）政策へ………………………………67
　　4　韓国・日本における対応……………………………………………………68
　　5　日本における非正規雇用者の不利…………………………………………72
　　6　正規雇用者の受難……………………………………………………………74
　　7　処方箋としての「ジョブ型正社員」………………………………………80
　　8　持続可能な社会への展望……………………………………………………81

第4章　1949年人員整理後の日産における臨時工活用の本格化…吉田　誠…89
　　　　──労使関係の枠組みと賃金格差の考察──

　　1　戦後的な平等観と臨時工……………………………………………………89
　　2　無協約時代の労使関係………………………………………………………90
　　3　組合における「臨時工」の認知とその対応………………………………93
　　4　本工と臨時工の賃金制度の比較……………………………………………98
　　5　賃金額の比較…………………………………………………………………105
　　6　賃金の比較に関するまとめ…………………………………………………109

第5章　就労から排除される障害児の母親……………………小木曽由佳…117
　　　　──「労働」と「福祉」からの二重の疎外──

　　1　障害児の母親の就労をめぐる今日の状況：その意義と限界……………117
　　2　福祉政策における「支援者としての母親」像の陥穽……………………119
　　3　労働政策に見る障害児の母親の排除………………………………………125
　　4　まとめと今後の課題：ケア責任の重い労働者のWLBを達成して
　　　　いくために………………………………………………………………………129

第6章　過労死・過労自殺問題に直面する韓国……………姜　旼廷…137
　　　　──社会的支援システムの韓日比較──

1　過労死，過労自殺に対する社会的支援システムとは……………137
2　日本の社会的支援システム：支援者に対する調査の分析………139
3　韓国の社会的支援システム：支援者に対する調査の分析………151
4　韓日比較から見る過労死および過労自殺対策への提言…………161

第7章　移民のホスト社会への包摂と母国とのつながり……玉置えみ…167
　　　　──アジア系アメリカ移民における海外送金に注目して──

1　海外送金と移民の社会適応………………………………………167
2　データと分析方法…………………………………………………170
3　分析結果：アジア系移民の海外送金……………………………172
4　考察：移民の適応と母国とのつながり…………………………178

第8章　福祉国家の変容と脱商品化・再商品化…………嶋内　健…183
　　　　──デンマークにおけるアクティベーション政策と休暇制度に着目して──

1　20世紀末以降のデンマーク福祉国家の変容……………………183
2　アクティベーション政策の展開：1970年代から2010年代まで…185
3　休暇制度とジョブ・ローテーション……………………………196
4　四つのアプローチと脱商品化・再商品化………………………201
5　生産指向の普遍主義は超えられるか……………………………204

第9章　国際社会政策の誕生とフランス労働総同盟…深澤　敦…213

1　国際社会政策の実現と日本の遅れ………………………………213
2　「講和条約の中に挿入すべき労働者諸条項」というスローガンの
　　提起…………………………………………………………………214
3　CGT少数派の反撃と「労働者諸条項」戦略の体系化…………221
4　「労働者諸条項」戦略の国際化とILOの創設……………………226

目　次

あとがきと謝辞……241

索　引……245

序　章

「格差と排除」を生む雇用・労働のあり方を問う
──本書の主旨と概要──

櫻井純理

1　労働のあり方を問うことの重要性

　20世紀のグローバル資本主義経済の急激な発展を経た今，私たちはより多くの人々が豊かさと幸福を実感しうるような社会の形成に，どれだけ近づくことができたのだろうか。国内外に存在する様々な格差と，貧困や排除をめぐる諸問題は新たな様相を呈しつつ，依然，平和への脅威をもたらす深刻な課題として私たちの眼前に立ちはだかっている。本書の主要な関心は，現代社会におけるこうした「格差と排除」の問題に対して，「雇用」や「労働」に関わる理論的・実践的研究を通してアプローチし，社会的包摂と平等な社会の実現に資する労働のあり方について多面的な考察を試みることにある。

　本書の導入部分にあたるこの章では，とりわけ現代の日本社会において，格差や排除の問題を雇用・労働のあり方と関連づけて論じることの重要性を示しておきたい。もとより，労働がどのような機会と報酬を人々に与え，いかなるリスクと問題をもたらすものとして社会に存在しているかは，人々の経済的・社会的状況に決定的な影響を及ぼすものである。したがって，どんな社会であれ，格差や貧困・社会的排除という問題の解決を展望するために，「雇用における格差」や「労働（就労）をめぐる排除」の実態を明らかにすることは，重大な意味を有する。そして，この日本にあって，労働のあり方──特に雇用における報酬の配分と恵まれた労働機会の配分の実態──は，格差と排除の重大な要因になっている。その現実を注視し，改善を展望することは間違いなく，現在の日本社会が抱える主要な課題の一つである。

2　所得格差の増大と雇用の非正規化

　初めに見るのは，経済的格差の問題である。1990年代の終わりに，橘木俊詔は『日本の経済格差』を著し，日本における貧富の格差が拡大し，1980年代までの「一億総中流社会」が過去のものとなりつつあることを指摘した（橘木,1998）。2000年には佐藤俊樹が『不平等社会日本』において，階層間移動の機会が減少していることを示し，日本が「『努力すればナントカなる』社会から『努力してもしかたがない』社会へ，そして『努力をする気になれない』社会へ」という転換を急激な形で経験しつつあると主張した（佐藤，2000，128頁）。橘木は前掲書での分析をふまえ，2006年の『格差社会』の中で「格差の何が問題なのか」をさらに掘り下げ，格差の拡大が社会にもたらす多様な影響——モラルハザードによる日本経済へのダメージ，人的資源のロス，犯罪の増加，健康格差の拡大，貧困層のさらなる増大等——について警鐘を鳴らしている（橘木，2006）。

　これらの研究でも指摘されている通り，日本国内の経済的格差は1990年代に急激に拡大した。図序-1に示したのは所得分配の不平等度を意味するジニ係数の推移（1978～2011年）である。当初所得（再分配前）のジニ係数は1981年以降一貫して上昇し，1990年代半ば以降の上昇率はさらに高まっている。また，再分配後の所得分配の不平等度は一定の水準に留まっているように見えるが，不平等度の国際比較の順位では再分配前よりもさらに悪い。OECD諸国の中で再分配後ジニ係数は9番目に高く，相対的貧困率（その国の中位所得の50%を下回る人の割合）は7番目に高い。そのいずれもがOECD平均を上回っている（表序-1）。

　日本の再分配前所得のジニ係数が急速な上昇を見せた1990年代後半からの10年間は，雇用者に占める非正規雇用者の比率が急速に高まった時期である（図序-2）。1995年から2005年までの10年間で正規雇用者は約400万人減少し（3779万人→3375万人），非正規雇用者は約630万人増加した（1001万人→1634万人）。非

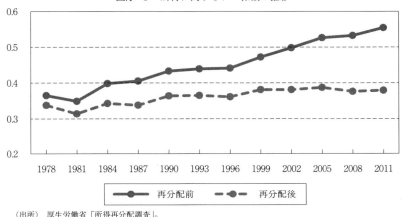

図序-1　所得に関するジニ係数の推移

(出所)　厚生労働省「所得再分配調査」。

　正規雇用者の年収は 6 割が150万円未満であり，300万円以上層は約 7 ％しかない（表序-2）。雇用の非正規化は，賃金が相対的に高い正社員から，低賃金で年功的な賃金上昇幅がきわめて小さい非正規社員への置き換えが進んだことを意味しており，この時期の急激な非正規化の進展は，経済的格差を拡大させた主因の一つである。

　加えて，このような雇用非正規化が特定の労働者層──女性，若年層，低学歴層──において進行したことにも，留意が必要である。三山雅子は，従来から非正規雇用者が多かった中高年女性に加え，「これまで正規雇用で働くのが当然と考えられていた未婚女性」や，若年男女，わけても「中卒・高卒という学歴的少数派」の若年層において非正規化の度合いが著しかったことを明らかにしている（三山，2011，44-53頁）。たとえば女性未婚者の正規雇用比率は1987年には85.1％だったが，2007年には63.3％，2012年には56.6％まで大きく低下した（『就業構造基本調査』各年データに基づく）。

　日本の雇用におけるジェンダー間格差は，正規雇用者同士の比較でも大きく，女性正社員の賃金は男性正社員の73.4％に留まっている（厚生労働省，2012）。OECD による国際比較では，日本の gender wage gap（ジェンダー間の賃金格

表序-1 所得分配の不平等度と貧困率の国際比較（2009年）

	再分配前ジニ係数		再分配後ジニ係数		貧困率（％）	
1	アイルランド	0.58	チリ	0.51	イスラエル	20.9
2	チリ	0.54	メキシコ	0.47	メキシコ	20.9
3	ポルトガル	0.52	トルコ	0.41	トルコ	19.3
4	イギリス	0.52	ロシア	0.40	チリ	18.4
5	ギリシア	0.51	アメリカ	0.38	ロシア	17.0
6	オーストリア	0.51	イスラエル	0.37	アメリカ	16.5
7	イスラエル	0.50	イギリス	0.34	日本	16.0
8	アメリカ	0.50	ポルトガル	0.34	韓国	15.3
9	イタリア	0.50	日本	0.34	スペイン	15.0
10	ドイツ	0.49	オーストラリア	0.33	オーストラリア	14.6
11	フランス	0.49	ギリシア	0.33	ギリシア	13.0
12	スペイン	0.49	スペイン	0.33	カナダ	12.3
13	日本	0.49	ニュージーランド	0.32	イタリア	12.1
14	ロシア	0.48	カナダ	0.32	ポルトガル	12.0
15	ルクセンブルク	0.48	イタリア	0.31	ニュージーランド	11.9
16	ベルギー	0.48	韓国	0.31	ポーランド	11.3
17	エストニア	0.48	アイルランド	0.31	エストニア	10.8
18	トルコ	0.48	エストニア	0.31	イギリス	9.9
19	フィンランド	0.48	ポーランド	0.31	スイス	9.5
20	ポーランド	0.47	スイス	0.30	ドイツ	9.5
21	オーストラリア	0.47	フランス	0.29	ベルギー	9.4
22	ニュージーランド	0.45	オーストリア	0.29	アイルランド	8.8
23	スロベニア	0.45	ドイツ	0.29	スウェーデン	8.7
24	チェコ	0.45	オランダ	0.28	スロベニア	8.7
25	カナダ	0.44	ルクセンブルク	0.27	ルクセンブルク	7.9
26	スウェーデン	0.44	ハンガリー	0.27	スロバキア	7.8
27	スロバキア	0.44	ベルギー	0.27	オーストリア	7.5
28	オランダ	0.42	スウェーデン	0.27	フランス	7.5
29	ノルウェイ	0.42	アイスランド	0.27	ノルウェイ	7.5
30	デンマーク	0.41	スロバキア	0.26	フィンランド	7.4
31	アイスランド	0.38	フィンランド	0.26	オランダ	7.4
32	スイス	0.37	チェコ	0.26	ハンガリー	6.8
33	韓国	0.35	スロベニア	0.25	アイスランド	6.5
34	ハンガリー	＊	ノルウェイ	0.24	デンマーク	6.4
35	メキシコ	＊	デンマーク	0.24	チェコ	5.9
	OECD 平均	＊	OECD 平均	0.32	OECD 平均	11.6

（注）再分配前は市場所得，再分配後は可処分所得での比較．原則的に2009年度の数値を用いた比較だが，同年度のデータがない国については，記載されている最近年のデータを使用した．データベースに全ての年のデータが存在しないものは＊印を記している．

（出所）OECD統計「Income Distribution and Poverty」．(http://stats.oecd.org/viewhtml.aspx?queryid=66670 2015年9月20日アクセス)

序　章　「格差と排除」を生む雇用・労働のあり方を問う

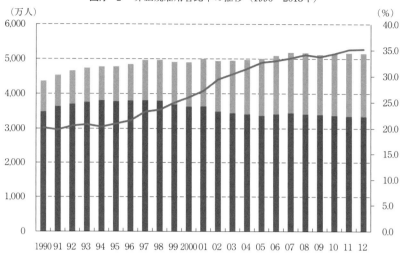

図序-2　非正規雇用者比率の推移（1990～2013年）

（注）　比率は役員を除く雇用者全体に占める割合。
（出所）　総務省「労働力調査（詳細集計）」（2002年以降）および「労働力調査特別調査」（2001年以前）。

表序-2　雇用形態別の年収分布（％）

	150万円未満	150～299万円	300～499万円	500～799万円	800万円以上
正規雇用者	4.7	27.1	34.9	23.5	8.7
非正規雇用者	64.3	27.8	5.7	1.2	—

（出所）　総務省『就業構造基本調査』2012年。

差）は28.7％（2010年）と韓国，エストニアに次いで高い。女性労働のさらなる非正規化は男女間の処遇格差を一層拡大することにつながる。女性の経済的自立を阻む処遇格差の解消を明確に掲げず，管理職への登用をもって「女性の活躍」と捉えるような政策は空疎である。また，ここで述べた雇用形態やジェンダー間の格差以外にも，格差社会を生み出す処遇格差の要因には，従事する職業（職種）による格差，企業規模による格差（熊沢，2007，第3章）がある。多様な要因がもたらしている格差をどの程度までどのように縮めることができ

るのか，機会のみならず結果の平等を視野に入れた具体的な政策が不可欠であると筆者は考える。

3 ワーキングプアの顕在化

　正規雇用者が大幅に減少し，派遣・請負労働者等を含む非正規雇用者が急増したことの影響は，単に経済的な「格差」を拡大させたことにとどまらない。格差社会の下方に置かれた人々の中には，きわめて劣悪な生活環境を余儀なくされ，貧困状態で命をつないでいる人が増えていたのである。「働いているにもかかわらず貧困状態に置かれている人々」が社会の下層に滞留しているという事実は，しかしながら，2000年代中盤に「ワーキングプア（勤労貧民）」という概念で語られるようになるまでは，それほど大きな社会問題とは考えられてこなかった。アメリカにおいて，こうした人々——たとえば，映画館のポップコーン売り，縫製工場の女工，保育士，農作業に従事する移民労働者ら——の存在を指摘し，彼らが直面している人生の苦難をつぶさに描き出したD. シプラーは，著書『ワーキング・プア』のサブタイトルを"Invisible in America"と題した。彼は次のように述べている。「最初の一歩はその問題を理解することであり，最初の問題はその人々を見ていないことである」（シプラー，2006, 17頁）。

　日本でも同様に，「働いているにもかかわらず貧困」であることや，むしろ「働いているがゆえの貧困」が社会に広範に存在していることは，近年まで見過ごされてきた。後藤道夫は2010年の論考において，「母子世帯を除き，＜貧困＞は勤労世帯に普通に生ずる問題とはみなされず，高齢世帯と傷病・障害世帯，あるいは何らかの面で社会生活を営む能力にかける世帯主の世帯など，特殊な問題と理解されてきた」と述べ，大量のワーキングプアの存在が日本で本格的に議論されるようになったのは，「ここ2, 3年のことである」と指摘した（後藤，2010, 14頁）。

　濱口桂一郎は日本におけるワーキングプアの「発見」は2006年であったとし，

それまで「若者の意識という社会心理学の問題」か「ジェンダー論的課題」でのみ議論されてきた非正規雇用の問題が，この時期以降，格差や貧困の観点から論じられるようになったと述べている（濱口，2009，116頁）[2]。2008年のいわゆるリーマンショックに続く派遣労働者の契約解除（「派遣切り」）の多発と，それに対する「年越し派遣村」の取り組みもまた，日本社会におけるワーキングプアの存在を"visible"なものとする契機になった。

　五石敬路の分析によると，2007年時点で日本の貧困世帯のうち54.1％は就労者が1人以上いる世帯（ワーキングプア世帯）だが，こうした世帯の生活保護捕捉率は4.6％にすぎない。これは全貧困世帯の捕捉率19.2％にもはるかに及ばず，福祉の手が届いていないワーキングプア世帯は300万戸近くにのぼる（五石，2011，40-42頁）[3]。貧困状態を抜け出すこともできないような労働に就かざるをえない社会を，今後どのように変えていくのか。安全で安心な生活の支えとなりうる福祉制度の再構築のみならず，「格差」や「貧困」を生み出すような雇用・労働のあり方自体の見直しが必要である。

4　社会的排除：社会における紐帯の喪失

　さらに，近年進行した不安定雇用の増加は「社会的排除」を深刻化させる要因ともなっている。社会的排除とは社会における多様な側面での剥奪が相互に影響を与えながら累積し，継承されていくことを問題視する概念である。その特徴は，経済的困窮や所得格差といった「分配の側面」における差別や剥奪は問題の一面であると考え，「関係の側面」すなわち，家族・コミュニティ・職場などを通した社会とのつながりの欠如が及ぼす影響を重視する点にある[4]。社会的排除という言葉自体は1960年代のフランスで使われ始め，1980年代後半以降はフランスやイギリス，そしてEU全体の社会政策において，その問題の解決——つまり，「社会的包摂」の促進——が主要な目標に掲げられてきた（福原，2007，12-14頁；中村，2012，2-9頁）。

　社会的排除という考え方が注目されるようになった理由には，新自由主義的

な経済のグローバル化を背景に、失業の長期化や労働の不安定化（プレカリアスネス）が進み、より多くの人々がリスクに対して脆弱な存在になったことが挙げられる。同時に、福祉国家の危機や家族ネットワークの弱体化などが社会的なつながりの崩壊をもたらし、社会の結束を弱めていることへの危機感がある（バラ・ラペール、2005、2頁）。カステルは1995年の著書において、「賃金労働という基盤の確立を出発点として、社会国家によって裏打ちされた強力なリスク保障の制度がようやく確立したそのあとに提起された問題」（カステル、2012、vii頁）として、社会的紐帯の喪失（disaffiliation）を論じた。雇用の不安定化によって「『この世に用なき者』、社会的余剰人員」（同、525頁）に追いやられた多くの人々の中には、「長期失業者、すべてを奪われた郊外の住人、〔社会〕参入支援最低所得（RMI）の受給者、産業転換の犠牲者、雇用を求め研修制度や臨時雇いのアルバイトを渡り歩く若者など」（同、vii頁）が含まれる。こうした状況について、カステルは「大衆的脆弱性が回帰した」と述べた（同、525頁）。

　企業社会日本における典型的な包摂のモデルとは、安定した職に就く男性稼ぎ主を中心に家族が形成され、人々は雇用と家族を通じて社会に包摂されるというものだった。国は産業政策等を通じて企業経営を支え、健康保険や年金などの福祉制度も企業福祉を中心に築かれた。また、在職者の職業訓練の多くは企業によって行われ、その重点は企業特殊的能力の形成に置かれてきた。宮本太郎は、こうした日本的包摂のあり方について、「行政・官僚制の業界保護のもとで、一定の規模を備えた企業が男性稼ぎ主の生活保障をおこなうといういわば『企業的包摂』が実現していた」（宮本、2013、5頁）と表現している。

　そして、人々にとって、企業での年功的な雇用は経済的な保障の礎であるとともに、自らの成長や自分が「社会から必要とされていること」を確認できる足場ともなった。経営家族主義を掲げる日本型経営にあってはなおさら、企業という疑似共同体への定着を通して人々は社会に関わり、他者から承認されていた。企業社会内部での仲間との協力や競争でさえもが、自己存在の輪郭を明瞭化し、自分が何者かであることを感じさせてくれる経験として認識されたの

である。

　上で見た雇用非正規化の過程で起こってきたのは，こうした日本的な企業包摂モデルの崩壊である。それは，非婚者・離婚者の増加，高齢者一人世帯の増加等を背景とした家族的包摂の弱体化ともあいまって，社会的関係から切り離されて孤立し，活躍できる場所や安心できる居場所を持ちえない人々を大量に生み出している。低賃金は将来にわたる人生全般の不安を招き，二級の労働者という刻印は自己肯定感と生きる気力を剥ぎ取っていく。2008年の秋葉原殺傷事件のような相手を選ばない大量殺人事件や，簡易宿泊所の「居住者」たちが悲惨で孤独な死を迎えた火災事故，そしてネットカフェの別々の個室に暮らす母と姉妹の「家族生活」（NHK「女性の貧困」取材班，2014）。こうした報道が示しているのは，この社会に深い裂け目が生じ，深刻な闇が広がっているという事実である。

5　本書の構成

　本書は，立命館大学産業社会学部の50周年を機に出版される論文集である。同学部に在籍する教員と社会学研究科の大学院生（出身者を含む）が，「格差」「貧困」「社会的排除」という社会的課題を念頭に置きながら，ふだん取り組んできた研究テーマについて各章の論文を執筆した。したがって，それぞれが取り上げる主題やアプローチ方法は多種多様だが，より包摂的（インクルーシブ）で平等な社会の創出を展望するという主旨は共通している。以下では簡潔に全体の構成と各章の概要を紹介しておく。

　第1章・第2章は現代社会を論じる理論的枠組みの検討に重点を置いた論考である。第1章の木田論文は，近年注目が高まっている「格差社会論」と資本主義社会における「階級」や「階層」，あるいは「階級理論」との関連性について考察する。分析の手法としては「批判的実在論」（Critical Realism）に着目し，特に日本の「中流社会」と「格差社会」における階級や階層をどのように捉えるべきなのか，という点が検討される。第2章の江口論文は，途上国の社

会経済システムの分析に関する理論モデルを検証する。経済学における制度アプローチ（新制度学派，比較制度分析，レギュラシオン学派）の有効性が検証されたうえで，「制度論的ミクロ・マクロ・ループ論」の有益性が主張される。タイにおける私的援助の実態を事例に取り上げ，インフォーマルな制度の機能を重視した新たな理論モデルが提起されている。

　第3章～第6章は日本の労働社会で生じている格差や排除に関わる主題を論じる。第3章の篠田・櫻井論文のテーマは，ポスト・フォーディズム期の労働市場政策の分岐である。特に，新自由主義的な道を辿った日本の労働市場の分裂に焦点があてられ，EU諸国に見られる「フレキシキュリティ・モデル」に学ぶべきことが指摘されている。第4章の吉田論文は企業内部における賃金格差の歴史を紐解くミクロ的な分析である。1949年人員整理後の日産における本工・臨時工の賃金制度とその格差を詳細に示すとともに，当時の労働組合の認識が詳らかにされている。

　第5章の小木曽論文は，障害児の母親が就労機会から排除されていることを問題視し，ワーク・ライフ・バランス論と障害児家族研究の視点からその実情と要因を掘り下げる。労働市場における女性の不利と不十分な障害児福祉制度という，労働・福祉両面の課題が指摘されている。第6章の姜論文は韓国と日本の過労死・過労自死問題を主題に，この問題の解決に関わる社会的支援システムの実態を明らかにする。韓国においては，過労死遺族の組織的な運動構築は今後の課題である。

　第7章～第9章には日本以外の事例を題材とした論考をまとめた。第7章の玉置論文はアジア系アメリカ移民の母国への送金を手掛かりに，移民の社会的包摂について考察する。ホスト社会（移民の受け入れ国）への包摂と母国とのつながりとの関連が，量的分析の結果に基づいて示されている。第8章の嶋内論文は福祉国家としてのデンマークの政策分析である。同国の社会政策におけるワークフェア，アクティベーションなどの特徴が，「脱商品化」と「再商品化」の観点から分析され，新たな政策の可能性が展望される。そして，第9章の深澤論文は，20世紀初期，国際社会政策の黎明期に関する歴史分析である。ILO

設立に向けて労働組合（アメリカの AFL やフランスの CGT）がどのように関わり，組合内部ではどんな議論が展開されていたのか，歴史的事実が明かされる。

ILO 憲章の前文は，「世界の永続する平和は，社会正義を基礎としてのみ確立することができる」，そして「世界の平和及び協調が危くされるほど大きな社会不安を起こすような不正，困苦及び窮乏を多数の人民にもたらす労働条件」はあってはならない，と述べている（ILO 駐日事務所 HP を参照）。日本の社会においても，雇用・労働が人々に困苦や窮乏ではなく，安心や生きがいをもたらすものであるよう，現状を変えていかねばならないという思いを本書の刊行を通じて伝えたい。

注
(1) 男女それぞれの賃金の中央値を比較し，その格差の割合を示した数値。比較可能なデータが存在する 2010 年で比べた。以下の OECD サイトを参照（http://stats.oecd.org/index.aspx?queryid=54751　2015 年 9 月 20 日アクセス）。
(2) 濱口は，2005 年の年末に始まった『毎日新聞』の連載記事，2006 年 7 月に NHK が『ワーキングプア――働いても働いても豊かになれない』を放映したこと，労働経済白書が格差問題を取り上げたことなどを挙げている（濱口，2009，111 頁）。また，非正規雇用問題はそれ以前「若者フリーター問題」として取り組まれており，2007 年頃までの緩やかな景気回復もあって，社会的な格差問題という認識が広がるまでに時間がかかったことを指摘している（濱口，2013，160-162 頁）。
(3) 貧困ラインは世帯所得の中央値の 50% として算出されたもの。
(4) 社会的排除とは，経済的・社会的次元に加え，政治的代表性の欠如（政治的次元），否定的アイデンティティの形成（文化的次元）なども含めた多様な次元における権利の剥奪が累積される過程・状態を意味している（福原，2007，14-15 頁）。

引用参考文献
ILO 駐日事務所ホームページ（http://www.ilo.org/tokyo/about-ilo/organization/WCMS_236600/lang--ja/index.htm　2015 年 6 月 18 日アクセス）。
NHK「女性の貧困」取材班『女性たちの貧困――"新たな連鎖"の衝撃』幻冬舎，2014 年。
カステル，ロベール／前川真行訳『社会問題の変容――賃金労働の年代記』ナカニシヤ出版，2012 年。
熊沢誠『格差社会ニッポンで働くということ』岩波書店，2007 年。
五石敬路『現代の貧困ワーキングプア――雇用と福祉の連携策』日本経済新聞社，

2011年。
厚生労働省『賃金構造基本調査』2012年。
伍賀一道「雇用と働き方・働かせ方から見たワーキングプア」『社会政策』第1巻第4号，2010年2月，29-40頁。
後藤道夫「ワーキングプア急増の背景と日本社会の課題」『社会政策』第1巻第4号，2010年2月，14-28頁。
佐藤俊樹『不平等社会日本——さよなら総中流』中公新書，2000年。
シプラー，デイヴィッド・K.／森岡孝二ほか訳『ワーキング・プア——アメリカの下層社会』岩波書店，2006年。
橘木俊詔『日本の経済格差』岩波新書，1998年。
橘木俊詔『格差社会——何が問題なのか』岩波新書，2006年。
中村健吾「EU の雇用政策と社会的包摂政策」福原宏幸・中村健吾編『21世紀のヨーロッパ福祉レジーム——アクティベーション改革の多様性と日本』糺の森書房，2012年，1-42頁。
濱口桂一郎『新しい労働社会——雇用システムの再構築へ』岩波新書，2009年。
濱口桂一郎『若者と労働』中公新書ラクレ，2013年。
バラ，アジット・S.，ラペール，フレデリック／福原宏幸・中村健吾監訳『グローバル化と社会的排除』昭和堂，2005年。
福原宏幸「社会的排除／包摂論の現在と展望」福原宏幸編著『社会的排除／包摂と社会政策』法律文化社，2007年，11-39頁。
三山雅子「誰が正社員から排除され，誰が残ったのか」藤原千沙・山田和代編『労働再審③女性と労働』大月書店，2011年，41-72頁。
宮本太郎『生活保障——排除しない社会へ』岩波新書，2009年。
宮本太郎『社会的包摂の政治学』ミネルヴァ書房，2013年。

第1章
格差社会と階級理論
──批判的実在論を通して──

木田融男

　「格差社会」という呼称が，フランスのT. ピケティの『21世紀の資本』(Piketty, 2013＝2014) の世界的なベストセラー現象などもあり，「資本」という言葉とともにジャーナリズムでは一般的になっている。本章では現代社会を表現する格差社会という呼称と内容を検討し，今まで社会科学で使われてきた資本制における階級あるいは階級理論の概念が持つ生命力を重視しつつ，両者の関連性を考察するという姿勢で臨み，格差社会という見方の普及の中で「階級社会の復活」といともたやすく語られる状態を，階級に関わる概念に限ってではあるが解明していく。それには「批判的実在論（Critical Realism：以下，CR論）」というイギリスを中心に展開されている科学哲学や社会科学方法論の視点を通して見る手法で，従来の階級理論に対するより深い概念的意義を探究してみたい。

1　現代社会と階級理論

（1）現代社会の位相と階級理論

　現代を規定する資本制社会という社会科学的な概念に対して，あるいはその概念の射程の中で，社会学には各時期の位相を表現する呼称がある。たとえば日本の戦後を見ても，市民社会，大衆社会，産業社会，脱産業社会，世界社会などがあるが，ほかの社会科学とも共有する位相を表す呼称としては消費社会，情報社会，高齢社会，管理社会など，さらに今日に近いものとして福祉社会，新自由主義社会がある。ただ20世紀末の欧米を福祉社会と称したのに比して同時期の日本を企業社会と呼ぶか，あるいは社会学中心ではあったが一億総中流

社会（以下，中流社会）という呼び方をしたのである。他方，新自由主義社会の別名としては日本だけではないが，市場原理社会や競争原理社会，そして本章であつかう格差社会という呼び方が流布しているのである。

ここでのテーマとしては，現代社会そして日本社会を，全体としてどう捉えるのかということに関わって，一方での資本制社会，他方での中流社会から格差社会について，その社会の背景にあるとされる階級（class）および階層（stratum）の概念から考察していきたい。階級および階層から見れば，中流社会では社会全体が中流階層となってしまい「階級は消滅した」とされ，また格差社会という不平等な階層の出現においては「階級は復活した」とされる。消滅と復活を短期間に示す階級概念などが果たしてあるものかと疑問を抱くが，逆に中流社会であれ格差社会であれ，いずれも現代の資本制社会なのであり，そこに通底するのは同じ階級（すなわち資本家と労働者）の存在であるという階級理論の捉え方がある。では一体中流社会や格差社会という社会学における階層論的見方は，階級理論からすればどのような関連性で捉えられるのか，というのも本論文の考察課題となろう。

（2）概念としての階級，階層

現代社会を呼称する仕方については，それが依拠する理由が存在するのであるが，多くのケースはその社会を構成する主体の性格づけに関わるものが多い（資本制＝資本家社会，市民社会，大衆社会，中流社会など）。そして格差社会という呼称でも，主体の階級や階層をめぐる考え方があり，それらをこれから検討するのであるが，言い換えるならば階級や階層という主体が全体としての社会の性格づけに強く関わるということであり，さらに言えばそういった主体の解明が社会全体の解明の軸になるということでもある。したがってまずは，今までの社会学あるいは社会科学で語られてきた階級や階層の簡単な概念規定をしておき，そのうえでそれら概念から捉えられる現代社会論の内容を検討していきたい。

第 1 章　格差社会と階級理論

①階級概念

　社会学のみならず社会科学で階級と言えば，一般的には不平等な支配―被支配に置かれた集団という意味で使われ，とりわけ経済的な富の不平等，さらには生まれながらに得た帰属原理（ascription）による（逆に言えば，個人の能力や努力で得た業績原理［achievement］によらない）不平等として使用されていることが多い。しかし現在主として使用されるのはマルクス理論による階級（関係）の概念であろう（Edgell, 1993＝2002）。当理論における階級とは，もちろん今見てきた性格（経済的な富の不平等な帰属原理的な集団など）を一般的には有しているとされるのであるが，より立ち入るならば階級関係として捉えられ，また経済的には生産関係，法的には所有関係である人間（集団）と人間（集団）との関係概念として捉えられることが重要であろう（後述する CR 論では実在的ドメインとされ，関係，構造，生成メカニズム，因果力などにつながる概念でもある）。生産手段（労働対象と労働主体）を誰がどのように所有するかによって（ゆえに生産関係，所有関係とも称される），労働しない人間（非労働主体）で生産手段を所有する者（集団）と，労働する人間（労働主体）で生産手段を所有しない者（集団）とで主たる構成がなされ（資本制社会では資本家階級［ブルジョアジー］と労働者階級［プロレタリアート］），さらに副次的な階級として，労働する人間（労働主体）で生産手段を所有する者（集団）がいる（中間階級，資本制社会では農林漁業層や自営業層があり，時代を経て旧中間階級と新中間階級となる）。主たる両階級とその関係の構造は，資本制社会を生成し再生産していく主体であり，資本家は商品となった労働者（労働力商品）を資本制市場では賃金と等価交換するが（資本制社会にありながら市民社会を現象させる基礎），しかし買い上げられた労働力は工場の中では，商品を生産しそこで生み出された剰余価値が資本家によって一方的に搾取される関係なのである。その剰余価値は資本家にとっては次の生産のための資本になるのであるが，そういった商品―貨幣―資本―生産（剰余価値）―商品という循環が，資本制社会の再生産という運動を形作っていくのである。資本家と労働者とは，それぞれ階級という二つの集団なのであるが，この両階級集団の関係（資本―賃労働関係）は資本制社会の運動を再生産してい

く内在的／必然的関係（後述）を構成しているのであり，これら両階級およびその関係が資本制社会の基礎（いわゆる土台［下部構造］，CR論では生成メカニズム）なのである。また資本制社会は先行する異なる社会構成体から変革され，また次の異なる社会構成体へと変革されるが（CR論では形態転換），その歴史の変革の基礎をなす重要な要因が階級関係とそこに内在する階級闘争となるのである（CR論ではこの歴史観はマルクスによるアブダクション［abduction：仮説形成的推論］とされる［Danermark et al., 1997, p.88f.＝2014, 133頁以降］）。

②階層概念

マルクス理論の階級（関係）概念も，階級の下位概念としての階層概念を持つ。たとえば，労働者階級の内部に肉体労働者（生産労働者，ブルーカラー）階層と精神労働者（不生産労働者，ホワイトカラー）階層，前者はさらにその内部に熟練労働者，半熟練労働者，不熟練労働者の階層，また後者はさらに事務労働者，販売労働者（グレーカラー）の階層，さらに現代では正規労働者と非正規労働者との階層がある。そして前述した（旧／新）中間階級を，（旧／新）中間階層と呼ぶ場合もある。

対して社会学的方法における「階層」概念はマルクス理論のような意味内容を持たず，主として経験的な記述として使用される場合が多い。その定義として原純輔らの「同一のカテゴリー内の人々に社会経済的生活条件の共通性が存在し，したがって社会的カテゴリー間に社会経済的生活条件の違いが存在するときの，社会カテゴリーの序列」というものがある（原，2002, 18頁）。たとえば経済的な所得や資源では金額の高低で，職業では評判法による「世間的な評判」の上下や，組織内の職階による序列で，また学歴，政治権力，地域，文化などの高低などでいくつかの分位の階層が作成される。そして前述の中流社会論では意識調査のデータをもとに，上，中の上，中の中，中の下，下という生活水準の五分位から選択させた意識結果から階層が作成されている。したがって，「中流」といっても，階級理論における中間階級（階層）という実体概念ではなく，あくまで「中」を選んだ人々の「中流意識」階層という操作概念なのである。別途に機能主義理論に基づく成層（stratification）概念があるが，そ

こでは（社会）システムの機能的要件（規範を維持・存続するための必要条件）への貢献（機能）度合に応じて形成された階層が成層であり，それがまた個々人（システムの成員）の地位（status）と役割（role）となっていくのである。

さて中流社会論や格差社会論で語られる階層論を，階級概念を基礎とする階級理論との関連で検討するのも本章の研究課題である。

2　格差社会論と階級理論

（1）日本の中流社会論

社会学における現代社会論としては，現在は格差社会としてその不平等が問題となっているが，その前の時期（日本の80～90年代）には一億総中流社会として「平等な社会」という姿で語られ，あわせて「階級の消滅」なども提示されたが，簡単にその中流社会論を見ておこう[2]。人々の生活水準を問い，「上，中（内の上，中，下），下」で選択させた結果，「中」（中の上，中，下を合計）と答えた総計が8～9割に達し，その結果を捉えて日本は「中流社会」だと社会学を中心に語られた時期である。さらにはその意識結果から，日本は「豊かで平等になった」とされた（原，2002，23頁）。

そして階級理論に対しては，資本制での階級分解論や貧困化論が否定され，「階級はもはや消滅した」とする論陣が張られたのである。中流社会論への疑問はまず調査手法論に対して出され[3]，また階級理論の立場からの反論や批判には，基本としては階級および貧困，不平等の存続と捉える見方から，「新しい貧困」論や[4]，「世界システム論」による世界全体を階級で捉える理論（Wallerstein, 1971＝1981；庄司，1989）があり，さらに資本制の「（相対的）豊かさ」については，「富裕化論」による説明や（高原，1987），独自な「企業（中心）社会」の姿態をとる日本資本制が，労働者の「豊かさ」と引き換えに，「働き過ぎ」によるゆとりを奪う状態を企業社会による包摂として捉える説明が出された（木田，1990；1997）。

（2）日本の格差社会論

　本論文では中流社会論は格差社会論とも関連させて検討するのであるが，両論の関連について二宮厚美は，日本で以後に明示化する新自由主義者たちが公言した「いきすぎた（中流）平等社会」から「格差を容認」する競争社会への転換動向の中で説明している（二宮，2007，13頁以降）。すなわち，日本で中流社会論が論議される間に，世界は福祉社会（日本では企業社会／中流社会）から，新自由主義社会へと資本制の中での変貌を遂げだしていた。そしてやがて日本も新自由主義の時代を迎えたのであるが，「市場での自由な競争」（市場原理，競争原理）が標榜される新自由主義社会とは，世界でも日本でもその競争によって「勝ち組，負け組」が作り出される格差社会である，とも言われるようになったのである。

　①格差社会論とは

　二宮（2007，219頁）の整理を多少変えた形であるが，日本の格差社会をめぐる論議には以下のものがあると言われる。

　Ⅰ．階級理論ではなく階層論の立場であるが，日本社会の格差を認めず，基本は「平等社会」であるとする（原[2002]；大竹[2005]など）。それに対してⅡ．同じく階層論の立場であるが，格差を認めており，そのうえで次のような立場がある。Ⅱ-ⅰ．経験的なデータと係数などにより格差の存在を実証し，帰属原理による世代間の格差の固定化に不平等を見出す。この中には経済学，社会学，教育学からの格差論があるが次に内容を紹介する（橘木[1998；2006]；佐藤[2000]；苅谷[2001]など）。Ⅱ-ⅱ．さらに「第3の道」「ワークフェア」などの政策からの格差論（神野ほか[2006]など）や，下流社会論（三浦，2005）や希望格差論（山田，2004）などからのものがある。それに対して格差を階級理論の視点で捉えるものとして，二つの立場がある。Ⅲ．基本的階級である資本家，労働者だけではなく，さらに新中間階級を重視する見方をとり「新中間階級による労働者階級の搾取」などを視点に置く立場である（橋本[2001]など）。Ⅳ．もう一つは，従来の階級理論から格差社会を捉えるものであり（二宮[2007；2009]；後藤ほか[2007；2008]；碓井[2007；2008]；森岡

[2007]；竹内ほか［2005］など），筆者もこの立場をとる。

　そして前述の中流社会論からのつながりでいくと，Ⅰ．については，当時も，現在も「基本的な平等社会」であることは変化がないとし，また機会の不均等についても「階層流動性」が高いとするので，その論旨は「一貫」するが，では現在の格差への多くの研究者による指摘と国民のその容認について，いかなる説明をするのかという課題が突きつけられる。Ⅱ．については，現在の社会における格差を認めるのであるが，しかし逆に以前の日本は中流社会であり，不平等が存在しない「平等社会であった」という見方をとり，その立場からの格差社会論についての紹介と論評は後述するとしても，中流社会＝平等社会の存在を容認したという問題点や，その社会から格差社会＝不平等社会への移行を説明できないという問題点がある。さらにⅢ．は階級理論の立場をとるのであるが，現在の階級のうち「新中間階級」に力点を置き，資本制社会における基本階級（資本家―労働者）を軽視する理論的な問題点があるだけではなく，Ⅱ．の立場と同様，以前の中流社会＝平等社会の存在を容認してしまっていると言われる。Ⅳ．のみが，中流社会と格差社会とを資本制社会という資本家―労働者という基本階級からの理論で捉え，資本制という階級社会における世界的転換，すなわち福祉社会（日本では企業社会／中流社会）から新自由主義社会（格差社会）への移行と捉えるのである（後藤ほか，2007）。

　さて格差社会論の代表的なものとして，ここでは主としてⅡ-ⅰ．の立場のものを以下に見ておく。

　②格差社会論の内容

　(a)経済学的格差論：橘木俊詔による論議では（橘木，1998），ジニ係数というデータが使用されて説明される。ジニ係数とは，所得などによる階層別グループ毎に，社会の経済的な総資産（所得＋資源）の分配度合を表す指数を使うが，ある階層に総資産が100％分配されている場合を係数1（格差最大）とし，逆に各階層に同じ％が平等に分配されている場合を係数0（格差最小）とし，国別や国内での年次毎のジニ係数を比較し，格差の進行度合を見るというものだ。結果としてはそれまで世界で有数の高いジニ係数＝強い格差社会であったアメ

リカを抜いて，日本はジニ係数の高い社会すなわち格差社会になったとされるのである。

(b)社会学的格差論：上記の格差論は，現今の社会での経済的な資産の分配を格差とするものであるが，わかりやすい経済的格差を明示的に提示しているものの，果たしてそれだけで格差社会だと言えるのかという疑問から，社会学者の佐藤俊樹は（佐藤，2000），個人毎に職業的な地位の世代間（親子）移動の有無を見て，上記の格差が世代間で固定するか否かをデータで検証している。例として男性の親子間のそれぞれ職業の最高地位と思われるデータを抽出し，「W雇上（ホワイトカラーで雇用された上層者）」の地位への移動を調べたが，「W雇上」の地位に関する世代間移動については「固定化」を示す結果を導き，現代日本を「格差社会（＝不平等社会）」と表現した。上記のジニ係数による格差論と比較すると，親世代での資産に格差があったとしても，問題はその格差が子ども世代に継承されているような格差固定化あるいは格差拡大の社会だという結果を提示したのである。「出発点における不平等（帰属原理による格差）」は認めないが，「自己責任（個人の能力・努力など）による不平等（業績原理による格差）」は認めるという新自由主義的な自己責任による競争原理を半ば容認する格差論でもあるが，本研究の格差社会論では，前者の帰属原理による格差（生まれながらに背負う格差）が，日本でも増大しているという状況を示したというので話題になった。

(c)教育学的格差論：日本の特徴を物語るものに，格差化へ大きな影響を与える要因として教育（学歴）があるが，その格差と上記経済学的／社会学的な格差とは連動するという論である（苅谷，2001）。(b)の佐藤らによって示された世代で固定された職業とは，同時に資産による格差固定化でもあるが，それはさらに教育（学歴）の格差固定化も生むというものである。子どもの成績（学歴に作用）の高低に影響を与える要因として「親の経済状況」と「親の教育熱心さ」のどちらがその要因なのかなどの論議がされるが，そもそもそれら両者の高低は大体において比例すると見られるので，つまるところ職業／経済における親子間の格差固定化は，教育での親子間の格差固定化を形成していると考え

③格差社会論をめぐる論議

　さて，格差社会論の代表とも言えるⅡ-ⅰ．の立場の概略的な内容を見たが，それと関わる論議を紹介しておこう。まずは「格差はない」とするⅠ．の立場からは，(a)の橘木の格差論に対して，原純輔（2002，24頁）は大竹文雄（2005）を援用して，橘木の提示する格差が存在するかのように見える日本の現象は，実は高齢者世帯の増加によるものだとする。日本全体の傾向としては「所得格差は低位」（基本として「平準化」）なのであるが，年齢差に応じて賃金格差が拡大する高齢者世帯の増大が，日本社会の格差が拡大してきているように見せているのだとする。また(b)の佐藤俊樹の「日本社会不平等論」すなわち「Ｗ雇上」における「世代間移動の固定化」（＝階層の閉塞化，機会の格差）に対しては，原（2002，28頁以降）はやはり日本全体の「階層流動化」の立場から批判するが，それは世代（親子）間における各最高位と思われる職業と地位の，相互比較をめぐるデータ取得上の問題だとする。結果としては機会の格差に明瞭な変化は見られないというもので，ただし「就業機会の高等学歴に階層格差」が見られるが，「相対的優位さは徐々に低下している」と論じた。経験的データをめぐる論議は必要な作業であろうが，そういった統計論的捉え方の前提となる理論的考え方などについては探究されていない問題点がある。[(5)]

　階級理論の立場からの評価であるが，Ⅲ．の立場（橋本，2001）からは，たとえば佐藤の世代間移動の手法を評価し，自らの「階級間移動」のデータによる経験主義的分析を行っている（橋本，2001，155頁以降）が，橋本健二の新中間階級論などに対する論評，およびⅡ．の立場に対する評価は，Ⅳ．の格差論に対する階級理論の視点から問題点が指摘されている。

　④格差と階級理論

　上記Ⅲ．の橋本の「新中間階級」という考え方に対しては，Ⅳ．の階級理論の見地から二宮は次のような批判をしている。橋本は現代日本社会を，四つの階級すなわち資本家，新中間，旧中間，労働者の階級で捉えるが，その格差の捉え方のポイントは「新中間階級による労働者階級への搾取」に基づく「格差

拡大」だとする。しかし新中間階級は搾取する側と搾取される側との両方に属する異質集団の集まりであり，内的な一体性を持つ階級とは言えないとし，正確には労働者階級の内部での階層的格差を階級的格差ととり違えていると批判する（二宮，2007，266頁以降）。またこのような橋本の考え方では，労働者階級から「（労働者）上層」を切り離すだけではなく，ワーキングプアなどの「（労働者）下層」とされる人々を「アンダークラス」としてやはり労働者階級から除外してしまうとし，二宮はそれぞれの層についても「グローバル資本制のもとでまぎれもなく……労働者階級の一員」であると指摘している（二宮，2007，273-275頁）[6]。それでは，Ⅳ．の階級理論では階層論との関係についてはどのように語られるのであろうか。

　二宮（2007，26-27頁）は，角田修一（2005）が述べた，近年の格差論について「階級間格差」なのか，「同一階級内部の階層格差」なのかを論じるべき，という理論的要請を引用し，それに賛同する立場から階級的格差と階層的格差を区別しない格差論の弱点を指摘し，両格差の区別と関連について「二重構造」論を提示する。「階級的格差」とは自由・平等の市場原理の中で通底する「価値増殖の原理，すなわち利潤第一の営利主義の資本原理」のもと，労資関係としての階級的な格差関係であるとする。対して「階層的格差」とは，資本家による少数者が多数者である労働者の支配において行う「労働者内部における分断・競争・差別に基礎をおく，労働市場での自由競争を背景にした労働者相互間の階層的な格差関係」であるとする（二宮，2007，29頁）。そして両者の連鎖を「経済的格差から人格的格差へ」として，雇用格差を起点とし，経済的格差（正規／非正規の雇用格差および正規雇用内の能力主義格差）から，教育・健康格差そして能力格差を経た人格的自由の格差（＝社会的排除）であると論じている（二宮，2007，31頁）。そのうえで，Ⅱ-ⅰ．に対して，いずれも階級視点を欠いた新自由主義への半ば是認の立場と批判し，佐藤には格差の固定（世代間継承）のみに不平等を絞った問題点，橘木には能力主義的視点や格差是認策の問題点を指摘している（二宮，2007，225-243頁）。

　また同じく階級理論的視点を提示する後藤道夫は，階層論的格差の視点を，

第一に「階層の類型化」として，「階級論を装置として供えない……SSM調査にもとづく階層区分」である点を批判し，佐藤には職業のみによる区分である問題点を指摘している。第二に「階層の固定化」として，「階層の性格などを個人的レヴェルにおいて固定化」している点を批判し，佐藤には階層の固定化の「傾向性の確認」のみが語られ，「変革の見通し」が示されない問題点，橘木には機会均等が充たされていないことのみを不平等として扱っている問題点を挙げた。そして第三に，「格差社会の是認」として，佐藤の「格差があること自体が悪いのではない」という表現に対し，また橘木の「機会の平等の確保」があれば，「結果の不平等はかまわない」という発言に対し，それぞれ問題点を指摘している。さらに第四に「『下流』への共感のなさ」を挙げ，上記では触れなかったⅡ-ⅱ.の立場である三浦展の「下流社会」論や山田昌弘の「希望格差」論の問題点を指摘し，あわせて階級社会としての現代日本の資本制は，「絶対的格差」としての貧困の増大，そして階層間の「相対的格差」をもたらしており，また格差拡大をもたらした政策と国家による「格差の制度化＝（労働者）上層を中心とした社会統合の形成」が進行していると提示したのである（後藤ほか，2007，225-235頁）。

後段では，ここで基調とされている格差社会を捉えるうえで重要とされた階級理論的見方について，CR論の考え方を通してさらに立ちいった考察を加えたい。ただその前に「補論」として日本のみならず，本論を執筆する時点では，世界中が一種の「流行現象」のように話題にしたピケティの格差社会論について触れておきたい。

（3）世界の格差社会論：ピケティの著書から

日本の格差社会をめぐる議論が少し下火になったころ，「左翼ロックスター」などと騒がれながら『21世紀の資本（資本論？）』と題する大著を携えてフランスからT.ピケティが登場し，そこで膨大なデータを使って述べている「格差社会の復活」論は，欧米のみならず日本でも大きく取り上げられた（Piketty，2013＝2014）。

①ピケティの格差社会論

彼の格差論は，r＞gの定式で表され，資産（資本）の収益率(r)が産出と所得の成長率(g)を上回ると，「資本制は恣意的で持続不可能な格差を生みだす」というものである（Piketty，2013＝2014，27-30頁）。そしてアメリカ，イギリス，ドイツ，およびフランスにおいて（さらには日本も「同じ方向性」だとされる），富と所得の上位層への集中が20世紀初頭から減少してきたものが，1970年代以降再び増大しつつあると提示している（S. クズネッツらの「資本制が発展すれば格差は減少する」という予測を[7]，同じ方式とデータを使って，資本制は「平等化」から「U字カーヴ」のごとく，不平等へと加速度的に上昇するだろうと予測する［Piketty，2013＝2014，24-27頁］）。ピケティの格差論は日本の格差社会論の上記ではⅡ-ⅰ.にあたる立場と言えようが，格差による不平等に対しては，当該立場と同じく「格差の固定化／拡大」への対策であり，「累進課税制度のドラスティックな見直し」というものであるが，その現実化は「困難」であろうとも言われている。

②ピケティへの評価と問題点

欧米や日本を騒がせただけに，ピケティのデータに基づく「格差社会の復活」の提示はわかりやすく説得的である。日本の中流社会論とその後の格差社会論への移行も，上記の欧米各国における（不平等化→）平等化→再不平等化（格差U字カーヴ）にすっぽりとあてはまり，当の疑問もピケティの捉え方で説明されよう。ただし，具体的なレベルでは，たとえば橘木の使うジニ係数による格差論が，上層も下層も視野に入れた提起であったのに比し，ピケティの定式は上層のみの富と所得の集中を視野に入れるなどの違いはあるものの，大勢は同じ「格差社会論」にあると言えよう（橘木，2015，92-93頁）。

階級理論を説いたマルクスとその著書などにたいするピケティの論評はどうだろうか。彼はあるインタビューにこたえて，マルクスの書は「あまり読んでいない」，そして問題点として実証のための「マルクスにはデータがない」という評価を繰り返している（『現代思想』「総特集」でのチョティナーによるインタビュー，2014，10頁）。したがって彼の著書は，19世紀のK. マルクスを継承する21世紀の『資本論』ではないし，またピケティの「資本」は実は富や資産のこ

とであり，マルクスの「資本」でもないと論評されている。であるから，たとえ「格差社会化」は基本的には今後も「上昇する」とピケティが予測しているとしても，果たしてその理由，根拠はと問われれば，手に入りうる経験的データでのみ語ろうとするピケティの手法では，階級理論によって語るようには格差の本当の原因は語れないし，原因がわからないのだから対策も非現実的なものにならざるをえないと批判されることとなる（伊藤，2014；高田，2015；伊東，2015）。

（4）階級の「消滅と復活」

日本および世界の現代社会論の中で，中流社会と格差社会とを見てきたが，前者は「意識」のレベルではあるが日本人のほとんどが自らを中流だと思っており，階級理論の言う中間階級が両極分解することや，窮乏化していくことについては，「全く逆の状態」が生じており，さらには「階級そのものが消滅した」とも断じられたのである。しかし21世紀を迎えた日本社会は，「勝ち組／負け組」などで表現される格差が目立ち始め，しかも世代にわたりその格差が継承されるという調査結果も公表され，格差社会から格差固定化／拡大社会へとまで言われる状況を誰もが認めるようになり，そこで消えていたはずの階級が「再生，復活した」とも言われたのである。

たかだか半世紀の間に，日本社会の階級が「消滅」したり「復活」したりするものなのか。中流社会論では階級はどうなっていたのか。また格差社会論においては格差と階級とはどう関連するのか，などの問題をCR論の考えを通して階級理論をより深めることによって考察したい。

3　批判的実在論と階級理論

（1）批判的実在論

批判的実在論（CR論）とは，哲学の実在論の系譜において，R. バスカーやM. アーチャーらによって始められた，イギリスを中心にした哲学，社会科学

(社会学,経済学,経営学,政治学,など)の学問分野(とりわけ科学哲学／方法論)における新しい潮流であり,活発な研究運動が国際的規模で展開されている(Bhaskar, 1979＝2006；Archer, 1995＝2007；Danermark et al., 1997＝2015)[8]。その考え方は,世界は人間の意識から独立して実在しているという存在論を出発点としつつも,バスカーらによって次のような特徴をもって展開されている。

①世界のドメイン(領域)

自然的世界であれ社会的世界であれ,研究対象である出来事(事象：event)のドメイン(領域：domain)を「深さ(depth)」において区分し,経験的(empirical)にのみ捉えられる経験的ドメイン,経験で捉えられるかどうかにかかわらず現に生成している出来事のアクチュアル(現実的：actual)なドメイン,そのアクチュアルな出来事を生成させている実在的(real)ドメインという三つであり,とりわけ実在的ドメインにおける現実の出来事を生成させているメカニズム(mechanism)あるいは構造(structure),関係(relation),因果力(casual power)こそが,科学における重要な位置にあるとし,それにより対象である出来事をいかに説明する(explain)のかを科学の役割とする(Danermark et al., 1997, p.20f.＝2006, 32頁以降)。その生成メカニズム(構造,関係,因果力)は実在的ドメインにおける超事実的(trans-fact)な存在なのではあるが,それを用いて遡及的に推論しながら現象としての出来事を説明する科学的方法をリトロダクション(retroduction：遡及的推論)と呼ぶのである(Danermark et al., 1997, p.96f.＝2006, 145頁以降)。

②世界の階層性

もう一つ CR 論の特徴的な考え方は,世界を「階層性(stratification)」で捉える考え方(階級や階層などの関連概念ではなく,自然的／社会的世界の次元を表す)であり,下位階層によって生成しつつもそこから独自な階層性として創発性(emergency)を持ち,したがって一元的な還元性を有さないものであるとされる。自然的世界においては物理学的,化学的,生物学的な世界が階層性により分岐されると捉えるが,さらには人間と社会をも別個の階層における創発性を有するものと CR 論は考える(Danermark et al., 1997, p.59f.＝2006, 93頁以降)。

第1章　格差社会と階級理論

　人間（個人）と社会（集合体）については，社会学ではそれまで M. ウェーバーに代表される方法論的個人主義，逆に É. デュルケームに代表される方法論的集合主義，そして両者の融合として A. ギデンズに代表される中心的合成論の三様の見方があったが，たとえば「分析的二元論」という表現ではあるが，CR 論では両者を二つの分岐した階層と見なしたのである（Danermark et al., 1997, p.178 = 2006, 265頁以降；Archer, 1995, p.33f. = 2007, 44頁以降）。そのうえで，アーチャーは人間（エージェンシー：agency）の社会（構造）からの「規定性」については，時間的（歴史的）に先行した社会が，人間の活動に対して拘束性あるいは促進性を持つとするが，同時に社会は人間の活動に依存し，人間の活動は概念に依存するという人間の創発性を認める（Archer, 1995, p.65f. = 2007, 92頁以降）。こういった CR 論の科学哲学は，社会的世界の捉え方に新しさをもたらすのであり，以下ではマルクス理論による階級理論を考察するが，CR 論を通してより立ちいった検討を行いたい。[9]

（2）三つのドメインと階級理論

①ドメインの考え方と経験主義批判

　CR 論による経験的ドメイン，すなわち現実に生成している出来事（アクチュアルなドメイン）の中で，人間の知覚などで経験しえている事柄（経験的ドメイン）については，従来の科学方法論では経験主義的方法によって捉えられているとされている。上記の格差社会論において，係数（橘木のジニ係数）や定式（ピケティの $r > g$）を使って，入手しうるデータを分析した富や所得の一部への集中という提示は，まさに経験主義的研究の作業結果だろう。ただし経験主義的方法を採用する研究者の間でも，格差の存在の可否や，その形態の如何をめぐって論議が今でもなされているが，CR 論が提起している科学方法論上の問題点とは，目の前に知覚できる（経験できる）出来事のデータのみをあつかう経験主義的方法では，経験的ドメインについては把捉しえても，アクチュアルなドメインをすべては捉えられてはいないし，とりわけ出来事を生成させている実在的ドメインについては当初から把捉できる存在論的，認識論的な位

置にはいないということなのである。

　(a)アクチュアルなドメインが把捉できなかった例：現象と言われる現実世界の出来事（アクチュアルなドメイン）でも，経験主義者にはその経験的ドメインしか捉えられていないという問題点について，具体的に検討しておこう。たとえばピケティ自身が，現実世界で実在しているのに研究者が知覚できないデータがあることを指摘した上で，幸いなことにフランスでは知覚できたという経験を語っている（Piketty, 2013 = 2014, 30-33頁）。彼の住む国は「フランス革命のおかげ」で情報開示が社会的に進んでいると紹介し，おかげで富や所得などに関する豊富なデータが入手でき，そのことが今回の研究の実現に大きく貢献したと告白している。富や権力を集中させている人たち（多くは支配する階級）が「秘匿している事実」は現実世界では実在するのだけれど，「経験的データ」としては取得したり知覚したりはできず，研究が頓挫した痛い経験を多くの研究者は持っている。全データを入手できたピケティは，そこから今日の研究へと前進できたのだ。

　(b)アクチュアルなドメインが把捉できない例：では豊富なデータを手にしえたピケティは，その研究分野でのより広いアクチュアルなドメインを研究対象にしえているのだろうか。確かに経験的データおよびその分析で，現代資本制社会における格差の存在，そしてさらにはその格差が世代間で固定化されつつあることを，ピケティは提示しえている。不平等の存在とその世代間での固定化を問題視するピケティなどの捉え方は，経験により把捉された経験的ドメインのデータから語られており，富と所得の集中が同じ個人や家族に集中すること（すなわち帰属原理［ascription］による不平等）を告発し，それがなくなれば問題は解決なのだとまで主張している。しかし経験的データによってどこまで把捉されるかはともかく，たとえば，個人の努力や能力（すなわち業績原理［achievement］）による不平等は，現実世界（アクチュアルなドメイン）では多くの人たちが感じてはいるのだが，「自己責任だから」，「努力しないから／能力がないから」という内面化された考え方のため，公然と声にだせない現実があり，広く知覚される事実としては発現してはこない（二宮は支配階級の分断支配

により作られた「能力主義的な競争」のもとでの階層的格差であると指摘する［二宮，2007，28-30頁］)。顕現されない「事実」は知覚されないので，アクチュアルなドメインのよくあると思われている出来事にもかかわらず経験的データにはなりえない。ピケティらの知覚による経験的世界では「業績原理による競争下での格差＝不平等」という出来事は認知されない（あるいは認知しない）のである。経験的ドメインで実際に目に見えているのは，一方で「努力」して富を持つ者と，他方で「努力」しない貧しい者であり，「努力」の発生・消滅やその環境・背景などは見えないし，「努力」するかしないかの評価で獲得が決定される手法にある「考え方（支配する階級によって意図的に策定された「自己責任論」)」は当該者の内に潜み，現実には（心の底では）多くの人たちは感じているにもかかわらず，「データがない」がゆえに「証明の論拠」を求められる研究者の公刊物には発現してこないのである。

(c)実在的ドメインの経験主義批判：アクチュアルなドメインについて見たが，とりわけ経験主義的考え方に対しては，三つ目の実在的ドメインからの批判が一般的だろう。経験されようとされまいとアクチュアルに実在する出来事，それは何によって実在するのか，それを生成させている実在とは何かを，「深さ」において実在的ドメインとして捉えることにCR論の大きな特徴がある。それは何であり，どのようなものであるのかについては，構造，関係，生成メカニズム，因果力という概念で表すことは先述している。であるならば格差社会論がデータから提示している「格差」を，実在的ドメインから解明することこそ，現代の大きな問題である格差の真の原因が示されるということになろう。この研究にとって基幹とも言える実在的ドメインをピケティらの経験主義的方法は持たないし，「データがない」というバリアで当初から研究目的からは遮断されるのである。

さて実在的ドメインを現代社会において考察するために要請されるのが，今までの社会科学が持つ射程においては，「格差」という用語にとって代わられたかに見える階級あるいはその理論なのであるというのが本論の主題なのであるが，以降は階級理論のCR論的考察を加えていきたい。実在的ドメインは構

造あるいは関係ともされ，階級についても階級構造あるいは階級関係（資本制では資本家階級と労働者階級およびその関係）として表されてきた。まずはCR論における「関係（relation）」概念について考察し，さらにそのうえで構造の概念的位置も確認し，CR論を通した階級理論の深化を試みたい。

②関係概念と階級理論

CR論の実在的ドメインの一つに関係概念があるが，A. セイヤは，当概念を次のように分類する（Sayer, 1994, p.88f；Danermark et al., 1997, p.45f. = 2015, 72頁）。

(a)一つ目は実質的（substantial）関係と形式的（formal）関係であり，前者が相互に何らかの関わりを持つ関係とするのに対して，後者は単なる共通の特徴を持つだけの関係として語られ，たとえば前者が本論の主題である階級関係（資本家─労働者）であるとすれば，後者は両者が相互に例えば男性という共通性を持つという関係である。

(b)二つ目はその実質的関係の中に，内在的（internal）／必然的（necessary）関係と外在的（external）／偶然的（contingent）関係があり，前者は両者が相互に内的につながりあい，互いが互いを必要（必然）とするような関係であるのに対し，後者は両者が相互に内的なつながりを持たない外的で，たまたま偶然的である関係として語られる。前者が階級関係（資本家─労働者）であるとすれば，後者はその階級関係の中で資本家あるいは労働者が，たまたま男性（あるいは女性）であるなどというもので，セイヤは階級の位置を占める外在的／偶然的関係の属性，すなわち経験的ドメインの属性としては，性以外に団体／個人，人種，宗教，職業，既婚／未婚，などを列挙している（Sayer, 1994, p.93：Figure 6）。さて内在的／必然的関係こそ，実在的ドメインにおける関係であり，したがって定義されたような関係性を他方では実在的ドメインとしての構造と考えるのであるが，ここで格差社会論との関連で言えば資本家─労働者という階級関係（内在的／必然的関係であり階級構造という実在的ドメイン）との関連で，経験的ドメインで，富を集中的に配分されるか否か，さらには富を集中的に配分される家系に生まれたか否かを，どのように見るかということが重

要である。ピケティは全く階級関係などとは考えず，社会の一方に（たとえばトップ10％層に）富が集中し，またその富は同じ家系で相続されていく不平等な関係が現代社会に復活していると，膨大なデータで語った。私たちは確かに，フランスでもドイツでもイギリスでもアメリカでも1970年代以降（日本でも少し遅れて）そういった格差関係が復活し，ピケティが「予言」する現代社会の不平等状況（格差化）が加速度的な上昇を遂げる未来図をあながち夢想だとは思わなくなっている。

　しかし階級関係という実在的ドメインにあたる概念に対してもう少し注意深く考察する必要があるだろう。上記したようにマルクスの述べた階級関係，それはセイヤのCR論的捉え方では内在的／必然的関係である資本家—労働者の階級関係（すなわち資本—賃労働の関係，あるいは資本制的な生産様式にあって労働者が生産した剰余価値が，資本家により一方的に取得され，多くは資本に投下され再生産されていく関係であり，資本制を生成させるメカニズム）ではあるが，ピケティとの対比では大きい相違がある。たとえばピケティの「資本」については「富」や「資産」なのに対し，マルクスは「（社会）関係」としてそれを考察していること，また富と所得の集中から格差への分析も，それを生成するものとしての資本・賃労働の階級区分と捉えられない視点が，剰余価値の概念を持たず，結局は資本による所得の社会的基礎としての賃金労働者の剰余労働をピケティは見失っていると批判されている。そしてなによりも，富と所得の富裕層への再集中の進行を促進させているのが，賃金労働者の労働条件の切り下げや，今日の安価低廉な非正規雇用の増大，海外途上国での安価な雇用の利用拡大などであり，所得と富の最富裕層への再配分への主要な関心はピケティにはあるものの，社会の大多数の労働者階級に生じている以上のような搾取関係の強化を理解していないと批判されるのである（伊藤, 2014；高田, 2015；伊東, 2015）。ピケティへの批判で使用される「関係」「階級区分」「剰余価値」「搾取関係」というそれぞれの概念こそ，CR論が考える実在的ドメインの生成メカニズムの階級理論における内容を語るものであるが，それらはピケティの経験主義的志向では全く保持できていない概念装置であり，それゆえ格差の生成根拠そし

てその動きも結局は把捉できないのであろう。

　しからば資本家―労働者という階級関係（実在的ドメイン）と，格差関係（経験的ドメイン）との関係性についても，外在的／偶然的な関係なのかと言えばそうとは言えないのである。たとえばピケティのデータでは（Piketty, 2013＝2014, 24-27頁），少なくとも19世紀末から20世紀初めまでと，1970年代以降は主要資本制国においては不平等な格差関係を示しており，20世紀の大戦以降から1970年代までは，富の集中やその相続が減少し「平等化」関係の傾向を示しているのであり，前者が内在的／必然的関係，後者が外在的／偶然的関係なのかということになるが，それも正しくないのである。実在的ドメインとしての階級関係（これ自体は内在的／必然的関係）は不変なのに，経験的ドメインとしての格差関係については，あるときは内在的／必然的，あるときは外在的／偶然的と変化することとなるが，次のようなさらなる説明が必要だろう。

　(c)セイヤは，関係概念には上記した実質的および形式的関係，そして実質的関係の中の内在的／必然的および外在的／偶然的関係の次に，三つ目として内在的／必然的関係の中に対称的（symmetric）および非対称的（asymmetric）関係という概念を示している。前者は両者の関係が双方向的であるのに対して，後者は一方向的であるとしている（Sayer, 1994, p.90；Danermark et al., 1997, p.46＝2015, 73頁）。この概念を使ってさきほどの階級関係と格差関係との関係性について考えるならば，両者の関係性は基本としては内在的／必然的な関係を不変的には保持しているのであるが，ただ絶えず双方向的な関係であるのかと言えば，資本制の持つ特定の時代的特性（戦争期，戦後復興期，富裕化，高度成長期：日本の中流社会＝企業社会の時期）や，先述した資本の再生産の方向付けなどにより，実在的ドメインでは基本は階級関係＝内在的／必然的関係の中にありながら，経験的ドメインにおいては双方向的な対称的関係をとらないで，ある時期（戦争／戦後復興期）の，ある地域（世界システム論が言う「中核」地域）においては，一方向的で非対称的な「平等化」関係を部分的にとるということなのだろう。

（3）実在的ドメインと階級理論

　実在的ドメインにおける関係とは何であるかを考察してきたのであるが，ここで言う実質的な内在的／必然的関係がそれであり，また当該のような関係を持つ構造を実在的ドメインにおける構造と言うのである。構造については別途区分化などが必要なのであろうが，構造・機能主義や構造主義の「構造」あるいは下部構造（土台）と上部構造の「構造」と言うように構造概念の使用領域は広くて多岐にわたるが，少なくとも CR 論では上記のセイヤの言う関係概念により条件づけられた構造こそが実在的ドメインにおける構造なのである。

　①実在的ドメインと階級

　さて階級とは関係であり，具体的な資本家—労働者の階級関係とは，実質的で内在的／必然的な関係であることを前提とするならば，資本家と労働者の両階級は互いに他者と内在的な関係性を持っており，相互にほかの存在なくしては自ら存在しえない，互いに他者を必然とする（必要とする）関係なのである。さらに言えば，その社会が資本制社会である限り，またその社会を日々生成し，その運動をつかさどるもの，すなわち資本制という社会をそうあらしめているもの，それは資本家と労働者の両者の階級関係であるという意味で，資本家—労働者の階級関係と資本制社会との関係性もまた，内在的／必然的な関係であると言えるのであり，資本制社会である限り必然的に資本家—労働者の階級関係は存在し，資本家—労働者の階級関係がある限り，必然的に資本制社会は存在しているのである。

　さて上記が意味するものは，中流社会と言われた過去の日本社会も，格差社会と言われる現代の日本社会も，それらが資本制社会である限りは，内在的／必然的関係として資本家—労働者の階級関係を存在させ，また資本家階級が存在する限り，その必然的な関係にあるものとして労働者階級が存在するということでもある。したがって，資本制社会であるにもかかわらず資本家—労働者の階級が存在しないなどということは存在せず，資本制社会であるにもかかわらず資本家—労働者の階級が「消滅」したり「復活」したりするような内在的／必然的関係というものは存在しないのである。さらに，資本家—労働者の階

級というものを資本制社会における実在的ドメインとして捉えるのであるならば，この両階級以外の階級が資本制社会を生成する基本的要因として，たとえば中間（中流）階級としてこれまた「消滅」したり「復活」したりすることもありえないのである。ただし，両階級の必然的関係の中でたとえば，必然的関係に近い関係ではあるものの基本的要因ではない階級（地主階級，あるいは旧中間階級［農漁民など］）や，必然的関係ではあっても階級ではないまさしくその内部区分である階層（新中間階層［管理労働者，専門労働者など］）として現れるし，経験的ドメインではその量的存在も含めて社会学などにおける経験的科学の大きな研究課題ではあるが，実在的ドメインの資本制社会における必然的関係（生成メカニズム）という意味では，資本制社会が存在する限り資本家―労働者階級はその経験的あるいはアクチュアルなドメインにおける形態は多様であっても，必然的な基本的要因としては存在するのである。

さて，セイヤは階級関係における基本的階級の関係性を内在的／必然的関係としているが，外在的／偶然的関係として階級という「位置を占める人間」の属性については前記したが次のようなものを挙げている。すなわち，団体／個人，人種，宗教，職業，性，既婚／未婚，などの属性であるが，その何が階級関係（構造）の占有者であるかは外在的／偶然的な関係によると述べている。したがって，経験的，アクチュアル，実在的ドメインという「深さ」から捉えるなら，階級関係（資本家―労働者の階級，階級構造）という生成メカニズムが実在的ドメインだとすると，その生成過程の結果として，私たちが経験的に認知できる生成された出来事が経験的ドメインであり，そこに外在的／偶然的関係の上記の属性を帯びたエージェント（あるいは集合体としてのエージェンツ）としての人間が，私たちに知覚できる行為を示すということとなろう。ただし「階級構成表」（大橋編，1971）として，既存の職業構成などのデータ（経験的ドメイン）を階級理論（実在的ドメイン）によりつつ，組み替えて作成されたものは，一定の現実世界での「階級」に近似的な構成（アクチュアルなドメイン）と言えるかもしれない。おそらくは階級という本来は実在的ドメインに属する知覚しえない超事実的（trans-fact）である対象を，リトロダクション（遡及的推

論)という手法による解明とそこで得られた実在的な階級関係という生成メカニズムによって，アクチュアルに生成している出来事を経験的ドメインのレベルで量的な構成として把捉するには限界があるとしても，どれだけ説得的に説明できるかによって科学的研究であるかが決まるということとなるのである（B. ダナマークほかの前掲著書の『社会を説明する［*Explaining Society*］』というタイトル［傍点は筆者］の由来はここから来る）。

②実在的ドメインと階層

では，社会学などで通常使用されている階級に代わる「階層」という概念は，上記からではどういう位置にあるのだろうか。まずは，階級という実在的ドメインの概念との関連における階層については，資本制社会における基本階級（資本家—労働者の階級）とより内在的／必然的関係に近い関係性を持つものとして，まずはほかの地主階級や中間階級を見ておくと，前者は資本制の初期において資本家に土地を貸すという形態で必然的関係を持っていたであろう（『資本論 3 巻』の最終場面［Marx, 1894＝1968］では，三大階級の一つとして表現されている）が，やがて姿を消していくものとして論議からは除外しておこう。次に論議になるのは中間階級であり，旧中間階級（農林漁業者，自営業者）と新中間階級（管理や専門に関わる労働者）とに分けられるが，前者は資本制社会の中で存在するとしても基本階級との関連では非対称的な内在的／必然的関係と言えよう（すなわち資本家—労働者というような対称的な内在的／必然的関係ではない）。そして，中流社会論や「階級消滅」論でよく問題にされた「新中間階級」については，基本としては資本家階級の内部（下部）で分岐した階層か，労働者階級の内部（上部）で分岐した階層ということとなり，いずれも資本家—労働者という実在的ドメインにおける基本階級の関係性の内部で形態が変換した存在と言えよう（資本家と労働者にまたがるという意味での「階層性」を個々には現象させるかも知れないが，そこでの階層は実在的ドメインにおいてはどちらかの基本階級の内部に分岐しているか，多数においては労働者階級の上層を占める階層と言えよう。そのうえで経験的ドメインにおける彼らの意識や行為が「両階級に交差する階層」という現象を呈しているということであろう）。

最後に社会学などで使用されている階層概念とは，その操作概念的な性格から見て，表層としての経験的ドメインのデータのみで研究者の側で作成するカテゴリーであり，あるいはときに認知しえないがどうしても現象にあって存在している（だろう）アクチュアルなドメインにある非データ的存在である層を語る意味で作成された操作カテゴリーと言えようか。明示的なことは，経験主義の人たちにとっては，超越論的な存在論からでてくる超事実的な実在的ドメインなどについては認容しえないのであるから，経験的そしてアクチュアルなドメインを超越する実在的ドメインの概念である階級，階級関係，階級理論はその視野には見えてこないのである。

（4）「縮減（還元）」批判と階級理論

　セイヤはたとえば具体的概念の「抽象的概念への縮減（還元：reduction）」（Sayer, 1994, p.90；Danermark et al., 1997, p.49＝2015, 78頁）という表現で，階級を資本家と労働者という二つの基礎的で抽象的な形態のみに縮減する誤りを指摘している。これはマルクス理論とCR論に関わる重要な理論課題でもあるが，論点のみ列挙しておきたい。①具体的なものと抽象的なものとの相互関係について，マルクスの「資本論の方法」（下向―上向，Marx, 1857-58＝1959），そのCR論での展開としてバスカーやセイヤの考察があるが（Bhaskar, 1979, p.12＝2006, 14頁；Sayer, 1994, p.87），一つの抽象的な概念が複数の具体的な形態を持つのみならず，一つの具体的な形態が複数の抽象的な概念から成るなどの考察に関わる。②しかし一つの抽象的なもので，階級関係のような内在的／必然的関係であっても，次のような偶然性が関与する場合が存在する。たとえば実在的ドメインにおいて，(a)一つの構造が複数のメカニズムを持つ（逆もある）場合，(b)因果力において，原因の方が人間の意向などによって発現する／しない場合，さらには，結果の方が何らかの条件によって実現する／しない場合，(c)ある必然Aにとって偶然Bである事象も，その事象が必然Bからすれば，Aは偶然である場合（セイヤは例として，Aを階級関係，Bを家父長関係［ジェンダー関係］に挙げる），などが考えられている（Sayer, 1994, p.91, 117；Danermark et al.,

1997, p.52f.=2015, 82頁以降）。さらには，③CR論から言えば，自然的世界は実験（experiment）という人為的手続きにより，必然的な世界を閉鎖システム（closed system）として人工的に造りだせるが，社会的世界は実験が可能ではなく，現実は無数の偶然性が支配する開放システム（open system）である（Danermark et al., 1997, p.59f.=2015, 93頁以降）。したがって内在的／必然的関係としての階級関係も，社会的世界における無数の偶然性によってそのメカニズムの生成は，必然的という意味での「法則（law）」ではなく「傾向性（tendency, liability）」として考えられ，論文における理論上（閉鎖システム）では必然性であっても，現実上（開放システム）では無数の偶然性を帯びた傾向性の姿をとる。④最後に，創発的で還元されない世界の階層性（stratification）という次元で見るCR論からは，社会と人間も「二元論」（アーチャーが言う「分析的二元論」）的に捉えられるのであるが，そうすれば社会の構造（関係，メカニズム）という刻印を負う階級そのものの捉え方も，さらなる検討が必要になるのである（たとえば，アーチャーは，人間をエージェンシー，行為，人格という三つの階層性で見る［Archer, 1995, p.247＝352頁］）。しかしこれらはより深い考察を経る必要があり，今後の重要な検討課題であろう。

注
(1) S.エジェルの著では階級理論としてはマルクス理論のものと，さらにウェーバーのものが紹介されている。本章ではマルクス理論の階級理論をあつかうが，別途の階級の捉え方もあり（橋本［2001］など），また社会学における階級論議も『現代社会学』の特集（「階級の現在」1985）で示されている。
(2) 中流社会論や中流崩壊論については関連書を参照（岸本，1978；中央公論編集部編，2001）。
(3) 同設問の調査だと世界各国で90％前後の「中」意識の結果がでるという報告もある（橋本，2001，50-51頁）。
(4) たとえば，「豊かさ」の中の貧困（暉峻，1989）などが論じられた。
(5) 原純輔は，自分たちの「基礎的平等化」で捉える日本社会が，多くの国民には格差社会としか見えていない現実を捉えて，「長期化する不況」による若者たちの就職難からくる「先の見通しの立たなさ」などによるとする。しかし「学習意欲の低下」＝「世間並み，人並み」の生活が可能になった，「学歴中流階級願望」（学歴による安定な人生を望む）とは別なライフスタイルを志向する若者＝「脱階層群」が

出現しているなどと紹介し,「冒険に乗りだせる社会」と未来日本を語るも,「格差社会化」する厳しく不安定な現状を真正面から把捉はできてはいない(原, 2002, 49-51頁)。
(6) J. シーブルックの『階級社会──グローバリズムと不平等』(Seabrook, 2001 = 2004)では,階級理論の考え方をとるのであるが,たとえば「さらば労働者階級」というタイトルで「新しい階級」として「グローバル市場から排除された」貧困生活者=「新たなアンダークラス」を重要視する点を提示する(Seabrook, 2001 = 2004, 125頁以降)。当理論の問題点と,二宮厚美が指摘する橋本の問題点とは労働者階級から「アンダークラス」を除外する点で共通であろう。
(7) 世界の主要国が「平等化」へと向かったのは,戦争により「政府が採用した政策の結果」だとピケティは論じる。そして今後の長期的傾向は不平等化=格差拡大であると予想し,「平等性を促進する力」についての「楽天的な信念」は「おおむね空想上のもの」と断じる(Piketty, 2013 = 2014, 22-24頁)。
(8) スウェーデンの社会学者 B. ダナマークほかの執筆による当著は,私も翻訳に参加させていただいた CR 論の入門書であるが,CR 論の基礎的概念(日本語訳)などの紹介は当著によっている。
(9) CR 論とマルクス理論との関連性については A. Brown ほかの著書と論文(2002),およびそれを紹介した私の報告書(木田, 2015)も参照していただきたい。ほかには,A. Collier (1989, ここでは科学的実在論:Scientific Realism)や S. Creaven (2000, ここでは実在論:Realism)なども参照。また,CR 論を通してマルクス理論の階級理論を考察するのはあくまで私の試論であることを断っておく。

引用参考文献

碓井敏正・大西広『格差社会から成熟社会へ』大月書店, 2007年。
碓井敏正『格差とイデオロギー』大月書店, 2008年。
大竹文雄『日本の不平等──格差社会の幻想と未来』日本経済新聞社, 2005年。
大橋隆憲編『日本の階級構成』岩波書店, 1971年。
「階級の現在」『現代社会学20』第11巻第2号, 1985年。
角田修一「階級社会・企業社会・市民社会・福祉国家」『経済科学通信』第108号, 2005年。
神野直彦・宮本太郎編『脱「格差社会」への戦略』岩波書店, 2006年。
苅谷剛彦『階層化日本と教育危機──不平等再生産から意欲格差社会』有信堂高文社, 2001年。
木田融男「"社会"概念をめぐって(上)(下)」『新しい社会学のために』第19号, 1979／第20号, 1980年。
木田融男「企業"社会"体制と生活価値」木田融男・佐々木嬉代三編著『変貌する社会と文化』法律文化社, 1990年。
木田融男「"社会"概念と日本社会」『特集「産業社会学部国際交流シンポジウム産業

社会の変容と市民社会の再生」』『立命館産業社会論集』第32巻第4号，立命館大学産業社会学会，1997年。
木田融男「批判的実在論とリトロダクション──マルクス理論との関連で」『立命館大学先進プロジェクト研究報告書』2015年。
岸本重陳『「中流」の幻想』講談社，1978年。
後藤道夫ほか『格差社会とたたかう──〈努力・チャンス・自立〉論批判』青木書店，2007年。
後藤道夫ほか『なぜ富と貧困は広がるのか──格差社会を変えるチカラをつけよう』旬報社，2008年。
佐藤俊樹『不平等社会日本──さよなら総中流』中央公論社，2000年。
庄司興吉『管理社会と世界社会』東京大学出版会，1989年。
高原朝美『富裕化と貧困化の論理』青木書店，1987年。
竹内章郎ほか『平等主義が福祉をすくう──脱〈自己責任＝格差社会〉の理論』青木書店，2005年。
橘木俊詔『日本の経済格差』岩波書店，1998年。
橘木俊詔『格差社会──何が問題なのか』岩波新書，2006年。
中央公論編集部編『論争・中流崩壊』中公新書，2001年。
暉峻淑子『豊かさとは何か』岩波新書，1989年。
富永健一『日本の階層構造』東京大学出版会，1979年。
二宮厚美『格差社会の克服──さらば新自由主義』山吹書店，2007年。
二宮厚美『新自由主義の破局と決着──格差社会から21世紀恐慌へ』新日本出版社，2009年。
橋本健二『階級社会 日本』青木書店，2001年。
原純輔編『流動化と社会格差』（金子勇ほか監修『講座・社会変動』5）ミネルヴァ書房，2002年。
三浦展『下流社会──新たな階層集団の出現』光文社新書，2005年。
森岡孝二『格差社会の構造──グローバル資本主義の断層』桜井書店，2007年。
山田昌弘『希望格差社会──「負け組」の絶望感が日本を引き裂く』筑摩書房，2004年。
Archer, M., *Realist Social Theory : the Morphogenetic Approach*, Cambridge University Press, 1995.（佐藤春吉訳『実在論的社会理論──形態生成論アプローチ』青木書店，2007年）．
Bhaskar, R., *The Possibility of Naturalism*, Harvest Press, 1979.（式部信訳『自然主義の可能性──現代社会科学批判』晃洋書房，2006年）．
Brown, A., et al. (eds.), *Critical Realism and Marxism*, Routledge, 2002. (Archer, M. et al. [eds.], *Critical Realism : Interventions*)
Brown, A., Fleetwood, A. and Roberts, J., *The Marriage of Critical Realism and Marxism : Happy, unhappy or on the Rocks?*, in A. Brown et al. (eds.), 2002.
Collier, A., *Scientific Realism and Socialist Thought*, Hemel Hempstead : Harvester

Wheatsheaf, 1989.
Creaven, S., *Marxism and Realism : A Materialistic Application of Realism in the Social Sciences*, Routledge, 2000. (Archer, M. et al. [eds.], *Routledge Studies in Critical Realism*)
Danermark, B. et al., *Explaining Society : Critical Realism in the Social Sciences*, Routledge, 1997.（佐藤春吉監訳『社会を説明する――批判的実在論による社会科学論』ナカニシヤ出版，2015年）．
Edgell, S., *Class*, Taylor & Fransis, 1993.（橋本健二訳『階級とは何か』青木書店，2002年）．
Marx, K., *Grundrisse der Kritik der Politischen Oekonomie*, Dietz verlag, 1857-58.（高木幸二郎監訳『経済学批判要綱』大月書店，第1分冊，1959年）．
Marx, K., *Das Kapital : Kritik der Politischen Oekonomie*, Dietz verlag, V.1 : 1867, V.2, V.3 (Engels, F.): 1885, 1894.（岡崎次郎ほか訳『資本論』大月書店，1・2・3巻［エンゲルス，F.］：1968年）．
Piketty, T., *Le Capiyal au XXIe Siècle*, Seuil, 2013.（山形浩生ほか訳『21世紀の資本』みすず書房，2014年）．
　　　――ピケティ本著への評論――
　　伊藤誠「『21世紀の資本』論と『資本論』――格差再拡大の政治経済学」（「総特集　ピケティ『21世紀の資本論』を読む――差と貧困の新理論」『現代思想』1月臨時増刊号，第12-17巻，青土社，2014年）．
　　チョティナー，I.（聞き手）「マルクスなんてどうでもいい――左翼ロックスター経済学者へのインタビュー」（同　総特集）．
　　高田太久吉「トマ・ピケティ『21世紀の資本論』を読む」（「特集　21世紀の資本主義の限界論と変革の課題」『経済』第232号，1月号，新日本出版社，2015年）．
　　伊東光晴「誤読・誤謬・エトセトラ」（「特集　不平等の拡大は防げるのか」『世界』第866号，3月号，2015年）．
　　橘木俊詔『21世紀の資本主義を読み解く』宝島社，2015年．
Sayer, A., *Method in Social Science : A Realist Approach*, London : Macmillan, 1994.
Seabrook, J., *The No-Nonsense Guide to Class, Caste and Hierarchies*, New Internationalist Publication, 2001.（渡辺雅男訳『階級社会――グローバリズムと不平等』青土社，2004年）．
Wallerstein, I., *The Modern World-System 1 : Capitalist Agriculture and the Origins of the European World-Economy in the Sixteenth Century*, Academic Press, 1974.（川北稔訳『近代世界システム――農業資本主義と「ヨーロッパ世界経済」の成立』岩波書店，1981年）．

第2章

労働・福祉を巡る制度アプローチの開発途上国への分析射程
――タイでの私的な相互援助の実態を交えて――

江口友朗

1　途上国の社会経済システム分析と制度の経済アプローチ

(1) 途上国の労働・福祉を捉えるために

　1993年に世界銀行が『東アジアの奇跡』を刊行したことに象徴されるように，アジア NIEs や多くの ASEAN 原加盟諸国は，1997年にはアジア通貨危機の禍を受けつつも，概ね飛躍的に経済発展を遂げてきた。そして，この成長に伴って，あるいは，その結果や対価として，各国での社会保障問題もこの10年余りの間にクローズアップされるようになっている。しかし，それら諸国は，今後数十年の間に，急速に高齢化社会を迎えることも知られており，欧米先進諸国と比較して，相対的に公的な社会保障諸制度が発展・整備途上であるため，より効果的かつ適切な社会保障制度を構築する必要性にも迫られている。

　それゆえ，こうしたアジア諸国を巡る現実的，社会的状況を念頭に置きつつ，本章では，特に，制度の経済理論によって，それら諸国における労働や福祉を捉えるための分析アプローチの方向性や可能性を考察する。なぜなら，経済学における制度アプローチは，特に，第二次世界大戦後の欧米先進諸国のマクロ経済成長メカニズムの解明や，それに関わる労働や福祉を巡る社会経済システムの比較・類型論の展開で一定の評価を経済学全般において得ている点，そして，市場のみならず，政治や文化等の領域やそれら諸要因を分析しうる広い視座を有している点，これらの2点で経済理論として少なからぬ意義と独自性を持っているからである。加えて，アジア諸国の社会保障諸制度が発展途上にあることを前提とすれば，その状況を明確に捉えるうえでは，制度の生成や変化

などに注目していく必要性もある。これらの意味で，制度の経済アプローチは，有益な議論や分析を提供する可能性を秘めているとも言えよう。

以下では，まず，経済学での代表的な今日の制度の諸アプローチ (e.g., 新制度学派，比較制度分析，レギュラシオン学派) が，途上国の社会経済システムを巡っていかなる議論を提供しているのかを俯瞰する。特に既存理論をより精緻な形で分析し，発展させるうえでは，「制度論的ミクロ・マクロ・ループ論」の視点が有益であること，ならびに，制度が形成途上にある状況を理解するためには，「インフォーマル」な制度それ自体の機能に注目する必要性があること，以上の二つの内容を指摘する。そして，これら二つの内容を実証的に確認する具体的な一事例として，タイでの私的な相互援助の実態に着目し，タイの所得再分配メカニズムが「ハイブリッド」型として理解されることを析出する。そのうえで，一連の議論をふまえ，途上国の労働・福祉を巡る理論と実証を架橋する分析フレームワークとして，「トリニティーモデル」を試論し，本章での議論を終える。

(2) 制度アプローチでの代表的主題

経済学での代表的な制度アプローチは，主に，途上国の社会経済システムを巡って，それと欧米先進諸国との違いを前提に，大きくは，以下の3タイプの議論をしている。

①国際分業のもとでの途上国の労働環境

第二次世界大戦後の欧米諸国での製造業での大量生産を背景に，賃金上昇と消費拡大とが連動した高度経済成長を「フォーディズム」として析出したことで有名なレギュラシオン学派 (e.g., Aglietta, 1976；Boyer, 1986) は，1970年代以降の多国籍企業の活動による国際市場の発展や国際分業の展開の観点から，特に，途上国経済を，「流血的テーラー化」型や「周辺部フォーディズム」型の経済システム，ないし成長メカニズムとして把握している。前者の「流血的テーラー化」とは，途上国で労働集約型産業の成長にとどまり，国内での賃金上昇や消費の増加には，結びつかない輸出に依存したマクロ経済メカニズムを

第2章　労働・福祉を巡る制度アプローチの開発途上国への分析射程

指す。また，後者の「周辺部フォーディズム」は，国内での内需拡大を伴いつつも，国際分業という観点から見て，先進技術製品の生産までには進まないという意味で，あくまでも周辺にとどまるメカニズムである（Lipietz, 1985）。あるいは，これらの概念型の応用として，ラテンアメリカでの長期的な低成長を対象に据えた分析や（e.g., 佐野，1998；岡本，2000），国際市場の拡大に伴うアジア諸国での生産・工程内分業体制の変遷を論じた議論もある（e.g., 井上，1996；平川，2014，25-57頁）。

②市場の発達状況と政府の役割

市場を介した社会的資源の分配の効率性を巡って，諸国間で差異が見られることを強調する新制度学派は，欧米諸国と比較して途上国では，相対的に市場が効率的に機能していないことを主張する（North, 1990；2005）。

あるいは，進化ゲーム理論をツールとして，社会経済システム間の相違を論じる比較制度分析は，特に経済発展に対する政策効果を巡って，政府をゲームの一プレーヤーとして位置づけ，経済システムにおける生産面での，特に産業レベルでの生産展開に，政治領域から市場への影響が見られることを強調する「市場友好的見解」を，提示している（Aoki, Kim, and Okuno eds., 1996, p.2 = 1997, 12頁）。これは，産業諸団体・官僚・政府間での「コーディネーション」に基づいて実施される産業政策が，経済成長に影響を与えることを指摘し，旧来の開発の担い手を市場か国家かという従来の二分法から脱却することを意図した提案である。また，この見解に基づいた，国家としての経済システムの分類も試みられてきた（青木・奥野［藤原］・岡崎編，1999）。

③アジア諸国間の類型論

最近年になって，レギュラシオン学派は，それまでの欧米諸国を巡る類型の蓄積のうえに，新たに，アジア諸国の社会経済システムの分類も試みている。この試みでは，金融市場，労働市場，製品市場，国際取引，教育，社会保障等の制度領域を想定し，また実証統計データ解析結果に基づき，「各種市場の自由化度」と，「貿易依存度と国内的な社会保護の対称性」という視点から，アジア諸国を，五つの型に分類している（遠山・原田，2014，64-67頁[1]）。あるいは，

制度の経済アプローチに直接依拠した分析ではないものの，本章での議論とも関わる試みとして，たとえば，欧米先進諸国の福祉国家類型論の延長としても理解しうる，地域研究や社会学を中心に展開している近年の「アジア福祉国家論」の展開もある。そこでは，アジア各国での公的社会保障諸制度の歴史や実態をふまえたうえで，たとえば，経済成長段階の違い，人口，基礎インフラ，そして社会保障の給付状況という四つの視点から，諸国間での社会保障制度の発展状況が三つの型に区分されることが指摘されている（*e.g.*，末廣編著，2010，10-11頁）。

（3）労働・福祉を巡って欠く視点

　以上のように，制度アプローチは，諸制度の違いが社会経済システム全体でどのような違いをもたらすかということを，根本的視座に据えた議論を提供している。つまり，制度のアプローチは，労働や福祉という主題を巡っても，諸国間の比較やその分類では重要な役割を持ちうる。その一方で，各国内での個々の労働条件や社会保障を把握するうえでは，具体的に言えば，たとえば，ある国内での労働や福祉に関わる特定の一政策が，特定の属性の労働者や社会階層に対して，いかなる影響や効果を持つのかといった主題を扱ううえでは，制度のアプローチは，さらなる理論的深化の余地を残してもいると思われる。この点について，次節では，より明らかにしていく。

2　制度のもとでの多様なアクターやアクター間での関係性を分析する必要性

（1）制度論的ミクロ・マクロ・ループ論の展開と視座

　1990年代末から，日本の進化や制度の研究分野で，塩沢（1999）や，植村・磯谷・海老塚（1997）によって提起されている，ミクロ・マクロ・ループ論のフレームワークは，基本的に，次の図2-1のように表される。[(2)]

　まず，このアプローチの独自の大きな特徴は，次の2点にある。

　第一には，図中の③ミクロと全体としての①マクロとが，双方向の矢印で表

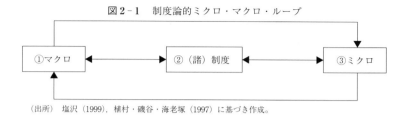

図2-1　制度論的ミクロ・マクロ・ループ

(出所)　塩沢 (1999)，植村・磯谷・海老塚 (1997) に基づき作成。

されるように，通時的かつ過程論的なアプローチを採っている点である。

　第二には，ある一つのマクロ構造（一国レベルでの経済全体）のもとで，異質で差異を持続的に持ちうる複数のタイプのアクター（個々人や企業や家計）が，共時的に存在しうる仮説を置いている点である。

　これら2点を既存の経済理論の文脈に即して言い直すと，ループ論は，従来のアプローチと同種の言葉を使いつつも，たとえば，マクロ経済学でのミクロ的基礎づけの展開にも関わる均衡論的なアプローチとは一線を画し，むしろ，社会経済システムの再生産構造を論じるような，かつての「古典派」と接点を持ちうるアプローチである。これは，社会経済システムでのアクターやそれらの間での関係性が，構造的ないし外生的に一様に規定され，一般化されないことを意味する。つまり，ループ論は，端的に言えば，いわゆる方法論的個人主義とホーリズムの双方に対して批判的な方法を採るアプローチでもある。

　こうしたループ論のアプローチとしての基本的意義や独自性を共有しつつ，特に，制度アプローチの分野では，マクロの社会経済システムとミクロのアクターを，それぞれ媒介するモノとしての制度を明示した，「制度論的ミクロ・マクロ・ループ」論として展開してもいる。たとえば，日本の労働市場の構造や雇用・就業を巡る制度的配置を綿密に解き明かすことで，マクロとしての景気動向と，労働者間で異なる労働・就業の側面や企業の活動との関係が，分析さている（磯谷・植村・海老塚，1999；磯谷，2004）。理論的には，図中の②制度を媒介として，③ミクロと①マクロとの相互関係性を，「構造的両立性」という概念で把握することの重要性が指摘されている。

さて，この図2-1に基づき，制度の諸アプローチでの途上国を巡る議論を改めて整理すると，たとえば，レギュラシオン学派の場合には，図中の①マクロの経済パフォーマンスと②制度との相互作用を相対的に重視したロジックである。また，比較制度分析や新制度学派は，③ミクロと②制度の相互作用がもたらす，ある帰結・状態としての①マクロの諸国間での社会経済システム間での相違を強調する。あるいは，近年の「アジア福祉国家論」は，②制度それ自体の比較に焦点があてられている。

　つまり，このループ論に依拠して言うと，途上国の特に福祉・労働分析を進めるうえでは，図2-1の②制度と③ミクロとの相互作用を精緻に問う作業が，なおも残されている。たとえば，社会保障制度や労働市場，また雇用制度などが，特定の属性を持つアクター同士での所得格差是正や貧困の削減にどの程度影響を及ぼすのか，といった主題を，該当する制度の機能や役割を踏まえつつ，多様な属性を持つアクターに焦点をあてて分析する作業である。

(2)「インフォーマル」な制度それ自体を分析することの必要性

　この作業を進めるうえで，まずは，経済学では代表的な，新制度学派のD. C. North (1990;2005) による制度（概念）の分類とそのロジックを確認しておくことが有益であろう。彼によると，「制度」とは，諸々のルールであり，それは，法律や政策などの「フォーマル (formal)」な制度と，社会的な慣習や規範，伝統，文化などの「インフォーマル (informal)」な制度の2種類に分類される。そして，このインフォーマルな制度には，フォーマルな制度を基礎づけ，その制度の効率性に影響を与えるという役割を与える。そして，これに基礎づけられたフォーマルな制度を介した経済パフォーマンスの違いが，経済システム間での違いになる。同時に，それは，長期的には固有の「歴史的経路依存性」にもなる。

　こうしたノースの説明からは，従来の分析の中に，社会的慣習や文化といった非経済的要因を組み込もうとする意欲的な態度・視座が確認される。しかし同時に，それら非経済的要因が，依然としてロジックとして分析の背後に置か

れていることに注意する必要性もある。(3)と言うのも，途上国では，フォーマルな制度それ自体が，欧米諸国のそれらと比べて相対的に未発達であるか，発展途上であるという認識を前提とすると，途上国の制度分析では，フォーマルな制度よりも，むしろ，既存の社会慣習や文化などとしてのインフォーマルな制度それ自体に注目せざるをえなくなる。そして，そうであれば，インフォーマルな制度からフォーマルな制度へというノースのロジックではなく，フォーマルな制度とインフォーマルな制度とを個々別々に，あるいは，両者を並列的・共時的に理解しうるロジックやフレームワークが新たに必要になる。

（3）福祉・労働を巡る制度アプローチの理論的な方向性

本節での検討から，制度アプローチを用い，途上国の社会経済分析を一層発展させうるための課題，方向性としては，次の二つを確認できる。一つは，ループ論の方法やフレームワークを意識しつつ，特に，制度とミクロとの多様な関係性に焦点をあてるという方向性である。もう一つは，インフォーマルな制度それ自体を取り上げるべきであるという，その制度に関連した経済機能や役割といった論拠を，経験的分析を積み重ねることで提起する方向性である。

これら二つの方向性をめぐって，次節では，具体的事例として，タイでのミクロの家計行動に注目する。特には，従来のロジックやフレームワークでも検証可能な，家計と労働市場やフォーマルな制度としての公的な社会保障諸制度との関係性に加え，それら両者によっては明らかにできない，私的な相互援助の実態に焦点をあてて検証する。

3 タイでの労働・福祉：所得再分配の家計レベルでの実態・効果に焦点をあてて

（1）労働市場とフォーマルな制度としての社会保障諸制度の概略

①労働環境

タイの労働市場は，基本的に，アメリカに代表されるような職務・職種に応じた採用の階層分断的な市場であり，日本の大企業に見られるような企業内部

での育成や昇進を可能とするタイプの市場ではない（*e.g.*, 末廣, 2000）。それゆえ, いわゆる一般技能としての学歴が, 労働者にとってきわめて重要な意味を持つ。また, これを裏付ける一例として, タイでの大学進学率は, アジア通貨危機後の2000年代には, すでに5割近くに達している。加えて, 職業別の賃金で見ると, 金融業が最も高額であり, 最も安価な農業従事者の約3倍の収入がある。(4) 加えて, 労働環境を巡る最低賃金, 有給, 休暇, 退職金などの基本的な制度は, すでに確立している。

②公的な社会保障諸制度（フォーマルな制度）

タイで, 積極的な福祉, 社会保障政策が採られ始めた時期は, 2001年～2006年9月まで続いたThaksin Shinawatra政権下であるとされている（玉田・船津編, 2008）。

具体的に見ると, まず, 各種医療保険制度では, 保険未加入者は, 総人口比で1.6％と, ほぼ「国民皆保険」である（The 2011 Survey on Health and Welfare）。さらには, 30タイ・バーツ（以下THBと表記）という安価に公的医療機関で毎回受診可能な, いわゆる「30バーツ医療」制度が2000年代に設けられてきた。(5) 次に, 公的年金制度である。1951年以来, 公務員を対象とする無拠出型の「公務員年金法」があったものの, いわゆる厚生年金にあたる大企業・中小企業被用者を対象として1991年に発足した社会保障基金は, その原資を本人, 国, そして企業の負担でプールしている段階であり, 近年中に稼働予定にある（増田・金, 2015）。ただし, その加入者は被用者の3割弱だという（末廣編著, 2010, 214-216頁）。また, それ以外の老齢者（60歳以上）に対する支援としての公的扶助が, 毎月600～1000THB程度給付されているものの, これは, 多く見積もっても, 標準的な家計所得の4％程度のウエイトに過ぎない（The 2013 Household Socio-Economic Survey）。

（2）インフォーマルな制度：私的な金銭的援助の実態

①注目すべき家計行動の特徴

アジア通貨危機後に, 世界銀行のレポートは, タイの経済回復に都市部から

地方への送金が一定の役割を担った可能性を示唆していた。また，都市部と地方との所得格差（最貧地域東北部とバンコク圏）は，今日でも，2.25倍ある（The 2013 Household Socio-Economic Survey）。加えて，タイの所得格差を巡って，階層流動性が低い社会であると，繰り返し指摘されている（*e.g.*，古谷野・北川・加納編，2000；服部・船津・鳥居，2002，pp.202-234；栗田，2005）。

さて，ここで，家計統計 The 2013 Household Socio-Economic Survey の細目を見ると，収入細目では，たとえば，「政府・組織からの援助（Assistance From Government/Organization）」の金額386THB（標準総収入25194THB比1.5％）に対して，「家計外部の者からの援助（Assistance from Persons outside of Household）」の金額が1678THB（同比6.6％）と，相対的に上回っている。同時に，支出細目では，消費税にあたるVATを除く「租税支払（Tax Payment）」金額106THB（標準総支出19061THB比0.5％）に対して，「贈与・寄付（Gift and Contribution）」金額1076THB（同比5.6％）が相対的に上回っている。つまり，家計では，公的支援＜私的な支援という相対的な金銭的関係になっていることを，確認できる。

②独自調査結果から

以上のいくつかの特徴から，タイでは，フォーマルな制度たる公的社会保障諸制度を介した所得再分配メカニズムとは異なる，別のタイプの所得再分配メカニズムが機能している可能性が示唆される。

この実態を解明すべく，筆者とArissara氏が，2010年以降に，3回に渡って独自に首都バンコクで回収した2000部弱の個票データの集約結果からは，以下の4点の大きな特徴を指摘できる。

第一には，被験者の所得の約2割にあたる金額が，私的な援助として，第三者に対して支出されている点である。また，第二には，VATを除く租税支払が，統計的傾向と同様に，多くても5％程度と相対的に低い金額である点である。さらに，第三には，被験者の2割以上の者が，他者からの金銭的支援を受けつつ，違う第三者を自分が支援していると回答している点である。そして，第四には，半数以上の被験者が，誰かに定期的に金銭的な私的な援助している

と回答した点である。なお，これら4点の特徴は，特定の製造業企業に勤務する労働者300名弱に対象を限定した場合でも，同様の傾向である旨を付記しておく。

加えて，特に，この私的な金銭的援助での金銭のフローを見ると，たとえば，従来から示唆されてきた都市部→地方への送金の経路に加え，都市部出身者の約6割が金銭的支援をしていることから，都市部内部でも金銭的なやり取りや，金銭の循環が見られる可能性が高いことや，恋人から金銭援助を受けつつ，親や子どもを支援するという経路が4割近く見られること，これら二つの特徴も把握できる。

一連の内容から，タイでの私的な金銭的な相互援助が，少なくとも家計レベルでは，看過できない経済的な役割や機能を持っていることを指摘できる。

(3) フォーマルな制度とインフォーマルな制度：ハイブリッドな所得再分配メカニズムとして

本節で取り上げたタイの公的社会保障制度と私的な相互援助の実態を，フォーマルな制度とインフォーマルな制度というノースの制度に関する理論的な分類を前提として，また，所得再分配の視点から制度と家計との関係性の視点から把握した場合，タイでは，フォーマルな制度に基づく公的扶助という経路と，フォーマルな制度を介さないという意味でインフォーマルな制度に基づく私的な相互援助という経路という，少なくとも2種類の所得再分配経路が確認できる。そして，このような，端的に言えば，「ハイブリッド」なタイの所得再分配メカニズムは，以下の図2-2のように表される。

図2-2の制度レベルでは，「フォーマル」な制度（公的扶助・社会保障制度）と，「インフォーマル」な制度の二つのタイプの制度が「併存」し機能している状況を描いている。これは，前節で指摘したように，理論的に言えば，D. C. ノースのロジックとは異なる立場を取ることを意味する。そして，この根拠は，実証的なデータや調査結果に基づいている。つまり，タイでは，少なくとも家計レベルでは，相対的に見て少額の租税支払―公的扶助というフォーマ

第**2**章　労働・福祉を巡る制度アプローチの開発途上国への分析射程

図2-2　タイにおける「ハイブリッド」な所得再分配メカニズム：家計と制度の関係性

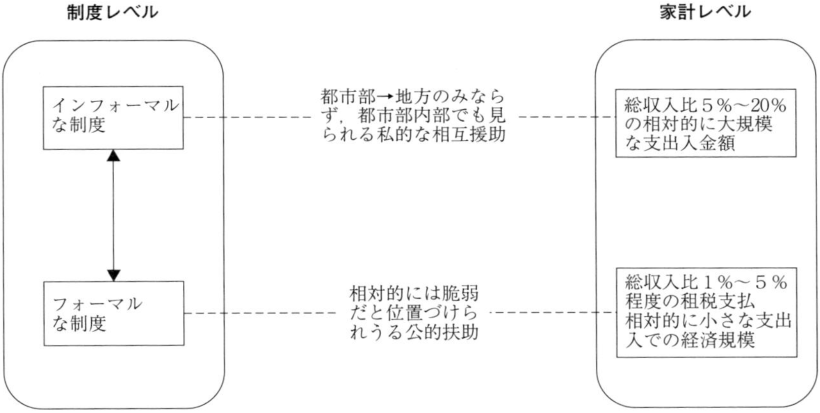

```
    制度レベル                                              家計レベル

  ┌──────────┐                                          ┌──────────┐
  │ インフォーマル│    都市部→地方のみなら                    │ 総収入比5％～20％│
  │ な制度       │····ず，都市部内部でも見····················│ の相対的に大規模│
  │              │    られる私的な相互援助                   │ な支出入金額     │
  │      ↕       │                                          └──────────┘
  │              │
  │ フォーマル   │    相対的には脆弱                         ┌──────────┐
  │ な制度       │····だと位置づけら························│ 総収入比1％～5％│
  │              │    れうる公的扶助                         │ 程度の租税支払  │
  └──────────┘                                          │ 相対的に小さな支出│
                                                            │ 入での経済規模   │
                                                            └──────────┘
```

（出所）　筆者作成。

ルな制度との関係性と，それとは別の，相対的に見て多額の私的な相互の金銭援助に基づく関係性とが見られる。こうした私的な相互援助がいかなるインフォーマルな制度的要因に基づくのかは，別途検討する必要性もある。ただし，少なくとも，こうした私的な援助行動は，フォーマルな制度それ自体に起因するか，それに基づく行為としては説明できない。[8]つまり，そもそもなぜ，タイの人々が互いに金銭的に扶助しあうのかという原因を解明し，それを論理的に説明するためには，インフォーマルな制度それ自体に着目する必要性がある。

したがって，これは一例にすぎないが，たとえば，形成途上ないし発展途上にある途上国の公的社会保障制度を理解するうえでは，こうした既存の社会慣習や人的ネットワークの隠れた経済効果や機能に着目することが，まずは，より効果的な「フォーマル」な制度設計やその実施に大きな意味を持ちうると考えられる。

4 途上国の福祉・労働を巡る制度アプローチの精緻化・分析の深化に向けて

(1) 労働・福祉を巡る家計の「トリニティー」モデル

前節では,タイを事例に,特に所得再分配の見地から,ノースによる制度の理論的な分類とそのロジックの修正を意識したフレームワークを描いた。ここでは,より包括的に,家計を中心にすえた福祉・労働を巡る分析フレームワークを,改めて以下の**図2-3**のように示したい。

図中の①各種市場,②公的(= Public/Official)な制度領域,③私的(= Private/Personal)な制度領域の三つの領域は,家計が行動を営む領域として,便宜的に設定した制度分析上の「場」である。まずは,これをタイの事例で具体的な意味を確認する。

図2-3 福祉・労働を巡るトリニティーモデル:理論およびタイの実態をふまえた試論

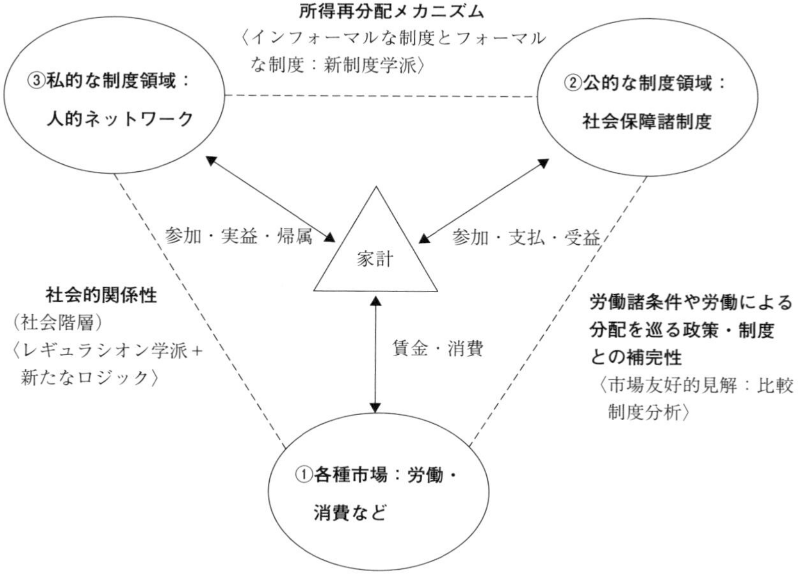

所得再分配メカニズム
〈インフォーマルな制度とフォーマルな制度:新制度学派〉

③私的な制度領域:
人的ネットワーク

②公的な制度領域:
社会保障諸制度

参加・実益・帰属　　参加・支払・受益

家計

社会的関係性
(社会階層)
〈レギュラシオン学派＋新たなロジック〉

労働諸条件や労働による分配を巡る政策・制度との補完性
〈市場友好的見解:比較制度分析〉

賃金・消費

①各種市場:労働・消費など

(出所) 筆者作成。

第2章　労働・福祉を巡る制度アプローチの開発途上国への分析射程

　図中の家計は，①各種市場の一つである学歴に左右される階層分断的であることを特徴とする労働市場で，職業や職種に応じた労働力を提供し，その対価として基本的な生活費を得る。そして，それを原資に，家計は消費活動をすることで自身を再生産する。この市場での生活費の獲得は，労働市場それ自体の性質と同時に，公的な労働関連諸制度の整備状況（e.g., 最低賃金の保証等）によっても影響を受けるがゆえに，破線で結ばれるように，①各種市場と②公的な制度領域によって相互規定・補完の関係にある。同時に，家計と②公的な制度領域との関係性は，たとえば，医療や年金などの各種社会保障諸制度との関係であり，それら諸制度に対する参加・支払とその便益の享受によって成り立つ。

　そして，前節で検討したような，私的な相互援助は，たとえば，親子や恋人との関係に依存しているように，基本的に私的な関係や人的ネットワークを基盤としている。それゆえ，こうした Private または Personal な人間関係や他者との結びつきに関わる領域を，新たに，③私的な制度領域として設定することが有益である。加えて，この領域での人間関係それ自体が，労働市場での労働を通じた賃金格差や消費パターン，長期的に見ると財産格差や，特定の社会階層での位置とも関わっている。したがって，③私的な制度領域と①各種市場とも相互規定・補完関係にあることが破線で示される。また，②公的な制度領域と③私的な制度領域との破線は，たとえば，先に述べた「ハイブリッド」な所得再分配メカニズムを別の形で表すことを意味する。

　この図2-3を巡っては，第1節での検討をふまえ，これら三つの分析エリアを設ける理論的な意味を，以下のように述べることもできる。たとえば，比較制度分析が指摘する「市場友好的見解」は，①各種市場と，②公的な制度領域との関係性の一端を示す行動（e.g., 産業でのロビー活動と政策的な受益）との関係性の一端を説明するアプローチとして位置づけられる。また，新制度学派のノースのインフォーマルな制度とフォーマルな制度の分類やそのロジックは，②公的な制度領域と③私的な制度領域との関係を問う内容である。残る①各種市場と③私的な制度領域との関係性は，これまで取り上げていない。それゆえ，

最後に，これに関する多少の追加的に示唆を与え，本章を終えたい。

（2）第三の新たな分析領域の設定：「生きる」アクターの分析に向けて

　図中③私的な制度領域の設定は，ループ論の視座，つまり，多様で異質的なアクターが共時的に存在するという仮説を理論的に，ロジックとして明示する意図も持つ。たとえば，消費を社会階層に応じた行動と見なす仮説・見解は，18世紀のF. ケネーの『経済表』以来，繰り返し指摘されてきた経済理論としての「古典派」的な一つの伝統でもある。また，レギュラシオン学派は，たとえば，フォーディズム期に，社会諸制度のもとでアクターが通時的に規格化される一方で，アクター間での関係性や社会階層の変動に大きな影響を及ぼしえなかったことを指摘している（Aglietta and Brender, 1984）。そして，そうした行動原理としては，社会学のP. Bourdieuの「ハビトゥス」や「界」の議論を援用する試みも見られる（Boyer, 2004）。したがって，たとえば，消費行動や家計の再生産という観点からも，図2-3の①各種市場と③私的な制度領域との関係性は，改めて理論的に基礎づけ，肯定されうるだろう。無論，これらのロジックを途上国分析で直接適用することが妥当なのか否かを，再検証する必要性はある。

　あるいは，近年の幸福の経済アプローチは，たとえば，アクター同士の私的な親密な結びつきが，所得の3500ポンド程度上昇と同義の価値を有していることを指摘している（Powdthavee, 2008, pp.87-88＝2012, 118-119頁）。また，自発的なボランティアや社会的支援活動が，「生きがい」として各人の幸福に重要な意味を持つことも提起されている。したがって，こうしたアプローチもまた，家計と③私的な制度領域との関係を理論と実証の両面から精緻化するうえでは，有益であろう。

　以上のように，私的な制度領域を配置することは，アクターの日常生活での多面性を，つまりアクターの「生き様」や「幸福」，あるいは，労働・福祉を巡って生じる，アクター間での関係性に由来する社会的排除や包摂，連帯といった主題を，制度アプローチが明示的に取り扱う第一歩となりうる。そして，

第２章　労働・福祉を巡る制度アプローチの開発途上国への分析射程

これが，従来の制度アプローチの理論的な深化にも関連していることを伝えられたなら，本章の議論はとりあえず尽くしたと思われる。

[付記]　本論文は，公益財団法人旭硝子財団：平成26年度研究助成『人文・社会科学系「研究奨励」』ならびに，立命館大学人文科学研究所研究助成プログラム：2014～16年度「学際知に基づく制度論的ミクロ・マクロ・ループ論の体系化：アクターの多面性とその活動空間を巡る理論と実証（代表：江口友朗）」の成果の一端である。

注
(1)　具体的には，インドネシアとフィリピンの「島嶼半農型資本主義」，タイとマレーシアの「輸出主導型工業化資本主義」，シンガポールと香港の「都市型資本主義」，韓国・台湾・日本の「イノヴェーション主導型シオン主義」そして，中国の「大陸混合型資本主義」という五つの類型である（遠山・原田，2014, 66-67頁）。
(2)　ミクロ・マクロ・ループ論での制度の位置づけに関しては，塩沢（1999）と磯谷らの間で長く論争されている。たとえば，磯谷（2004）では，本章とは異なる図に修正が試みられてもいる。それらの両者を巡る詳細は，江口（2005）も参照のこと。あるいは，江頭ほか編（2010）では，「ミクロ・メゾ・マクロループ」というタイプの議論も見られる。本章では，ループ論の直接の議論ではないことや，読者の簡潔な理解のために，便宜的に，最も古いタイプのフレームワークを示していることを断っておく。
(3)　詳細は，江口（2009）を参照。
(4)　江口（2009）は，タイの18職業種間での所得不平等度に関するタイル指標を測定した結果として，金融や教育の業種が，所得不平等拡大に寄与することも確認している。
(5)　この制度の詳細は，河森（2009）を参照。また，発足後には，手続きの煩雑さを理由に，無料化されていた時期もある。
(6)　「贈与・寄付」は，Household Socio-Economic Survey 上の以下の三つの細目，「Money/Material give to other person outside this household」，「Contribute money/Material to NGO institute」，「Other Contributions」の合計金額である。
(7)　1000人強を対象とする中間集計結果とその詳細は，江口（2013）を参照。
(8)　被験者の各種属性（性別，年齢層，出身地，婚姻の有無，子どもの数など）と私的な援助行動の有無を問う解析では，特定の属性で援助行為を説明できないことも析出している（Arissara and Eguchi, 2012；Arissara・江口，近刊）。また，タイ社会の特徴に関する既存研究での示唆（e.g., Skinner and Kirsch, 1975；吉原，1999；田中，2008）からインフォーマルな制度の要因を類推すると，たとえば，①仏教的思想に源流を見出しうる布施（タンブン）の精神や，②血縁や村落共同体内

部での二者関係の連鎖からなる横のネットワークや，③保護—被保護関係に象徴される縦のネットワークが絡み合ったネットワークの下に埋め込まれた Human-Being としてのアクターや家計の行動原理，などがありうる。
(9) 20世紀初頭のアメリカ旧制度学派の創始者とされる Veblen (1899) をはじめ，第二次世界大戦後の Duesenberry (1949) や Galbraith (1953) などもまた，消費行動が，①異質なアクター間での関係の中で生成される側面を持ち，他者との比較の中において意味を持つこと，ならびに，②経済的な変数として意味を持ちつつ，何らかの社会的・文化的な要因を併せ持つこと，これら二つを指摘している。
(10) 私的な制度領域を巡っては，これを，たとえば，社会学での「ソーシャル・キャピタル」と理解する読者もいるかもしれない（宮川・大守，2004）。タイの私的な相互援助にこうした側面があることを否定しないが，筆者は，アクター間での関係性を社会的な見地（マクロレベル）で一元論的，還元論的に理解し評価することや，意味づけすることを目的にはしていない。むしろ，筆者は，そうしたアクター間での関係それ自体が，仮に社会的な悪習慣，古い常識や規範に基づくモノや，あるいは，そうした関係性が個々人の生きるうえでの選択股や自由を狭めるモノであるなら（Sen, 1998），仮に社会（マクロ）レベルで何らかの経済効果を生み出すアクター間での関係性であったとしても，個々人の（ミクロ）レベルでは，望ましい関係だと言えない状態を析出することを意図する。あるいは，個々人の私的事情による関係性が，偶然，社会的，経済的効果や機能も伴っているのに過ぎないかもしれない。つまり，方法や理論として，筆者は，ループ論の「構造的両立性」の視点やその精緻化に注目し，また，比較制度分析（*e.g.*, Aoki, 2001；青木，2013）が想定するような，単にゲームの場や分析ドメインを増やす試みとは一線を画す立場である。

引用参考文献
青木昌彦『青木昌彦の経済学入門：制度論の地平を拡げる』筑摩書房，2013年。
磯谷明徳『制度経済学のフロンティア：理論・応用・政策』ミネルヴァ書房，2004年。
磯谷明徳・植村博恭・海老塚明「戦後日本経済の制度分析：『階層的市場—企業ネクサス』論の観点から」山田鋭夫・R・ボワイエ編『戦後日本資本主義：調整と危機の分析』藤原書店，1999年。
井上泰夫『『世紀末大転換を読む』：レギュラシオン理論の挑戦』有斐閣，1996年。
植村博恭・磯谷明徳・海老塚明『社会経済システムの制度分析：マルクスとケインズを超えて』名古屋大学出版会，1997年。
江頭進ほか編『進化経済学基礎』日本経済評論社，2010年。
江口友朗「ミクロ・マクロ・ループ論における制度と主体：現代制度学派とレギュラシオン学派の検討から」『季刊経済理論』第42巻第3号，2005年，85-95頁。
江口友朗「アジア通貨危機後のタイにおける家計グループ間での特徴的差異：統計指標の実態から」『経済志林』第77巻第2号，2009年，269-298頁。

江口友朗「タイにおける家計間での相互扶助の実態に関する一試論：経験的事例と制度の理論の架橋に向けて」『経済科学』第60巻第4号，2013年，105-118頁。
岡本哲史『衰退のレギュラシオン：チリ経済の開発と衰退化1830-1914年』新評論，2000年。
河森正人『タイの医療福祉制度改革』御茶の水書房，2009年。
栗田匡相「タイ・フィリピン・インドにおける消費の不平等：家計調査マイクロデータを用いた学歴別・居住地域別年齢効果の検証」『21世紀COE Hi-Stat Discussion Paper Series』一橋大学経済研究所，第71号，2005年。
古谷野正伍・北川隆吉・加納弘勝編『アジア社会の構造変動と新中間層の形成』こうち書房，2000年。
佐野誠『開発のレギュラシオン：負の奇跡・クリオージョ資本主義』新評論，1998年。
塩沢由典「ミクロ・マクロ・ループについて」『経済論叢』第164巻第5号，1999年，1-73頁。
末廣昭『キャッチアップ型工業化論：アジア経済の軌跡と展望』名古屋大学出版会，2000年。
末廣昭編『タイの制度改革と企業再編：危機から再編へ』アジア経済研究所，2002年。
末廣昭編著『東アジア福祉システムの展望：7カ国・地域の企業福祉と社会保障制度』ミネルヴァ書房，2010年。
田中忠治『タイ：歴史と文化』日中出版，1998年。
田中忠治『タイ社会の全体像：地域学の試み』日中出版，2008年。
玉田芳史・船津鶴代編『タイの政治・行政の改革：1991-2006年』アジア経済研究所，2008年。
遠山弘徳・原田裕治「アジア資本主義の多様性：制度的構図と企業のイノベーション活動」植村博恭・宇仁宏幸・磯谷明徳・山田鋭夫編『転換期のアジア資本主義』藤原書店，2014年，58-97頁。
服部民夫・船津鶴代・鳥居高編『アジア中間層の生成と特質』アジア経済研究所，2002年。
原洋之介『アジア・ダイナミズム』NTT出版，1996年。
原洋之介『エリア・エコノミクス：アジア経済のトポロジー』NTT出版，1999年。
平川均「構造転換の世界経済と東アジア地域の制度化：ASEANに注目して」植村博恭・宇仁宏幸・磯谷明徳・山田鋭夫編『転換期のアジア資本主義』藤原書店，2014年，25-56頁。
増田稚暢・金貞任編著『アジアの社会保障』法律文化社，2015年。
宮川公男・大守隆編『ソーシャル・キャピタル：現代社会のガバナンスの基礎』東洋経済新報社，2004年。
吉原久仁夫『なにが所得格差を生むのか』NTT出版，1999年。
Aglietta, M., *Régulation et Crises du Capitalisme : L'expérience des Etats-Unis*, Calmann-Lévy, 1976. (若森章孝ほか訳『資本主義のレギュラシオン理論：政治経済学の革新』大村書店，1989年).

Aglietta, M. and A. Brender, *Les Métamorphoses de la Société Salariale*, Calmann-Lévy, 1984.（斉藤日出治ほか訳『勤労者社会の転換：フォーディズムから勤労者民主制へ』日本評論社，1990年）．

Aoki, M., *Towards a Comparative Institutional Analysis*, MIT Press, 2001.（瀧澤弘和・谷口和弘訳『比較制度分析に向けて』NTT出版，2001年）．

Aoki, M., H. Kim and M. Okuno (Fujiwara) (eds.), *The Role of Government in East Asian Economic Development*, Clarendon Press, 1996.（白鳥正喜監訳『東アジアの経済発展と政府の役割』東洋経済新報社，1997年）．

Arissara, S. and T. Eguchi, in Random in Order, "Rethinking the Role of an 'Informal' Institution and Its Economic Effects : A Case study of Mutual Assistance Payments among Households in the Kingdom of Thailand," *Book of Abstracts : 24th Annual Conference of the European Association for Evolutionary Political Economy*, Cracow University of Economics, 2012, pp.132-134.

Boyer, R., *La Théorie de la Régulation : Une Analyse Critique*, La Découverte, 1986.（山田鋭夫訳『レギュラシオン理論：危機に挑む経済学』藤原書店，1990年）．

Boyer, R., "Pierre Bourdieu Analyste du Changement ? : Une Lecture à la Lumière de la Théorie de la Régulation," *CEPREMAP*, no.0401, 2004.（山田鋭夫訳『資本主義 VS 資本主義：制度・変容・多様性』藤原書店，2005年）．

Duesenberry, J. S., *Income, Saving and the Theory of Consumer Behavior*, Oxford University Press, 1949.（大熊一郎訳『所得・貯蓄・消費者行為の理論［改訳版］』巌松堂出版，1964年）．

Galbraith, K. J., *The Affluent Society*, Hamish Hamilton, 1953.（鈴木哲太郎訳『ゆたかな社会』岩波書店，1958年）．

Gohlert, E. W., *Power and Culture : The Struggle against Poverty in Thailand*, Whitelotus, 1991.

Lipietz, A., *Mirages et Miracles : Problèmes de l'industrialisation dans le Tiers Monde*, La Découverte, 1985.（若森章孝・井上泰夫訳『奇跡と幻影』新評論，1987年）．

North, D. C., *Institutions, Institutional Change and Economic Performance*, Cambridge University Press, 1990.（竹下公規訳『制度・制度変化・経済成果』晃洋書房，1994年）．

North, D. C., *Understanding the Process of Economic Change*, Princeton University Press, 2005.

Powdthavee, N., *The Happiness Equation*, Adams Media, 2008.（阿部直子訳『幸福の計算式：結婚初年度の値段は2500万円!?』阪急コミュニケーションズ，2012年）．

Sen, A., *Development as Freedom*, Alfred Aknopf, 1998.（石塚雅彦訳『自由と経済開発』日本経済新聞社，2000年）．

Skinner, W. G., and T. Kirsch, (eds.), *Change and Persistence in Thai Society : Essays in Honor of Lauriston Sharp*, Cornell University Press, 1975.

Veblen, T. B., *The Theory of Leisure Class : An Economic Study of Institutions*, Mcmillan, 1899, reprinted in *Veblen The Collected Works of Thorstein Veblen*, vol.1, Routledge / Thoemmes Press, 1994.(小原敬士訳『有閑階級の理論』岩波書店，1961年)。

Yoshihara, K., *Asia per Capita : Why National Incomes Differ in East Asia*, Curzon Press and New Asian Library, 2000.

第3章

新自由主義のもとで変化する日本の労働市場
―― 持続可能な社会への展望 ――

篠田武司・櫻井純理

1 はじめに：ポスト・フォーディズムの蓄積体制

　世界的なフォーディズムの危機に見舞われた70年代は，また世界経済のグローバル化が始まる時代でもあった。フォーディズムの危機の中で，その危機への対応としてクローズアップされてきたのは新自由主義であった。戦後，いち早く発展した諸国は，ケインズ・ベバレッジ的福祉国家戦略のもとでフォーディズム的蓄積体制を軌道に乗せた。それは，経済・社会アクター諸関係（賃労働関係，企業間関係，金融―企業間関係，国家介入関係，国際貿易・通貨関係）の調整された制度化を特色とし，それが各国の高度成長を可能とさせた（ボアイエ，1988）。この時期の蓄積体制の特徴は，制度化された賃労働関係のもとでの生産性向上――高いレベルでの賃金が，消費を拡大し，それが結果的に投資の拡大をもたらすという内需主導型の成長体制であった。金融制度は，企業の旺盛な資金需要を提供し，また国家は賃労働関係では調整できない労働者の生活分野の福祉を調整・提供することによってこの蓄積体制を支えていた。このように見てくると，フォーディズム的蓄積体制を支えていた諸制度は賃労働関係を主要な制度とし，ほかの諸制度はそれを補完しつつ全体として高度成長をもたらしていたのである。フォーディズム的蓄積体制は，「調節された資本主義（Coordinated capitalism）」（ジェソップ，2005）とも呼ばれうるものだったのである。

　こうしたフォーディズム的蓄積体制は，戦後社会に広がった，民主主義，平等，自由，社会権といった理念，あるいは価値観によっても支えられるもの

だった。賃金の平等性，社会権による福祉の充実，それらは所得格差の低い社会をもたらし，戦後の社会の安定に寄与したのである。

　こうした蓄積体制は，70年代，生産性の低下に見舞われ危機に陥った。それへの対応として現れたのが新自由主義だった。それは，戦後体制の否定から出発し，新たな成長体制を模索するものだった。それは，経済的には，各経済的アクターの利害を制度的調整というよりも，市場における競争的調整に委ねることを主張する。本章の主要な課題となる雇用関係において，特にそうである。また，グローバル市場を，その蓄積の基盤ともする。政治的には，福祉国家の解体を目指す。均衡財政，福祉の民営化による財政の安定化が政治的な安定をもたらすと理解するからである。それは，また国家規制を嫌悪し，市民の国家への福祉依存症が，経済あるいは市民の自律と活力を奪うと考えるからである。理念的には，平等を結果の平等ではなく，機会の平等と理解し，また自由という価値観が強調される（ハーヴェイ，2007）。

　しかし，こうした新自由主義の主張は，各国のそれまでの諸制度あるいは規範などによって，各国で違った形で，また異なった時期に受容されていく。いわゆる純粋な新自由主義は理論上の姿であり，このことがフォーディズム以後の新自由主義的資本主義の類型を生み出していくことになる。アジアで言えば，中国は国家開発主義的新自由主義とも言える成長体制の道を歩んできた。1978年の「改革開放」以降，国家主導の市場化を進め，特に90年代以降，グローバリゼーションが進む中で輸出主導型蓄積体制による成長体制を築いてきた。ここでは，国家は国有企業を温存しつつ，市場での経済調整の活力を取り入れながら沿海地域での労働集約的産業の育成を誘導してきた。金融，労働関係への介入という国家調整と，市場での競争的調整が融合した成長体制を生み出してきたのである。他方，韓国もまた1998年，アジア通貨危機に際して，IMFからの援助と引き換えにワシントン・コンセンサスを受け入れ，新自由主義がそれまでのいわゆるポスト「周辺的フォーディズム」を経て，本格的に受け入れられていくことになる。ここでも，金融の自由化を一方で図りつつ，国家による為替への介入，また財閥の近代化への介入を図り，中国ほどではないが国家

主導の新自由主義化の道を歩むことになる。国家資本主義的新自由主義であり，韓国もまたこうした体制による輸出主導型の成長体制の道を歩んだ。

　日本は，日本型フォーディズムとも言える独特な成長体制を80年代まで維持した。しかし，90年代のバブル崩壊後，その危機が約15年遅れてやってきた。新自由主義は当時の橋本，小泉首相によって牽引された。民営化，規制緩和，構造改革が叫ばれ，市場での競争的調整が進んだ。しかし，他方でケインズ主義も放棄されたわけではなかった。輸出も，景気後退期には大きな影響を持ったが，投資主導型の内需が主要な成長要因として理解された。この意味で，混合型新自由主義とも言える投資主導型成長体制であった。

　このように，アジアでは，各国異なった道を歩みつつ，新自由主義的な成長戦略が大きな流れとなっている。しかし，こうした戦略による成長体制は，必ずしも安定した蓄積体制を各国に保障するものではない（篠田，1997）。輸出主導型蓄積体制は，海外の需要に依存することによって安定したものではないからである。また，同じく投資依存の内需は，最終的に消費需要に連動しない限りまた安定的ではない。この意味で，アジア諸国は現在，不安定な成長様式の中にある。社会的にも，新自由主義は所得と社会の資源へのアクセスの格差を生み出し，各国の社会を分裂させ，不安定化させている。この意味で，それは持続可能な体制ではないのである（Uni, 2007；巌，2011）。

　では，どうすればいいのか。本章では，新自由主義に代わる，自然との調和を意識しつつ，市場に諸アクターによる制度的調整を埋め込み，そうした「調整」に基づく消費主導の穏やかな持続可能な成長様式に各国が転換することを提起したい。中国も同様である（柳澤，2013）。あるいは，将来的にはアジア圏における消費・生産の共同経済圏（アジア・ケインズ主義）を形成するのも一つの道だと考える。

　本章は，アジアにおける現在の経済・社会の状況をこのように捉える。その上で，現在の危機が，特に賃労働関係の現状に深く起因すると理解する。すなわち，社会の分裂は，新自由主義のもとで進む雇用の変化・劣化によるものだからである。そして，社会の分裂は，社会の不安を引き起こし，犯罪や排他的

ナショナリズムの感情を引き起こす。社会結束の危機である。雇用の変化・劣化は，また，消費主導型成長様式の障害ともなり，不安定な成長様式を克服できなくさせている。

　本章では，特に日本に焦点をあてる。まず，新自由主義のもとでの日本の賃労働関係の変化の現状と特徴を述べたい。ここで強調したいのは，働いてはいるが生活を維持できない層＝「ワーキングプア」層が拡大していることである。それは，単に雇用や所得に関して不利な条件にある非正規雇用が増加しているということだけではない。正規雇用自体もまた不安定で，長時間労働に見られるように劣悪な労働条件のもとにさらされている現状がまた問題なのである。そうしたことが，全体として社会の不安定さを引き起こしているからである。本章では，いわゆるこの「雇用破壊」，「労働の破壊」という状況の実態とその特徴が考察される。そして，そのうえで，現在 EU や ILO が強調し，新自由主義的な労働のフレキシビリティへの対応として広く認識されつつある「フレキシキュリティ」の日本的インプリケーションを考察したい (Chatani, 2008)。こうした考察は，マクロ的には持続可能な安定した成長体制がどのようなものなのかの考察をも可能にするだろう。

2　EU における労働市場政策の変化

　ここでは，日本の労働市場政策，あるいはアジアにおける労働市場政策にとって，多くを学ぶことができる EU の労働市場政策について見ておこう。
　70年代のフォーディズムの危機は，労働市場の変化を促した。80年代以降，フォーディズムの危機，グローバリゼーションという事態の中で，その危機への対応が各国で追求された。大きく変化したのが，特に労働市場である。それまでの労使（・政府）合意による調整的労働市場が，景気変動や企業業績に応じて変動する市場的調整へと変化していった。いわゆる労働市場の柔軟化であり，労働市場の規制緩和である。
　ここで言う，労働市場の柔軟性（Flexibility）とは，次のことを指す。①雇用

の柔軟性（External Numerical Flexibility），②労働時間の柔軟性（Internal Flexibility），③作業工程や労働編成の柔軟性（Internal Functional Flexibility），④賃金の柔軟性（Wage Flexibility），である。雇用の柔軟性は，解雇を容易にすることによって雇用者数の柔軟性を確保するだけでなく，ここではまた雇用形態の多様化と雇用期間に関する多様化をも意味する。いわゆる雇用調整である。

　80年代，景気後退と，グローバリゼーションのもとでの国際競争が激しくなる中で，企業にとって従来の労働市場は柔軟性に欠け，そのことが障害だと感じられるようになってきた。企業にとって労働コストを削減することは，生き残るために不可避のことだと理解された。労働市場の柔軟性は，この意味で企業にとっての要求となった。マクロ経済的にも，労働市場の柔軟性・流動性は，産業構造の変化，いわゆる一方での知識経済化，他方でのサービス経済化という変化の中で，そうした分野への雇用の移動を促すためにまた，必要なことだった。こうしたミクロ，マクロレベルでの変化に対応するために労働市場の柔軟化が進められた。しかし，それは，失業の増大，特に若年層の失業の増大，パートタイマーや，派遣労働者の拡大といった雇用の多様性をもたらした。

　フォーディズムの危機と，グローバル化への対応としてこのように労働市場の柔軟化が目指された。しかし，この柔軟化には，二つの道があった。一つは，雇用と賃金を市場的調整に委ねる新自由主義的な対応である。アングロサクソンの国は，この道を選択した。他方，EUは，別な道を模索した（Antoniades, 2008）。寛大な失業保険制度，社会扶助によって所得の安全を提供したのである。しかし，こうしたいわゆる受動的労働市場政策は，所得の安全を守るものであっても，必ずしも雇用の安全を守るものではなかった。就労の機会を得るためには，産業構造の変化に対応した新たな技術・知識が必要である。したがって，雇用可能性（Employability）を高める就労支援政策の必要性が，90年代改めて認識されるようになった。そして，そのときにモデルとされたのが北欧諸国で行われていた積極的労働市場政策であり，それは各国で導入されていく。それは，職業教育・訓練によって雇用可能性を高め，労働移動を実現し，雇用の安全を社会的に保障する政策である。

しかし，こうした政策は十分な成果を挙げることはできなかった。その理由としては，第一に，90年代初めのバブル経済の崩壊が，各国に深刻な経済停滞をもたらし，労働市場を悪化させたからである。第二に，寛大な所得保障制度が続く中，所得保障制度から就労への移動に対するモチベーションを下げていたからでもある。いわゆる「失業の罠」，あるいは「福祉の罠」と呼ばれる状況である。この時期，特にこれらの「罠」が大きな社会問題として強調され，問題視された。それは，国家の財政負担を大きくするとともに，人々の福祉への依存症を生み出すと考えられたからである。

　したがって，2000年代に入り，新たな対応が模索されることとなった。アクティベーション（活性化）と呼ばれる政策である。この政策は，雇用政策と福祉受給とを結び付けようとしたものである。失業手当や社会扶助の受給の条件として就労活動や，労働市場政策プログラムへの参加を義務付けることによって，彼らの就労活動へのモチベーションを高めようとするものである。これは，原理的には労働が権利であると理解したうえで展開されてきた，これまでの積極的労働市場政策からの転換でもある。労働は，あるいは労働市場政策プログラムへの参加は権利でもあり，また同時に義務でもあり，その義務を果たす限りで福祉手当が給付されるという政策への転換である。とはいえ，このアクティベーション政策は，新自由主義的な雇用・福祉政策であるワークフェアとは違う（嶋内，2008）。一般に労働市場プログラムへの参加を福祉受給の条件とする福祉・雇用政策は，アメリカから始まった。そこでは，所得保障は労働市場プログラムへの参加と強く結び付けられていた。また，就労あるいは労働市場プログラムへの参加は権利というより義務として理解されていた。所得保障も，同様に権利としては理解されていなかった。これが，いわゆるワークフェアである。

　アクティベーション政策は，あくまで基本的には働くこと，所得保障を権利だとし，手厚い就労支援が基調となっている。そこでは，教育水準，資格，また本人の希望などを考慮しながら，就労のための個人プランが作成され，就労の斡旋，あるいは雇用可能性を高めるための職業教育・訓練が社会的に準備さ

れる。他方，ワークフェアは，こうした就労支援が十分ではない。また，プログラムの内容が，たとえば公園の清掃など就労へとリンクするような内容でない場合がしばしばである。そうした仕事であれ，失業や社会扶助の給付条件となっているので，プログラムへの参加は強制的，義務的な側面が強くなり，参加者にトラウマを引き起こすとも言われている。義務を強調するアメリカ型雇用・福祉政策と，基本的には権利をより強調するEU型雇用・福祉政策は，この点で大きく違う（嶋内，2008）。

3　フレキシキュリティ（Flexicurity）政策へ

　労働市場の柔軟化は，雇用の多様化をもたらす。それは，「雇用の質」を悪くする可能性をまた持つことになる。現実に，雇用の多様化は，雇用に格差をもたらした。したがって，雇用の安全だけが問題ではなく，「人間らしい働き方（Decent work）」や「労働の質」がまた問題となった（Auer, 2007）。

　そこで，アクティベーション政策とともに，この間，EUでは，パートタイム労働者とフルタイム労働者，有期労働者と無期労働者，あるいは派遣労働者と派遣先労働者との均等待遇に関する政策が実施されていくことになった。しかし，こうした非正規労働規制が均等待遇原則のもとで整備されていく一方で，アクティベーション政策にもかかわらず，EUでは失業，特に若年層の失業は高止まりしていた。それはEU経済の停滞に大きな要因があった。と同時に，雇用の柔軟性・流動化が十分に進まなかったこと，また「福祉の罠」も引き続き十分に解決されていなかったからである。こうした中で，この時期，経済が成長し，また失業率も低かったデンマークとオランダに注目が集まった。そして，そこでの雇用・福祉システムを「フレキシキュリティ」と概念化し，EUでは，フレキシキュリティ政策が提起されることになった（若森，2013）。

　それは，上記で見た労働市場の柔軟性を確保しながら，社会的に所得の安全を保障しつつ，職業教育・訓練を強めて労働市場に早期に戻し，社会全体として雇用の安全を保障する政策である（ただし，オランダでは雇用のフレキシビリ

ティは，ワーク・シェアリングという内的数量的フレキシビリティとして実施され，こうして「同職安全性（Job security）」が確保された）。一見，それはアクティベーション政策と異ならないかに見えるが，しかしそれが決定的に異なるのは，第一に，雇用の安全性，所得の安全性とともに，生活の安全性をまた政策の中に組み込んだことである。特に，ワーク・ライフ・バランスは生活の安全性，社会への参加を保障するために不可欠なことである。あるいは，教育休暇制度，年次休暇制度，両親休暇制度といった休暇制度もまた同様である。フレキシキュリティは，単なる雇用政策と所得保障という狭い意味での福祉政策を結び付け，それを保障するものではない。それは，ジェンダー平等という EU にとって基本的な原理のうえに立ちながら，雇用政策を広い意味での福祉政策である生活の安全，良き生活の保障と結び付けたことに大きな特徴がある（Wilthagan and Tros, 2004）。第二に，単なる失業対策ではなく，職業教育・訓練への支援を強めることによって成長産業への雇用の移動を意識的に追求したことである（European Commission, 2006）。

　2007年，EU は「フレキシキュリティ共通原則」を定め，こうした政策を各国に広げようとしてきた（European Commission, 2007）。この政策は，一般に「ゴールデン・トライアングル」として説明される。労働市場の柔軟化，それによる労働市場からの退出—失業手当，社会扶助による所得保障—積極的労働市場政策による雇用支援—労働市場への復帰，である（Wilthagan and Tros, 2004）。しかし，それは，上記で見たように良き雇用と良き生活の安全を保障する政策でもあることが忘れられてはならないだろう。

4 韓国・日本における対応

　EU は，上記のように新自由主義に対抗する労働市場政策を模索した。しかし，韓国や日本の雇用・福祉政策にも影響を与えたとはいえ，韓国では，1997年のアジア通貨危機の中で，その危機への対応として新自由主義的戦略が導入される。通貨の安定と，成長戦略としての輸出主導型成長モデルの強化（60年

代から政府はこうした戦略を採用してきた），また労働市場の構造改革が優先事項であった。労働市場の構造改革に関して言えば，企業は危機に対して，大規模なリストラによって正規雇用を制限しつつ，必要な労働力は非正規雇用の拡大によって対応しようとした。労働コストを削減するために雇用の数量的柔軟化と雇用の多様化という戦略が急速に進められたのである。

　他方で，EUとは異なり，韓国では，日本と同様に相対的に失業率は低い。2000年代，それは4％前後で推移した。したがって，フレキシキュリティの最大の目的である失業者あるいは社会的に不活動層の労働市場への再統合，あるいは産業構造の変化に伴う労働移動は，それほど問題とはならなかった。また，「福祉の罠」も，もともと所得保障制度が十分でないので，ヨーロッパと比べて福祉に依存し続ける層が増え，それが財政を圧迫するということもなかった。したがって，それも問題ではない。

　韓国や日本で問題なのは，「雇用の質」あるいは「労働の質」が劣化していることである。労働市場の柔軟化は，一方で，非正規雇用の拡大に結果した。もともと，韓国の非正規雇用の比率は高かったが，これ以降それはさらに高くなっていく。2014年8月現在，それは32.4％である（Korea Ministry of Employment and Labor, 2014, p.84）。こうした非正規雇用における「雇用の質」は，いま劣悪な状態にある。①企業は，正規労働者と違い，非正規労働者の社会保険への加入をサポートしていない。彼らはそれを自己負担するか，加入を見送るかどちらかの選択となる。いずれにしても生活の安全を脅かすことになる。②また欧米のように「同一労働・同一賃金」という賃金原則がないので，非正規労働者の労働は，たとえ同一労働であっても低く評価されるのが一般的である。したがって，賃金は正規労働者と比べ低くなり，賃金の格差は大きくなる。そればかりか，賃金水準は，生活の安全を脅かす事態を生み出している。③さらに職業教育・訓練の貧困さがある。韓国においては，職業教育・訓練は，日本と同様に企業内で主として行われている。そして，非正規労働者にはそうした機会が提供されず，そのことがまた賃金の低さを合理化することになる。結局，職業教育・訓練が社会的に制度化され，さらにまた「同一労働・同一賃金」原

則が広がらない限り，あるいは企業内教育・訓練制度に非正規雇用を包含しない限り，非正規労働者は「低賃金の罠」から抜け出せないことになる。所得の格差が韓国では広がっているのである。

しかし，問題は，これだけにとどまらない。いや，さらに大きな問題がある。正規労働者自体の「労働の質」が大きく悪化してきているのである。雇用の数量的調整の中で正規雇用が制限され，正規雇用者の長時間労働が韓国で常態化しているからである。こうした事態は，結果的に社会の分裂，社会結束の危機を引き起こし，社会を不安定にさせ，質の悪い社会を生み出すだろう（申，2009）。さらに，経済的にも国内需要を低下させ，成長を鈍化させるとともに，企業の海外依存を高めさせ，それはまた国内経済を悪化させるという負の循環を生み出すことになる。こうした事態の中で，韓国で「反自由主義的な社会政策」として2009年に実施されたのが「非正規保護法」である。しかし，その成果は未定であり，非正規雇用の質を高めるためには，労働市場の構造自体の転換が必要だと思われる（巌，2012）。

他方，日本においても同様の事態が生まれている。90年代半ば，日本においても，新自由主義的戦略が導入された。日本の労働市場の変化については次節以降で詳述するが，ここではその概略を記しておきたい。まず，1995年に日経連が発表した『新時代の「日本的経営」』が契機となり，決定的に日本の労働市場を変化させた。そこでは，雇用の多様化が主張された。中核労働者と周辺労働者，それに専門的労働者に雇用の形態が分けられた。中核労働者に関しては，従来のように長期雇用と企業内教育が保障される。しかし，周辺労働者はそれらが保障されない労働者である。また，非正規雇用と位置付けられた専門的労働者も同様であり，この形態の雇用は結局増えなかった。こうした提言は，基本的には労働市場における新自由主義的対応であり，労働市場の市場的調整を目指すものである。

こうした変化が起きたのは，日本的経営を特徴づける労資の制度的調整が，バブル経済の崩壊後，企業にとって負担として認識されたからである。企業は，労働市場での労働力の需給に応じた雇用の調整を望むようになった。そして，

この時期，企業にとって労働コストの削減が至上命令となり，安い労働力としての，また受給の調整弁としての非正規雇用が拡大することとなった。政府もまたこうした企業の要求に応えていく。派遣労働の拡大などである。日本の非正規労働は，かくして拡大し続け，後述するように今では約37％となっている。そして，ここでも問題は二つある。その一つは，非正規労働者が「低賃金の罠」に陥っていることである（濱口，2009）。そして，正規雇用者もまた，雇用の安全が絶対的には保障されなくなってきたことである。「労働の質」にも問題があり，韓国同様，長時間労働が常態となっている。「過労死」の悲劇は他人ごとではない。

このように，韓国と日本は，EUとは異なり賃労働関係の市場的調整の道を歩んできている。こうした道・戦略は，「雇用の安全」，「労働の質」の保障と，「所得保障の安全」あるいは「生活の安全」を制度的に調整するフレキシキュリティの道とは違って，マクロ経済的に見れば将来的に社会需要を減らし，国内経済の停滞をもたらすし，また所得格差，あるいは社会資源へのアクセスの格差は社会不安をもたらし社会結束を弱めていくことになるだろう。もちろん，EUは，いまだその道を模索しているのであって，経済停滞，高い失業率など，生みの苦しみの中にある。しかし，失業率がいまだ低い時だからこそ，韓国，日本は新自由主義的な道が今もたらしている経済的，社会的不安定から抜け出る，新たな道を模索する必要があるだろう。その際，労働市場におけるEUのフレキシキュリティ政策は，大きく参考となると考える（木原ほか，2006）。では，どのようになのか。それを考察する前に，日本に焦点をあて，何が今労働市場において問題となっているのか，その現状をより具体的に見ていこう。そのうえで，それを解決するために何が必要なのかを考察していきたい。特に焦点が合わされるのは，労働市場の分裂の状態と，正規雇用自体の質の低下という現状である。

5　日本における非正規雇用者の不利

(1)「雇用の多様化」の進展

　前節で触れたように，日本における労働市場分裂の重要な画期と見られているのは，1995年の日経連『新時代の「日本的経営」』の発表である。これが雇用多様化の原因であるという見方には異論もあるが，この時期以降，非正規雇用比率が急速に高まったのは疑いない事実である。総務省「労働力調査（詳細調査）」の結果によれば，同比率は1985年の16.4％が1995年には20.9％となり，2005年には32.6％と1990年代半ば以降に急激なペースで増加した（図序-2を参照されたい）。2013年には36.7％に達している。

　日本における雇用形態の分類は，多くの場合「職場での呼称」によるものである。多様な非正規雇用者の中には，①有期雇用者，②短時間雇用者，③間接雇用者が含まれる（中野，2006）。逆に言えば，正社員とは原則的に，①雇用期間に定めがなく，②フルタイムで勤務し，③直接雇用されている者を指す。中でも特に重要な正規雇用者の要件は，雇用期間に定めがないことである。つまり，正規雇用者は原則的に定年までその企業に定着し働き続ける，いわゆる「終身雇用」を前提とした雇用者であると考えられてきた。そして，それを前提としたうえで，賞与や退職金を含む比較的高水準の賃金を得られること，企業が負担する法定および法定外福利厚生を享受しうること，そして企業が提供する教育訓練（職業能力開発）制度を利用できることが，正社員雇用の重要な特徴であった。

(2) 非正規雇用者の不利

　非正規雇用者が労働市場において置かれている不利な状況とは，正社員が従来享受してきたこれらの状況とは対照的である。第一に，非正規雇用者の賃金水準は正規雇用者にはるかに及ばない。総務省「就業構造基本調査」（2007年度，2012年度）によると，非正規雇用者の90％以上の年間所得は300万円未満である。

正社員では300万円以上層が70％近く（500万円以上が30％超）を占め，両者には大きな開きがある。非正規雇用者の所得水準が低い理由の一つは，被扶養家族として年収100万円程度の就労を選択する者が多いからである。とはいえ，近年では世帯の主たる生計者である非正規雇用者が増えており，低所得で家計を支えねばならない状況に置かれている。[(1)]

　格差は所得面にとどまらない。第二に，社会保障制度の適用においても違いがあり，失業した際や引退後の生活保障における格差が存在する。雇用保険の加入については，週あたりの就業時間が20時間未満で，引き続き１年以上雇用される見込みのない雇用者，企業の健康保険や厚生年金では，おおむね正社員の４分の３以上の労働時間に満たない非常用的なパートタイマーや年収130万円に満たない者は，適用除外となる。こうした労働者のうち，被扶養家族でない者は自ら国民健康保険や国民年金に加入することになり，年金保険料を納めていたとしても将来受け取れるのは低額の基礎年金部分だけになる。現役時代の所得格差は退職後の生活格差にも持ち越されるのである。

　第三に，非正規雇用者は正規雇用者に比べ，職業訓練を受ける機会が少ない。総務省「就業構造基本調査」（2012年度）によると，なんらかの職業訓練・自己啓発を行った者は正規雇用者では47.7％であるのに対し，パートタイマーでは23.3％，派遣労働者では28.0％にとどまる。特に，「勤め先が実施した」職業訓練に参加した者の割合は，正規雇用者の39.3％に対し，パートタイマーは16.3％，派遣労働者は14.5％と大きな開きが見られる（総務省統計局，2013，97頁）。こうした実態は，キャリア形成における非正規雇用者の不利をさらに助長する。職業訓練を通じてより高度な知識や技能を身につけることがなければ，比較的高所得の正規職に就ける可能性は一層低くなるからである。実際のところ，総務省統計局によると，2007～12年の転職者に関する雇用形態間の移動において，正規雇用者のうちの約40％が非正規雇用者になった一方で，非正規雇用者の転職で正規雇用者になった者は24.2％にすぎない。ここには日本の労働市場における非正規化というトレンドと同時に，非正規雇用者の正規化の困難さが表れている（総務省統計局，2013，59頁）。

この点では，公的職業訓練の役割が期待されるところだが，職業能力開発促進法では，職業訓練の責務は第一に事業主が負うことが規定されており，国および都道府県の責務は，「事業主その他の関係者の自主的な努力を尊重しつつ，その実情に応じて必要な援助等を行うこと」(職業能力開発促進法第4条)にある。在職者の職業訓練は企業による実施が基本であり，公共団体の役割は「職業を転換しようとする労働者」(つまり，離職者)や「特に援助を必要とする者」(いずれも同第4条の規定)に対する職業訓練等に限定されているのである。近年では，企業内教育訓練に対する公的助成を伴った「ジョブカード訓練」制度や，雇用保険未加入者が利用できる「求職者支援訓練」制度など，非正規雇用者の就労支援を重視した職業訓練制度も導入されてきた。とはいえ，前者が2010年の内閣府「事業仕分け」でいったん廃止判定を受けるなど，今後こうした制度の活用が進み，定着するかどうかは不透明な情勢である。

　以上，労働市場の分裂の状況を，格差の3側面(所得格差，社会保障格差，職業訓練格差)に焦点をあてて概観してきた。こうした格差を是正し，非正規雇用者の労働条件を底上げすることが，雇用・福祉両面にわたる社会政策の中で求められる。パートタイム労働者については，パートタイム労働法・指針の改正等が行われている。2008年4月施行の改正法で，①職務(仕事の内容や責任)，②人材活用の仕組み(人事異動の有無や範囲)が正社員と同じで，③契約期間が実質的に無期契約である短時間労働者について，正規雇用者との差別的取扱いが禁止された。さらに2015年4月施行の改正法では，このうちの③の要件が外され，有期契約のパートタイム労働者にも均等待遇の道が開かれた。しかし，職務あるいは人材活用の仕組みのいずれかが正規雇用者と異なる場合は，「均衡処遇」(balanced treatment)で足り，それも努力義務にとどまっているのが現状である(厚生労働省，2007a；2014a を参照)。

6　正規雇用者の受難

　上述したような非正規雇用者の雇用環境を改善し，格差を是正することは大

変重要な課題ではある。だが、それと同時に、労働市場の分裂の中で実は「正規雇用」の質もまた劣化してきたことを本章では強調する。ハローワークで働く人等からは、「非正規社員の正規化」という政策の意義を問う声も聞かれるという。それは、目指すべき理想たりえないような「正規雇用」が労働市場において拡大していることの証左であると考えられる。以下では、正規雇用の劣化について、いくつかの観点からその実態を述べていく。

(1) 精神疾患とパワーハラスメントの増大

　1点目は、仕事に関連した精神疾患の発症が増加していること、そしてこれに深く関連する「パワーハラスメント」問題の顕在化である。厚生労働省が発表している「脳・心臓疾患と精神障害の労災補償状況」(2013年度)によると、精神障害の労災申請件数は1409件(うち、177件は未遂を含む自殺)で過去最多を記録した(厚生労働省、2014b)。同申請件数は、「心理的負荷による精神障害等に係る業務上外の判断指針」が1999年に出されて以降、2007年を除いて、毎年増加の一途をたどっている(森岡、2013、21頁)。

　労災として認定された件数を見てみると、2013年度の脳・心臓疾患の労災認定件数306件のうち286件(約93％)、精神障害での認定件数436件のうち375件(約86％)は正規従業員である。このデータからは、過労死や過労自殺につながるような深刻な労働災害が、正規社員を中心に発生していることがうかがわれる[2]。

　精神障害の発症に深く関わっていると思われるのが、職場におけるいじめや嫌がらせの増加である。精神障害での労災認定件数436件のうち、「職場において(ひどい)いじめや嫌がらせ、暴行を受けた」、「上司・同僚・部下とのトラブルがあった」、「セクシャルハラスメントを受けた」件数の合計(106件)は全体の約4分の1に相当する。

　近年、このような職場内でのいじめや嫌がらせの問題を総称して使用されるようになった概念が「パワーハラスメント」である。厚生労働省は2011年7月に「職場のいじめ・嫌がらせ問題に関する円卓会議」を設け、パワーハラスメ

ントとは「同じ職場で働く者に対して，職務上の地位や人間関係などの職場内の優位性を背景に，業務の適正な範囲を超えて，精神的・身体的苦痛を与える又は職場環境を悪化させる行為」を指すという定義を示した（厚生労働省，2014d）。パワーハラスメントと見なされる行為には，身体的・精神的な攻撃や，仕事上の過大な要求・過小な要求等が含まれる。

実際，都道府県労働局や労働基準監督署等に設置されている総合労働相談コーナーにおける個別労働紛争のうち，2012年に最も多かった相談内容は「いじめ・嫌がらせ」に関するもので，全体の20％以上を占めている（図3-1を参照）。この個別労働紛争解決制度とは，「個々の労働者と事業主間での労働条件や職場環境などをめぐる紛争の未然防止や早期解決を促進するための制度」（厚生労働省，2013，1頁）であり，労働者からの要求や申請を受けて「助言・指導」や解決策の「あっせん」などが図られるものである。「いじめ・嫌がらせ」の相談が年々増大し，「解雇」や「労働条件引下げ」などほかの相談内容を抑えて最多となっている実態には，職場内での労働者の孤立や，問題解決に

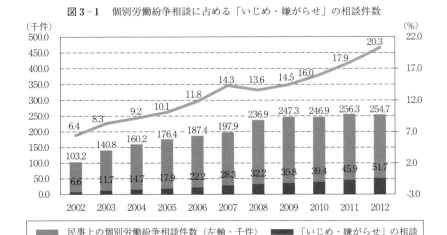

図3-1　個別労働紛争相談に占める「いじめ・嫌がらせ」の相談件数

（出所）厚生労働省「明るい職場応援団」ホームページの掲載データより作成。

あたるべき労働組合等の集団的支援の不在，といった労働環境が色濃く反映されている。

そもそも，2001年に個別労働紛争解決制度が設けられたこと自体が，このような労働環境の広がりを背景としたものであった。厚生労働省は制度の趣旨について，「人事労務管理の個別化や雇用形態の変化などに伴い，労働関係についての個々の労働者と事業主との間の紛争（以下「個別労働紛争」という）が増加」しており，「これらの紛争の実情に即した迅速かつ適正な解決を図るため」であると述べている（厚生労働省，2001）。同制度は1990年代の後半から，労働局や労働基準監督署が明らかな法違反（労働基準法や男女雇用機会均等法，労働安全衛生法等に対する違反）として取り締まることが難しい問題が急増し，労働基準行政がそれらに対応する手段として設置したのである。2012年度の相談者のうち，48％は正社員からの相談であった。

2009年4月，精神障害の労災認定基準が10年ぶりに改訂された際，最も深刻なストレス強度と認定される評価項目の中に，「ひどい嫌がらせ，いじめ，または暴行を受けた」が加えられた。熊沢誠はこの点に言及しながら，特にホワイトカラー労働者における労働条件決定の「個人処遇化」が起点となり，「そこから職場の人間関係の緊張と労働者の孤立が生まれ」る中で，多くの人々が過労自殺に追い込まれていると警告している（熊沢，2010，315-321頁）。

（2）「追い出し部屋」の顕在化

正規雇用の劣化の2点目として，「追い出し部屋」の問題を挙げる。追い出し部屋とは，企業が「戦力外」と見なした正社員を配置する特定の事業所や部署を意味している。追い出し部屋に配置された社員は言わば「社内失業者」であり，名刺やパソコンを取り上げられる，意味があるとは思えない単純労働を命令される，研修を受けさせられる，といった状況に置かれる（『朝日新聞』2012年12月31日を参照）。労働者に対するこのような仕打ちは，企業が辞めさせたい労働者を「自主退社」に追い込むための，いわば組織的なパワーハラスメントである。『朝日新聞』の報道によれば，電機大手各社やコナミ，ノエビア

などの企業でこうした部署の存在が過去に発覚している(『朝日新聞』2013年4月8日)。通信教育大手のベネッセコーポレーションに対して起こされた訴訟では,このような制度は「実質的な退職勧奨の場となっていた疑いが強く,違法な制度」という東京地裁立川支部の判決が出された(朝日新聞経済部,2014,72-75頁)。[3]

　追い出し部屋が象徴しているのは,無期雇用を保障されていたはずの大企業の正社員でさえ,安心できなくなったということだ。グローバル化が進展する過程で,企業活動が為替の急激な変動や国際競争激化の影響を受ける度合が高まり,雇用保障が脆弱化した。電機産業などの大企業は数千人単位の早期退職者を企業外に「排出」したうえ,このような社内失業者を抱え込んでいる。[4] 内閣府が2011年12月に発表した分析は,同年9月時点での企業内過剰雇用者(「雇用保蔵者数」)の人数を推計しており,少な目の見積もりで364万人,稼働ピーク時を基準にした見積もりでは465万人と推計している(内閣府政策統括官室,2011,9-10頁)。これは雇用者全体の6.7%〜8.5%にあたる。[5]

　追い出し部屋の存在は,二重の意味で正社員の雇用に影を落としている。一つは,異動させられた当事者の働く者としての誇りや働きがいを踏みにじるものであること。人としての尊厳が失われた長期雇用は,本人にとっても経済全体にとっても望ましいことではない。そして,追い出し部屋のもう一つの問題点は,周囲の社員にとって「見せしめ」の効果を発揮すること。それは,成果を挙げなければ自分も同じような処遇に落としめられるという恐怖心を芽生えさせるからである。不本意な仕事や処遇であっても黙ってそれを甘受するしかない,誰もが競争を強いられる労働環境の中で,ハラスメント増大などの問題が深刻化していると考えられる。

(3)「ブラック企業」の問題化

　正規雇用の劣化を象徴する問題として,3点目に「ブラック企業」問題を挙げる。ブラック企業という言葉は2013年度の「新語・流行語大賞」のトップ10にも選ばれ,社員(特に若年社員)を使い捨てにする劣悪な雇用環境の企業の

存在が，社会的に話題となった。もともとブラック企業という言葉は，2007年のインターネットサイトでの書き込みから小説・映画化につながり，労働問題に取り組むNPO法人POSSEの代表・今野晴貴氏が著書や同団体の活動を通じ，広く社会に浸透させたものである（濱口，2013，219頁）。ブラック企業という概念に必ずしも明確な定義はないが，連日の長時間労働や組織ぐるみのいじめなどによって，若年労働者を使い捨てにする会社を指して使われている場合が多い。そのような会社の特徴としては，たとえば，過労死・過労自殺者を出した，ひどいサービス残業が常態化している，大量採用した新卒者が数年で大量に離職している，といったことが挙げられる。

今野はブラック企業問題の源流を，企業が労働者に対して無限定の「指揮命令権」を保持する日本型雇用のあり方に見出し，それによって引き起こされた労使関係の変化を次のように説明している。これまでの日本企業の正社員は「雇用保障と年功賃金などの企業福祉に恵まれ，その分『無限の指揮命令』を受容させられる関係」にあった（今野，2012，184頁）。過労死・過労自殺などの問題は，そうした無限定な指揮命令権のもとで「必然的に生じてきた問題」（同185頁）だった。ところが，最近では，企業の強力な命令権は保持されたまま，長期雇用保障や手厚い企業福祉が削減されてきた。そのように，低処遇・不安定雇用でありながら無限定な企業の指揮命令下に置かれる働き方こそが，「ブラック企業」の特徴であると今野は説明している（同，185-186頁）。

ブラック企業化の経緯について，濱口桂一郎は次のように分析する。従来の日本の正社員は「メンバーシップ型正社員」であり，企業での長期雇用保障を伴った「メンバーシップ」を有するかわりに，際限のない労働を受け入れる関係にあった。しかし，1980年代末からこうした無限定な「会社人間」の働き方に対する批判が高まる一方で，米英的な新自由主義の主張が入り混じり，会社に頼らず「強い個人がバリバリ生きていく」のが正しいという「イデオロギー的動機付け」が作用するようになった（濱口，2013，223頁）。その帰結が，雇用保障を欠いた「義務だけ正社員」であり，これが「現在のブラック企業の典型的な姿になっている」（同）のである。

今野や濱口の説明は合理的である。いつ追い出し部屋に異動させられるかもわからないような，不確かな雇用保障のもとで，それでも「強い個人」として働き，生きていこうとする個々の労働者には重いプレッシャーがのしかかり，多くの者が身体や精神を病んでいく。メンバーシップ型雇用の枠組みだけを残しながら，無限定な義務を負わされた「メンバー」同士が絆を育む余地を奪われ，競わされている。

7　処方箋としての「ジョブ型正社員」

　このような状況の解決につながる新しい働き方として，濱口らが提唱しているのが「ジョブ型正社員」という仕組みの導入である。ジョブ型正社員とは「日本の正社員のような無限定の義務を負うことはなく，職務や勤務場所，労働時間が限定されている無期雇用契約の労働者」を意味する（濱口，2013，244頁）。より具体的な道筋としては，有期雇用を反復更新している非正規雇用者や，女性正社員に多い地域限定・職務限定の「一般職」を，男女共通のジョブ型正社員に移行させる。また，現在やむなくメンバーシップ型正社員として働いている人もジョブ型正社員に移行できるようにする。そして，ジョブ型正社員という「普通の働き方のモデルを徐々に構築」し，メンバーシップ型正社員と家計補助的な非正社員という現在の二極化を解消することが，濱口の構想である（同，264頁）。

　ジョブ型正社員の構想はすでに，政府の「産業競争力会議」や「規制改革会議」の提言にも盛り込まれている（産業競争力会議，2013；規制改革会議，2013）。また，現実に，小売業や飲食業を中心に，従来の非正規社員を地域や職務を限定した正社員として登用する動向が広がっており，5割近くの事業所にはなんらかの「限定正社員」制度が導入されているという調査結果もある（厚生労働省，2014c，5頁）。

　筆者らの考えは以下である。濱口がジョブ型正社員の導入を「漸進戦略」（濱口，2013，245頁）であるとしているように，将来的には日本における主流の

働き方をジョブ型に変えていくことを前提として，ジョブ型正社員制度の導入に賛成する。そのうえで，必ず行われねばならない政策として，大きく以下の2点を挙げる。一つは，特にメンバーシップ型からジョブ型への移行期に生じる可能性が高い，労働条件の不利益変更などに対する実効的な対策であり，もう一つは，ジョブ型雇用社会が成り立ちうるような，公的社会保障制度と学校教育制度および職業訓練制度を構築することである。

　前者については，すでに危惧される点がある。上記の産業競争力会議や規制改革会議の提案は，「日本型新裁量労働制の導入」とともに行われている。労働時間制度の柔軟化政策は，それが無限定な長時間労働に帰結しないように，休憩時間・休暇取得の規制強化や労働基準監督体制の充実化を伴うものでなければならない。また，規制改革会議の提案では，無限定型契約とジョブ型（限定）契約の相互転換は，「労働者本人の自発的意思を前提とし，労働条件決定を合意する」（規制改革会議，2013，5頁）とされているが，現在の日本における労使の力関係のもとで，働き方に関する労働者の選択権を確保するには，やはり強力な法規制と監督体制が必要ではないかと思われる。

　そして，濱口も指摘しているように，ジョブ型雇用への移行は特段の職業能力を持たない労働者，たとえば若年労働者や非熟練労働者にとっては，現在よりも就職や転職が困難になることを意味する。外部労働市場重視の雇用政策へ舵を切るには，それを支えるような労働教育を含んだ学校教育制度と，公的職業訓練制度の充実が不可欠である。さらに，低賃金雇用者や失業者に対する社会保障制度を充実し，労働市場政策全般にかける予算を大幅に増加させることが必要となる。労働組合に求められる役割も変化する。新たな労働組合組織は産業別組織を基本に，産業全体としての雇用保障政策と賃金政策，企業横断的な教育訓練への支援を軸に活動を進めていくことが求められる。

8　持続可能な社会への展望

　最後に，労働市場の変化に関する以上の分析をふまえ，日本が今後新自由主

義的政策からの転換を図り，社会的な不平等と不安定を解決する道筋について考察したい。

　日本では90年代初めのバブル崩壊とその後の景気後退，ならびにグローバル競争の激化の中で，従来の伝統的労働市場モデルが大きく変化した。それは，次のような特徴を持っていた。第一に，主要な雇用形態としての正規雇用，その正規雇用労働者の長期雇用，企業内部での彼らへの教育・訓練，そして年功賃金である。このモデルは，労働者に雇用と生活の安心感をもたらし，また企業への忠誠心と労働へのインセンティブを育み，日本企業に効率性をもたらした。このモデルでは，もし企業業績が悪化しても，企業は企業内，あるいはグループ企業内で雇用の調整を行い，解雇をできる限り避けてきた。言い換えれば企業内において雇用を保障し，所得を保障する制度として特徴づけることができる。いわゆる「内的雇用・所得保障」である。第二に，このモデルは，他方で内的フレキシビリティによって支えられてもいた。このモデルの特徴である職場内，あるいは職場間での労働移動，いわゆる機能的フレキシビリティである。それが，解雇を避け，企業内で雇用保障を支えていた。また，このモデルの賃金制度は年功賃金制度とともにボーナス制度を特徴としているが，ボーナスは，企業業績によって柔軟に調整された。賃金のフレキシビリティである。同じく，労働時間も労働者の企業への忠誠心を利用し，柔軟に調整された。長時間残業はその結果である。

　伝統的な日本労働市場は，このようにある意味では，内的雇用・所得保障と内的な賃金フレキシビリティ，機能的フレキシビリティ，労働時間フレキシビリティとが結合した「内的フレキシキュリティ」とも言うべきモデルであった (Bredgaard and Flemming, 2010)。しかし，上で見てきたように，こうした労働市場モデルは1990年代半ば以降，大きく変化した。日本企業は激しい国際競争の中で，その対応として企業経営にとって重要なことは労働コスト削減だとし，従来の内的雇用・所得保障を捨てつつある。正規雇用を減らし，非正規雇用を拡大しながら雇用のフレキシビリティを高めている。雇用は二極化し，それが所得格差を大きくし，社会の結束を弱めている。さらに，正規雇用者の雇用保

障も安全とは言えなくなってきた。こうした雇用の不安定化が，精神疾患をもたらす例も増えている。労働における「人間的な尊厳」が犯される事態が増えている。全体として雇用破壊，労働破壊が進んでいるのである。

このように内的雇用・所得保障が崩れて，雇用と賃金，労働時間のフレキシビリティだけが進んでいるのが日本の労働市場の現状である。では，改めてどのような労働市場を目指すべきなのか。どのような働き方を目指すべきなのか。すでに見たように，現在，EU を中心として，多くの国で議論されているデンマーク・モデルは，雇用を外部市場での柔軟な調整にゆだねるとともに，それに伴う雇用・所得リスクを社会全体で回避するという，「外部フレキシキュリティ」モデルであった（Bredgaard and Flemming, 2005；2010）。このモデルでは，雇用保障は労働市場全体で支えられる。特に重要なのは，雇用可能性を高めるための外部職業訓練システムであり（藤川，2008），それは政府によって支えられた。また，このモデルでは所得保障は社会給付を充実することによって支えられた。そして，「同一労働・同一賃金」原則が制度化されることによって，雇用形態による格差の是正がまた目指された。労働市場の柔軟性——特に顕著となった雇用の流動性，雇用形態の多様化——は，こうした積極的労働市場政策による雇用保障や各種の所得保障，あるいは雇用の均等待遇制度によって補完され，調整されたのである。

こうした外部雇用・所得保障モデルは，現在のところ，うまく機能しており，内部保障モデルが崩れつつある日本においても学ぶべき点が多い。しかし，そのままこのモデルが適用できるかというと，それぞれの国に固有な労働市場制度の歴史，ノルムが違うのでそれは困難である（Madson, 2006）。とはいえ，新たな保障と柔軟性のバランスが求められていることは確かである（Chatani, 2008）。本章では，すでに見たように「ジョブ型正社員」制度の導入が，それを保障するものだと考える。

それは，第一に，①正規雇用の拡大を意味する。それによる雇用保障と安心感は，働くモチベーションを高め，企業に効率性をもたらすことから，企業にとっても有利である。第二に，この制度，働き方は「同一労働・同一賃金」原

則を導入することを意味する（濱口，2013）。これは，雇用形態の違いによる所得格差・差別をなくすためには不可避に必要な原則だと考える。第三に，「ジョブ型正社員」制度は，必ずしも労働の流動化を否定するものではない。個人的にも労働移動を望む者，またマクロ的にも産業構造の変化が労働移動を不可避とする場合がある。そのためにも，彼らの「雇用可能性」を高める労働の内的職業訓練とともに，外部職業訓練制度の充実が必要である。

　もちろん，失業者，また非正規労働者の労働市場への再参入を保障するためにも，外部職業訓練制度の充実は不可避である。上述したように，日本は失業率が低いと言われているが，多くの潜在的失業者がいる。こうした人々も含め，充実した外的職業訓練によって全体として雇用を保障し，また従来の内的職業訓練を継続することによって，労働者の働くモチベーションを上げることは，企業にとっても重要である。いずれにしても，現在，正規労働者に偏って提供されている企業内職業訓練制度は，非正規労働者にとって技能向上の機会が少ないことを意味し，そのことが彼らと正規労働者との賃金格差の原因となっている。「ジョブ型正社員」制度は，そうした格差を解消することになる。第四に，この制度は均等待遇原則に基づいた選択可能な労働時間制を目指すものである。特に重要なのは，生涯のライフステージに合わせた労働時間の選択可能性を保障するよう，制度を設計することである。これは，特に女性の労働市場への参加を促し，将来の労働人口を拡大させるだろう。

　すでに見たように，こうした「ジョブ型正社員」制度は，従来の日本の労働市場に固有なリクルートの原則や賃金制度を大きく変えるものとなり，困難を伴うことが予想される。しかし，将来的には労働市場の安定，ひいては社会の安定にとっては不可避となるだろう（日本総合研究所，2007）。最後に言えば，この制度は同時に，労働市場への参入を目指す期間における充実した所得保障と，就労サポートによって支えられる必要がある。日本の失業保険制度の充実度はかなり低い。積極的な就労サポート，特に若年層に対する政策はまだ十分でない。その充実が必要である。

　まとめると，①内的雇用保障とともに，EUが目指すフレキシキュリティ・

モデルのように外的職業訓練を充実し，外的雇用保障を実現すること。②雇用形態の柔軟化，多様化に対しては，「同一労働・同一賃金」原則のもとでの均等待遇を目指すこと，そうすることによって新たな保障と柔軟化のバランスを目指すことが重要だと考える。「ジョブ型正社員」は，そのようなバランスを制度化した雇用形態だと言える。

　EUが目指すフレキシキュリティ・モデルから学ぶべきことは，このような方向性であろう。しかし，こうした政策の政・労・使の合意をどう形成していくのか，またそれができる条件があるのか，検討すべきこともある。いずれにしても，雇用と所得の保障がなされて初めて，結果的に企業の効率性は高まり，マクロ経済的にも海外から大きな影響を受けることなく国内需要主導型経済成長モデルの軌道が安定すると考える。

［付記］　本論文は『立命館産業社会論集』第50巻第1号（2014年6月）に掲載した論文「新自由主義のもとで変化する日本の労働市場」の内容に加筆・修正したものである。篠田（故人）が執筆を担当した第1～3節，第8節に関しては，櫻井が必要最低限の修正（一部節題の変更，他節の内容と重複した箇所の削除等）を行った。

注
(1)　特に派遣事業所の男性従業員（派遣社員）には主たる生計者が多い。上記統計では1997年から2002年にかけて150万円未満層が減少する一方，150～300万円層の比率が増加しており，これは，1999年の労働者派遣法改正で製造職等の派遣労働者が急増したことを反映していると思われる。
(2)　請求件数における就労形態別の割合は公表されていないが，不支給を含めた決定件数全体に占める正社員の割合は，脳・心臓疾患で約87％，精神障害で約84％（2013年度）である。
(3)　2015年4月24日には，大和証券・日の出証券を被告とする裁判で，大阪地裁が会社側に慰謝料150万円の支払いを命じる判決を出した。新聞報道によると，原告の男性（42歳）は1人だけ別室で働かせられ，1日100件の飛び込み営業を指示されていた（『朝日新聞』2015年4月25日）。
(4)　たとえば，2012年3月期決算で過去最悪の純損失（7721億円）を出したパナソニックは，2009年2月に1.5万人の配置転換・人員削減を発表した。2011年12月にはさらに3.5万人の削減の達成，2012年3月には約2万人の人員削減の追加を発表

している(『朝日新聞』2012年5月12日,30日を参照)。
(5) 雇用者数は「労働力調査 長期時系列データ」の2011年9月の数値(5461万人)を用いて算出した。雇用保蔵者数とは,「企業部門の稼働率から考えられる最適な雇用者数」から「実際の雇用者数」を差し引いたものである。

引用参考文献
朝日新聞経済部『限界にっぽん——悲鳴をあげる雇用と経済』岩波書店,2014年。
巌成男『中国の経済発展と制度変化』京都大学学術出版会,2011年。
巌成男「韓国労働市場の不安定性に関する一考察」『商学論集』福島大学,第80巻第1号,2012年。
規制改革会議「労働時間規制の見直しに関する意見」および「ジョブ型正社員の雇用ルール整備に関する意見」2013年(http://www8.cao.go.jp/kisei-kaikaku/kaigi/meeting/2013/committee2/131205/item3.pdf 2015年3月23日アクセス)。
木原隆司・山崎由希子・柵山順子・平川伸一「第9章 デンマークおよびEUの雇用政策とその評価」『多様な就業形態に対する支援のあり方』研究会』財務相財務総合政策研究所,2006年。
熊沢誠『働きすぎに斃れて』岩波書店,2010年。
厚生労働省HP「『個別労働関係紛争の解決の促進に関する法律』のポイント」2001年(http://www.mhlw.go.jp/general/seido/chihou/kaiketu/dl/01g.pdf 2015年3月23日アクセス)。
厚生労働省HP「パートタイム労働法が変わります」2007年(2007a)(http://www.mhlw.go.jp/topics/2007/06/tp0605-1b.html 2015年3月23日アクセス)。
厚生労働省HP『平成19年度 厚生労働白書』(第5章)2007年(2007b)(http://www.mhlw.go.jp/wp/hakusyo/kousei/07/dl/0205.pdf 2015年3月23日アクセス)。
厚生労働省HP「平成24年度個別労働紛争解決制度施行状況」2013年(http://www.mhlw.go.jp/stf/houdou/2r985200000339uj-att/2r985200000339w0.pdf 2015年3月23日アクセス)。
厚生労働省HP「パートタイム労働法が変わります」2014年(2014a)(http://www.mhlw.go.jp/topics/2007/06/dl/tp0605-1o_01.pdf 2015年3月20日アクセス)。
厚生労働省HP「平成25年度『脳・心臓疾患と精神障害の労災補償状況』を公表」2014年(2014b)(http://www.mhlw.go.jp/stf/houdou/0000049293.html 2015年3月20日アクセス)。
厚生労働省『「多様な正社員」の普及・拡大のための有識者懇談会報告書』2014年(2014c)。
厚生労働省HP「明るい職場応援団」2014年(2014d)(http://www.no-pawahara.mhlw.go.jp/foundation/common-sense 2015年3月23日アクセス)。
今野晴貴『ブラック企業』文春新書,2012年。
産業競争力会議「『雇用・人材分科会』主要論点メモ(労働時間規制等)」2013年

（http://www.kantei.go.jp/jp/singi/keizaisaisei/bunka/koyou/dai5/siryou1.pdf　2015年3月23日アクセス）。
篠田武司「新自由主義ともう一つの『蓄積戦略』――自己求心的な開発」小池洋一・西島章次編『市場と政府』アジア経済研究所，1997年。
嶋内健「デンマークにおけるアクティベーション政策の現状と課題」『立命館産業社会論集』第44巻第2号，2008年9月。
職場のいじめ・嫌がらせ問題に関する円卓会議「職場のパワーハラスメントの予防・解決に向けた提言」2012年（http://www.mhlw.go.jp/stf/shingi/2r985200000255no-att/2r9852000002560k.pdf　2015年3月23日アクセス）。
申光榮／岸佑太訳「韓国におけるグローバリゼーションと社会的不平等」『立命館大学人文科学研究所紀要』第92号，2009年3月。
Shin, Kwang-Yeong／嶋内健訳「東アジアにおける経済的不平等」『立命館大学人文科学研究所紀要』第99号，2013年3月。
ジェソップ，B./中谷義和監訳『資本主義国家の未来』お茶の水書房，2005年。
総務省統計局「平成24年就業構造基本調査結果の概要」2013年。
内閣府政策統括官室「日本経済2011-2012」2011年（http://www5.cao.go.jp/keizai3/2011/1221nk/pdf/11-1-1.pdf　2015年3月23日アクセス）。
中野麻美『労働ダンピング――雇用の多様化の果てに』岩波新書，2006年。
日本経営者団体連盟『新時代の「日本的経営」』1995年。
日本総合研究所「急がれる我が国労働市場改革――フレキシキュリティ政策への転換を」『JRI news release』No.2007-1，2007年。
ハーヴェイ，D./渡辺治監訳『新自由主義』作品社，2007年。
濱口桂一郎『新しい労働社会――雇用システムの再構築へ』岩波新書，2009年。
濱口桂一郎『若者と労働』中公新書ラクレ，2013年。
藤川恵子「日本版フレキシキュリティ構築への課題」『Works Review』Vol.3，2008年。
ボアイエ，R./山田鋭夫ほか訳『世紀末資本主義』日本評論社，1988年。
森岡孝二『過労死は何を告発しているか』岩波現代文庫，2013年。
柳澤和也「中国経済の内需主導型成長とその可能性」『経済貿易研究』No.39，2013年3月。
若森章孝『新自由主義，国家，フレキシキュリティの最前線』晃洋書房，2003年。
「聖域なきリストラ加速」『朝日新聞』2012年5月30日。
「働き盛り　社内失業」『朝日新聞』2012年12月31日。
「パナ，過去最悪の純損失」『朝日新聞』2012年5月12日。
「私の部署も追い出し部屋」『朝日新聞』2013年4月8日。
「『追い出し部屋』慰謝料150万円」『朝日新聞』2015年4月25日。
Antoniades, A., "Social Europe and/or Global Europe/Globalization and Flexicurity as Debates on the Future of Europe," *Cambridge Review of International Affairs*, Vol.21, 2008.

Auer, P., "In Security and Labour Markets : Combining Flexibility with Security for Decent Work," *Economic and Labour Market Papers* (ILO), December 2007.

Bredgaard, T. and L. Flemming, "Comparing Flexicurity in Denmark and Japan," Aalborg University, 2007. (http://www.jil.go.jp/profile/documents/Denmark_final.pdf　2015年3月23日アクセス)

Bredgaard, T. and L. Flemming, "External and Internal Flexicurity," paper presented at IIRA European Congress 2010, June 2010. (http://faos.ku.dk/pdf/iirakongres2010/track3/79.pdf/　2015年3月23日アクセス)

Chatani, K., "From Corporate-Centred Security to Flexicurity in Japan," *Employment Working Paper* (ILO), No.17, 2008.

European Commission, *Employment in Europe 2006*, 2006.

European Commission, *Toward Common Principles of Flexicurity : More and Better Jobs through Flexibility and Security*, 2007.

Korea Ministry of Employment and Labor, *2014 Employment and Labor Policy in Korea*, 2014.

Madson, P. K., "How Can It Possibly Fly? The Paradox of a Dynamic Labour Market in a Scandinavian Welfare State," in John A. Campbell, John A. Hall and Ove K. Pedersen (eds.), *National Identity and the Varieties of Capitalism : The Danish Experience*, McGill-Queen's University Press, 2006.

Uni, H., "Exported-Biased Productivity Increase and Exchange Rate Regime in East Asia," *The Kyoto Economic Review*, Vol.76, No.1, 2007.

Wilthagan, T. and F. Tros, "The Concept of 'Flexicurity' : a New Approach to Regulating Employment and Labour Markets," *Transfer*, Vol.10, No.2, 2004.

第4章

1949年人員整理後の日産における臨時工活用の本格化
――労使関係の枠組みと賃金格差の考察――

吉田　誠

1　戦後的な平等観と臨時工

　周知のように，近年，正規従業員と非正規労働者の処遇格差が社会問題化している。こうした処遇格差を生み出している仕組みを，「メンバーシップ型」社会（濱口，2009），「1960年体制」（遠藤，2014）などの概念で捉える研究が登場してきている。これまで日本的経営として特徴づけられてきた諸要素を，戦後の日本企業社会において形成されてきた男性正規従業員に対する独特の仕組みとして提示するとともに，格差解消の方向性を議論している点で従来の日本的経営論とは一線を画していると言えよう。

　筆者はこうした研究と問題意識を共有しつつ，戦後社会の端緒においてどのような人員体制が構築されようとしていたのかについてミクロ的な分析を行ってきた。具体的には，戦後における日産自動車（以下，日産と略）の人員体制について，一つは労使関係という軸を通して，またもう一つは"男性本工主義"との決別を意識しながら，その構築プロセスの年代記的な研究に取り組んできた。本章では臨時工の本格的な活用が開始される時点での日産を取り上げ，臨時工の本格的な活用を可能にした労使関係の状況と，そこで形成されてきた格差を確認することにしたい。

　第二次世界大戦後の日本の多くの企業において，職員と工員という戦前的な身分差別が撤廃されたことはよく知られている。工職同一に組織された労働組合を媒介としながら，労働者は会社の人事労務管理制度において職員と工員の別なく従業員として包摂されることになった（二村，1987）。敗戦に伴う急激な

民主化と生活危機の状況は，戦前のような職員と工員の大きな処遇格差を否定し，すべての従業員およびその家族が生活できる賃金を求めた戦後的な平等観に結実したと見ることもできよう[(1)]。

他方で1947年の職業安定法の施行や1950年の朝鮮特需を契機に臨時工が登場してきた[(2)]。その際に問題とすべきなのは，当時まがりなりにも影響力を有していた労働組合が，この新たに登場してきた臨時工を自らの平等観の適用されるべき対象として扱ったのかどうかである。つまり，組合は臨時工の包摂／排除にどのように関わったのかである。A. ゴードンは臨時工の本格的活用の背景に，労使関係における転換，すなわち左派的な組合（第一組合）の退潮と，「会社に協力的で力の弱い」，「第二組合」の台頭を示唆しているが（Gordon, 1985, pp.401-404＝2012，412-413頁），残念ながら具体的プロセス自体を取り上げているわけではない。

筆者は，日産の労働組合が臨時工の本工化闘争に取り組み，1952年に大規模な本工化に成功したこと（全自日産分会，1953，8頁）を前提として，臨時工の登場から本工化までの経緯を明らかにする作業を進めている。すでに，1949年の人員整理以前には労使関係の硬直化，すなわち労働組合による経営に対する規制が強まっていく中で，労働協約上の空隙をつく形で米軍車両再生作業に臨時工が導入されていたこと，さらに臨時工の解雇をめぐるトラブルも発生したが，組合としては明確な方針を立てることができず，組合員の人員整理が強行される中で臨時工解雇問題は雲散霧消していったことを示しておいた（吉田，2013）。本章では，人員整理後に本格化する臨時工の活用が，どのような労使関係のもとで実施され，またそこにどのような格差が生み出されていたのかを明らかにすることを課題とする。

2　無協約時代の労使関係

まずは，臨時工の本格的活用の経緯に関する公式的見解について確認しておこう。『日産自動車三〇年史』によれば，1950年下半期には朝鮮特需により急

第 4 章　1949年人員整理後の日産における臨時工活用の本格化

激な増産体制を組まなければならなくなった。1950年当初は月産500台の計画であったが，7月以降毎月100台ずつ増やし，11月には月産1000台にまで引き上げる生産計画へと変更された。急激な生産拡大に応じて必要となる人員を担ったのが臨時工である。「各工場の不足の人員は臨時工を新規に採用することとし，機械工，自動車工を主として8月から12月までに」「667人」の「人員を補充した」（日産，1965，227-228頁）。8月頃から，臨時工の採用に取り組むようになったということになる。また，組合が過去の政策を総括した資料でも昭和「二五年六月朝鮮動乱ボツ発に伴い，日産に大量特需が発注されこの生産のため同年九月から臨時工制度が採用された」（中村，1952，12頁）とあり，ほぼ会社と同じ説明である。

　しかし，当時の組合機関誌等を検討すると，事実はこうした表向きの臨時工導入に関する言説とは異なっていることがわかる。この点については後述することにして，ここでは人事労務管理や人員体制確立の前提条件となる人員整理問題解決後の労使関係の枠組みについて確認しておくことにしよう。

　この時点での労使関係を特徴づけるのは，労働協約が破棄されて無協約状態となったことである。日産では1946年8月に労働協約が初めて締結された。それは当時の多くの労働協約と同じく，人事について組合の同意を必要とするものであった。このため会社は1948年1月にその労働協約の破棄と新たな協約を提案するが，組合はそれを跳ね返し，解雇や配置転換など多くの人事関連事項について同意約款を維持した改訂協約（以下，48年協約と略）で決着した（吉田，2011）。その後，1949年2月に「人事権経営権を明確にし強化」[3]することを目的とした協約改訂を会社が申し入れるが，これも組合は拒否した。結局，1949年10月の人員整理発表時に会社は48年協約の廃棄を強行する。

　人員整理紛争決着後は無協約体制となったため，「賃金労働条件は団体交渉によって決定」（日産，1951，23頁）されることになった。包括的な労働協約に代わって，団体交渉による個々の事案の解決が新しい労使関係の基調となったのだが，その枠組みとなったのが，人員整理をめぐる争議終結の際に結ばれた「覚書」（以下，49年覚書と略）[4]である。49年覚書と48年協約とでは，人事関連事

項についての扱いが大きく異なっていた。

　48年協約では「従業員の採用方針及び組合員の所属変更」、そして「組合員の解雇及び賞罰に関しては」組合の「承認なくては行わない」とされていた[5]。しかし、49年覚書では採用に関しては、今後採用を再開する場合、まずは人員整理で解雇された者から「詮考する」というきわめて限定的な制約しかない。あとは経営側のフリーハンドである。また解雇に密接に関わる「危機回避の方策については会社は成可く速かに立案し案の出来次第逐次組合に提示する」としているだけで、解雇等に対する組合の同意の必要性についてはふれられていない。そして「配置転換については十月五日以前の方式と今までの生産態勢確立の態度で双方協議する」、「協議成立しなければ会社はその責任で実施する」とされた。会社は組合との協議のみで、同意を必要とせずに人事施策を進めることができたのである。

　実際、1949年12月の職制の変更や人事異動に対して組合が「人事職制に関しては原案を組合に示し協議するか、会社決定案を組合に示し協議するか、又は協議しないか」と会社の今後の方針を質したが、会社は「人事職制は会社決定案を以て協議するを原則とする尚人事についての組合幹部の意見は充分参考にする」と回答し[6]、その後、結局「組合の同意を待たずにどしどし配置転換を実施」したのである[7]。そして、従業員の採用や配置転換については「一応組合には協議されているが理由は単に忙がしいからということで基本方針は示されず協議の実体を失なおうとしている[8]」という状況になっていた。

　組合は48年協約の「復活[9]」を主張したが、当然会社は峻拒する。逆に会社は「採用、解雇等人事に関する一切の事項、生産、経理、営業に関する事項等は経営権に属するものであるから、組合と協議せず会社が一方的に行う」（中村、1951、21頁）ことができる労働協約案を提案し、「生産に対する機動性を持つた態勢[10]」を堅持しようとした。組合側も新たな協約案を提示して、実力行使をも視野に入れた協約闘争に取り組むが功を奏せず、最終的には「労資間の基本的事項を一括協定とする労働協約は非常に困難[11]」と判断し、個別の労働条件をめぐる団体交渉や職場闘争に注力していくことになる。

3　組合における「臨時工」の認知とその対応

　無協約時代を迎えた中で，臨時工はどのような形で登場してくるのであろうか。上述したように公式的な見解では臨時工の採用は朝鮮戦争勃発後の1950年8月ということになるが，実は朝鮮戦争勃発前からその採用を進めていた。『日産旗旬報』第111号（1950年6月1日）には「会社の新戦術　臨時工」と題した記事が掲載され，「臨時工」の導入が組合員に初めて注意喚起されている。少し長くなるが興味深い記事なので，全文を引用しておこう。

　「昼休みの楽しい一時，テーブルを囲んで話ははずむ。
　『近頃診療所に見知らぬ御嬢さん達が居る様だが，一体あの人達はどこから来たのかね』
　『新入社員ぢやねいのか，だけど診療所ばつかりぢやねいよ』『俺が生協事務所に行つた時本館にも女の子が沢山居たい，可愛いセーラ服の女学生風のも居たつけ，アルバイトでねいか』『違うだろうだつてまだ夏休みでもないのにな』といつた様に話題がもつぱら。
　火の無い所に煙はたゝぬ。会社は首切をやつた筈だが，最近人を入れているのだしかもこの人達は皆臨時工らしい。
　我々と臨時工とは一体どう違うんだろうか，違う，違う，大へんな違いだ，給与も，労働条件も，まだ違う，組合員ぢやない，だからやすい賃金で使う事が出来る賃下をやるにも，首を切るにもめんどうくさい組合の承認もいらないし勝手に出来る。
　こんな調子で会社は喜んでいるだろうが我々は一寸そうわいかないね。
　将来こんな人達が多くなつたらどうなるんだろう。
　組合という組織が無くなりそうだそしたら会社は思う存分自分勝手な事が出来る事になる。
　ワンマン吉田の政策が失業者をうんと増やして日本全体を自由勝手にと言

つた具合に会社が首切をやつたねらいはどうやらこの辺にあるらしい。」

　この号の発行日から，朝鮮戦争開戦日（同年6月25日）以前であることは明白である。見知らぬ若い女性たちを事務部門に見かけるようになったことが「臨時工」の認知につながっていくのである。人員整理によって男性化された職場において，若い女性たちが目を引いたのであろう。ただし，ここで述べられている「臨時工」については，われわれの常識的な理解からするといくつか奇異な点がある。何よりも違和感を感じるのは，事務職の女性労働者が「臨時工」と認知されていることである。自動車組立メーカーの臨時工というと，真っ先に頭に浮かぶのは技能職の男性であるが，この記事では真逆なのである。

　事務職の女性がこの時期に採用された理由については次のような事情がある。組合は人員整理時に，整理後の業務遂行体制を考えていないと経営側を批判していた。若手や女性を狙い撃ちした解雇の結果，女性が主に担っていた業務が滞る事態を引き起こしていた（吉田，2010；2014）。そのため，その補充人員を臨時雇用の事務員として採用し始めたと考えられる。

　同様のことは「停年」（定年の当時の表記）となった高齢者にもあてはまる。人員整理前には停年後の継続雇用について労使で係争が生じていたが，会社は人員整理時において「停年に達したもの及び本年中に停年に達するもの」を整理解雇の基準に置き一斉に解雇していた。その結果，「『エキスパート』を首切つてしまつて，最初の内は意地でも困るとは言へないで何とか『ゴマ』かしては来たがとうとうどうにもならないが組合には内しよで嘱託として入れる」[12]というようなことが起こっていた。

　さらに，すでに1950年1月26日の『神奈川新聞』には「設計技術者」を「臨時嘱託」として約10名募集する広告を掲載していた。「飛行機々体又は造船々殻の線図作製に経験のある者（学歴，年齢は問わない）」を対象として，雇用期間は2月から6月までの5ヶ月で，給与は「技能経験に応じ壱万円以上三万円」とされていた。まだ解雇問題が解決して1ヶ月ほどの時期である。

　これらの事実は，人員整理後の臨時的な雇用の導入が朝鮮特需という臨時性

でのみ説明できるものではないことを示している。属性本位の人員整理に起因して業務遂行に支障が生じており，その対処にあたっては有期雇用の労働者の採用に傾斜していったのである。業務の臨時性以外の理由があったのである。

　もう一つの奇異な点は，事務職にもかかわらず「臨時工」と呼ばれていることである。臨時雇いの工員という意味で臨時工という言葉が使われているのではないのである。つまり，この時点では，臨時工という概念に対置されるものが必ずしも本工というわけではなかった。工員としての契約の違いを語っているわけではない。

　自分たちとは異なる有期の契約で雇用されている者を「臨時工」として呼称していたのである。この意味では48年協約において組合員から除外される者として設定されていた「季節工，日雇，其の他臨時に雇用された者」のうち三番目に該当する者を，職能や職種に関わりなく「臨時工」と呼んだということになる。

　さらに言うならば，臨時工が「組合員ぢやない」点が強く意識され，臨時工が組合員にとってかわる脅威として認識されていた。これは先に挙げた臨時性以外の理由とも関係してくる。会社側の臨時工導入の真意は不明であるが，人員整理からわずかな期間で臨時工が採用されたとなると，組合にとってみれば組合員が雇用も不安定で労働条件も望ましくない臨時工に置き代えられたという認識が生じてくる。また，組合員ではないために，賃下げなどの労働条件の切り下げが容易な存在である。それがゆえに経営側は，組合を切り崩す手段として今後臨時工を積極的に採用する恐れがあると認識されているのである。

　ここでは組合規制から外れた労働者として臨時工が措定されており，臨時工に対置されているのは組合員なのである。「臨時に雇用された者」を組合員外とした48年協約は，すでに破棄されたにもかかわらず，労働組合の側では臨時工は組合員ではない（になれない）労働者という意識が残存していたのであろう。

　これらが示唆しているのは，臨時工の対極として念頭に置かれていたのが本工というよりも普通の従業員＝組合員ということである。事務員として働く女

95

性たちを「臨時工」と呼ぶとき，その対立項を「本工」とすることはできない。彼女たちは自分たちとは異なる臨時的な契約で働いている点からほかの労働者から「臨時工」と呼ばれ，その大きな違いは組合員であるかどうかであった。そして，組合員ではない臨時工は，組合員の労働条件や雇用を脅かす由々しき存在であるという認識でもあったのである。

　このような認識でスタートしたから，朝鮮特需後の本格的な臨時工導入への組合の対応も拒絶的なものであった。朝鮮特需による生産増に対して，人員増で対応するのであれば臨時工ではなく本採用にしろという立場を主張した。「組合としては臨時工ではなく本従業員として採用」が基本であり，さらに生産が増えたからと一途に増員をすべきではなく「設備の改善」，「人員の配置転換」，「仕事面の配転」等を考慮したうえで，増員については慎重にすることを要求している。[13]

　安易な増員は解雇に結果するとの認識は，すでに1948年夏の増員においても示されていた考え方である。会社はそのとき，外車整備作業については組合規制外にある臨時工という枠での採用も行いながらも，しかし大枠としては通常の採用を実施し1000人の増員を行った（吉田，2013；2014）。しかし，今回は臨時工のみで増産体制を整えようとした。朝鮮特需に伴う増員において臨時工の増員で対応する理由としては「特需の受注は二十六年三月迄という期限付きであり，臨時的なもの」（中村，1952，12頁）だからと組合に回答していた。生産拡大が続くかどうかが不透明であることから臨時工としたとするが，人員整理の経験をこの方針の変化の背景に見てとることはたやすいであろう。[14]

　他方で，先に示したように組合は臨時工が自分たちの雇用の緩衝帯になるとは考えていなかった。会社が臨時工のような「やすい賃金で使う事ができる」[15]労働力を選好し，組合員が解雇の対象となることを懸念していた。「組合としては例えば首切り問題が再び，日産に起つた場合，臨時工が解約されて，ほうり出され，本工（従業員）が大丈夫だということは誰も保証出来ない」[16]というわけである。[17]したがって，臨時工を雇用の緩衝帯として活用するという労使の合意は，この時点で成立していなかったのである。

第4章　1949年人員整理後の日産における臨時工活用の本格化

　さて，臨時工が登場することによって，組合員を中心とする従来からの従業員（以下では従業員＝組合員としておこう）は自己の地位・身分を再認識することになる。その際，自分たちの地位をどのように呼称していたのであろうか。現代では正社員／非正社員などの雇用管理区分に基づく呼称が使われているが，当時はどうであったのか。ここでは組合機関紙『日産旗旬報』で自分たちの地位をどう呼称していたのかを確認しておこう。

　先の臨時工の記事には，自分たちの地位・身分についての呼称は言及がなかった。ただ臨時工は組合員と対比される存在として論じられていた。その後の『日産旗旬報』では，臨時工に対置される自分たちの呼称については，「社員」（1950年7月11日），「本従業員」，「従業員（本工）」および「本工」（1950年10月1日）と変遷する。「本工」という呼称が出てくるまでに数ヶ月かかっているのである。臨時工という他者を通じて従業員＝組合員であった自分たちが本従業員なり，本工なりと理解されることになるのである。つまり，もともと本従業員や本工があって臨時工が登場してきたのではなく，臨時工が登場することによって従業員＝組合員は本従業員や本工になったのである。なお，これ以降，本工という呼称が定着することになるので，本章でも以降は従業員＝組合員を職種の別なく本工と呼んでおくことにしよう。(18)

　さて，ここまでを整理しておこう。人員整理以前においては労働協約の空隙をつく形で導入された臨時工が，人員整理後は経営側が人事マターに関する自由裁量を謳歌する中で導入されることになる。49年覚書では採用に関して規制はほぼ皆無であった。朝鮮戦争が始まり労働需要が急激に増加する以前に，すでに会社が「臨時嘱託」などの雇用管理区分を用い臨時的労働者の活用を図っていることが確認できた。また，人員整理で多くの解雇者を出した女性の事務職などに，新たに若い女性が採用されたために，組合側でも「臨時工」の採用がなされているとの認知を生み出すことになった。この時点では，「臨時工」は本工という対概念を追随するものではなく，組合に加盟できない臨時的な雇用契約を結んだ労働者という考えが強かった。むしろ組合員／臨時工という認知枠組みであったのである。

組合にとってみると，臨時工の組合員除外を規定した48年協約はすでに破棄されていたのだから，臨時工を組織化するという選択肢もありえたのかもしれないが，そうした回路には向かわず，人員整理の経験を契機に，まずは組合にとっての脅威として捉えられていた。1949年の臨時工の解雇問題の際には同情的な姿勢も生じていたのだが（吉田，2013，63頁），そうした視点はここにはない。自分たちよりも劣悪な労働条件の労働者が企業内に増えてくると，今後人員整理が行われる場合には，臨時工を経営側は選好し，組合員が解雇される危惧を感じていたからである。したがって，組合は，今後の採用は組合員になることが可能な従業員にすべきであるし，またそれも解雇問題を生じさせないように慎重な姿勢で臨むべきだという姿勢をとった。しかし，人事に関する組合同意が求められなくなった49年覚書のもとでは，簡単にそれを阻止する力はなかったのである。

　このように確認すると，1950年以降の臨時工の導入は，無協約体制に伴い組合規制が弱体化したことの結果であることがわかる。この時点では組合は雇用の緩衝帯として臨時工の採用を容認したのではなく，組合にとっての脅威として反対したのである。にもかかわらず，経営側の実行を押しやる根拠を喪失していたため，会社は難なく臨時工の本格的な導入を進めることができたのである。しかし，その後しばらくして日産分会は臨時工の本工化を掲げ経営側と対峙し，大規模な本工化に成功することになる。こうした組合方針の転換については，紙幅の関係で本章では取り上げることができないので，別稿で論じることにしたい。本章の以下の部分では，このような経緯によって登場してきた臨時工の賃金を本工との比較の中で確認しておくことにしよう。

4　本工と臨時工の賃金制度の比較

　遠藤（2014，12頁）は，これまでの労働研究が「正社員主義」にたっており，「非正規労働者の雇用慣行と賃金制度」が無視されてきたとしている。本章で対象としている時期の労働研究を見てみると，臨時工の急激な増加が社会問題

化しており、その賃金制度や労働条件の調査がされてはいるが(たとえば、北海道立労働科学研究所(1955);神奈川県(1953)など)、当時の労働研究の主流はこれらの調査との接続を果たしているとは言えないし、また自動車産業の労働史的研究においても、戦後初期の臨時工については見逃されてきた。[19] 上述したように、男性本工主義、すなわち遠藤の言う「正社員主義」という特徴から逃れえたものではなかったのである。

こうした研究状況を是正していくためにも、戦後において臨時工が本格的に登場してきた時期に本工と臨時工とがどのような賃金制度を有していたのか、またその賃金水準の格差の状況を提示しておくことが必要であると考える。以下では、それぞれの賃金制度と賃金水準を確認する中で、その特徴を明らかにし、両者の間に差異を生み出すことになった要因について考えていくことにしよう。

(1) 本工の賃金体系

朝鮮特需期を通して日産の本工の賃金は額的にも制度的にも変化し、全日本自動車産業労働組合(以下、全自と略)の賃金三原則をもって闘われることになった1952年秋の賃上げ闘争への一因ともなっていく。ここでは、日産(1951)により1950年12月時点での本工の賃金体系と各賃金要素の平均額等を確認することにしよう。この時期の賃金体系は、後で検討する臨時工についての賃金制度が制定された時期とほぼ同時期となるため比較の観点からも最適である。

賃金体系は、下記のように基本給、臨時手当などからなる基準賃金と、生産奨励給や時間外勤務手当などからなる基準外賃金からなっていた。そのうえで、「現行給与体系は……全員月給制であるが、その半額は出勤率に比例」していた(日産,1951,22頁)。これの意味するところは、各賃金要素は半額が固定給で、残り半額には出勤率を乗じた額になっていたのである。

基準賃金
・基本給、臨時手当、特別手当、家族手当

基準外賃金
・生産奨励給，時間外勤務手当，特別増産手当，特殊作業手当，珪塵手当，職務手当，其の他の手当

　基準賃金の賃金要素から確認していこう。基本給は「年令，経験，学歴，技能その他の要素を考慮し一定の基準に基き定める」賃金要素である。初任給に毎年の昇給額が加算されていく。初任給は高等小学校卒（15歳）300円，旧制中学校卒（18歳）630円，旧制専門学校卒660円，旧制大学卒780円。基本給は最低が440円，最高2820円，平均が963円となっていた。

　臨時手当は，一定の係数を基本給に乗じたものであり，戦後直後から1949年頃までプール制，物価スライド制をとっていた際に，賃金を人頭費比例部分と基本給比例部分に分けた仕組みを導入していたが，臨時手当はそのうち基本給比例部分であった。物価スライド制廃止後も賃金要素として残り，賃上げは主として臨時手当の係数を変化させることによって対応していた。1947年頃は基本給の2倍であったが，1952年には11倍まで高まっている（吉田，2007，40頁）。なお，1950年12月の時点では4.6倍であり，当時の給与明細によると，基本給と基本給に出勤率を乗じた額との和の2.8倍が，「基本給及臨時手当」と一括されて記載されていた[20]。先の「半額が固定給で，残り半額には出勤率を乗じた額」を裏づけている。

　特別手当は1950年春に導入された賃金要素で，地方税の新設や電気料金値上げなどに対応するために導入された賃金要素である。やはり半額が固定分で，半分が出勤率を乗じる形の変動分として支給されていた[21]。なお，額の決め方については，『日産旗旬報』第108・109合併号（1950年5月21日）に，会社案と組合案が掲載されている。会社案は基本給の段階ごとに設定された支給率を基本給に乗じる方式となっているが，組合案は基本給額と家族数との組み合わせで細かく額を決めていく方式となっている。事務折衝において議論されたとのことであるが，どちらが選ばれたのかは不明である。ただし，EO氏の給与支払明細書に示されている「特別手当固定分」の額は，同氏の基本給額および家族

構成から算出した場合の組合案の額と全く同じなので，組合案が採用された可能性が高い。平均816円が支給されている。

　家族手当は「本人1000円，第一扶養者800円，其の他650円」と設定されていた。家族手当に本人分が含まれることは奇妙に思われるが，これは先に述べたように戦後直後の賃金で人頭比例部分が家族手当に対応していたことの影響であると考えられる。家族手当も半額分は出勤率を乗じた額が支払われていた。平均額は2784円であったので，扶養者数は平均2～3人であることになる。

　基準外賃金の生産奨励給についてはプレミアム賃金と俗称されていたもので，直接員については範式1により算出される[22]。基本率は奨励率とも呼ばれ，能率向上に伴って高くなる部分であり，標準時間での生産には0.3となるように設計されていた[23]。付加率は生産台数によって決定される部分であり，当初はニッサン車500台を超える20台ごとに1％を支給するということになっていた。生産奨励給についてはすでに吉田（2007，第5章）で論じているので，各構成要素の詳細な決定法はそちらを参照して欲しい。なお，生産奨励給の平均額は3589円となっている。

範式1

$$基本給 \times （基本率 \times 6 + 付加率 \times 4） \times \frac{実労働時間}{月間所定労働時間（=175）}$$

　残りの基準外賃金の賃金要素を確認しておこう。時間外勤務手当は「労働基準法の定むる所による」となっている。特別増産手当は「増産のため臨時に支給する」とあり，1950年秋の賃上げ闘争の結果として導入された賃金要素である。平均850円で，「基本給比例六割」，「均等割四割」から構成されることになった[24]。

　特殊作業手当は特殊作業に従事する者に対して支給され，実働7時間につき1級50円，2級37.50円，3級25.00円，4級12.50円支給されることになっていた。また珪塵手当は珪塵の多い地区について3段階で分け，1日につきA地

区30.00円，B地区20.00円，C地区10.00円で支給されていた。これら以外にも守衛勤務手当や看護手当，宿直勤務手当などがある。特殊作業手当，珪塵手当，またその他の手当を総計した平均支給額は243円となっている。

(2) 臨時工の賃金制度

　管見する限り，当時の日産の臨時工の賃金についてのデータは全自『調査情報』第4号（1951年6月20日）に掲載された記事「臨時工に関する覚書」だけである。この記事には日産の「臨時労務者就業規則」（1950年11月21日）の全文が掲載されているので，これを用いて当初の日産における臨時工の賃金制度と賃金額を確認していこう。(25)

　臨時労務者就業規則においては，二つの臨時労務者のタイプが設定されている。一つは「日々雇入れる者」，もう一つが「一年以内の期間を定めて労働契約を締結して雇入れる者」であり，前者を「日雇労務者」，後者を「常用労務者」と定義している。

　賃金は基準賃金と基準外賃金からなるとして，基準賃金は「基本日給」とし，基準外賃金には「時間外勤務手当，深夜業手当，休日出勤手当(26)，変則勤務手当，特殊作業手当，その他」があるとしている。なお日給に代わって「出来高払制」をとる場合もあるとしており，この場合には「出来高単価×基準時間内作業量」で一日の賃金が計算されるが，「一日の出来高給が二百円未満のときは二百円を保障する」としていた。

　①日雇労務者の賃金

　日給の決定法については，日雇労務者と常用労務者とでは仕組みが異なるので，それぞれ確認しておく。まず，日雇労務者の場合は「年令および本人の能力」により表4-1の額を基準として決めるとなっていた。

　日雇労務者の「能力」をどのように把握していたかは不明であるが，日雇いとはいえ一定期間の雇用関係を前提として，その中での評価が日給に反映していたことが考えられる。そして，これに加え作業の内容に基づき1～3級（50～10円）に分類された「特殊作業手当」が支払われていたのである。残念な

がら，各級に該当する作業種類については掲載にあたって表が省略されているために不明である。また，特殊作業手当はすべての日雇労務者に支払われたのか，それとも払われていない者もいたのかも不明である。もし，特殊作業手当がすべての人には支払われていなかったとすると，日雇労務者に支払われる日額は130～330円となる。これを1ヶ月（労働日数25日）で計算すると，3250～8250円ということになる。

表4-1　日雇労務者の日給額

年令別	等級	金額（円）
20才未満	最低	130
	標準	170
	最高	200
20才以上	最低	150
	標準	220
	最高	280

（出所）全自（1951, 41頁）。

②常用労務者の賃金

　常用労務者についての賃金は，「技能経験者」と「雑役」との二種類の労働者に分けられて決定されていた。雑役者については上記の「日雇労ム者の規則」と同じなので，ここでは「技能経験者」の賃金決定方法について確認しておこう。

　技能経験者ついては，年齢給（表4-2）と職種給（表4-3）の二種類からなっていた。

　職種給については「雇入一週間後技能成績により決定」されていた。属人的な要素と仕事給的な要素の二本立てからなる賃金体系であり，本工の基本給部分が「年令，経験，学歴，技能その他の要素を考慮し一定の基準に基き定める」ものという，総合決定給的に決定される要素であったのに対して，非常にシンプルなものとなっている。

　なお，技能経験者については「直接員及び準直接員」と，「準間接員と間接員」との二種類に分けて生産奨励給が支払われていた。範式2は技能経験者のうち「直接員及び準直接員」に対する，範式3が「準間接員と間接員」に対する生産奨励給の計算式である（全自，1951, 42頁）。

表4-2 常用労務者（技能経験者）年齢給基準表

年令別	20才未満	20才～24才	25才～29才	30才以上
金額	110円	110円～140円	140円～170円	170円～220円

（出所）全自（1951, 41頁）。

表4-3 常用労務者（技能経験者）職種給基準表

等級	最低	標準	最高	職種
A	70	100	140	木工，鈑金，精密機会，自動車修理，鍛造
B	60	80	120	A級以外の一般職種

（出所）全自（1951, 41頁）。

範式2

$$\frac{基本日給}{7 \times 5.6} \times \frac{基本率 \times 6 + 付加率 \times 4}{2} \times 実労働時間$$

範式3

$$\frac{基本日給}{7 \times 5.6} \times 付加率 \times 2 \times 実労働時間$$

さて直接員における本工と臨時工の生産奨励給の範式を比較するにあたっては，範式1を範式1′に変形させると臨時工の生産奨励給の算式と比較しやすくなる。

範式1′

$$\frac{基本給}{月間所定労働時間（=175）} \times （基本率 \times 6 + 付加率 \times 4）\times 実労働時間$$

最初の分数部分の基本日給/7と基本給/月間所定労働時間は，時間あたりの基本給ということになる。そうすると臨時工の生産奨励給の支給計算式と本工

のそれとの違いは，時間あたりの基本給に乗ぜられる1/5.6という係数と，基本率および付加率部分に乗ぜられている1/2という係数ということがわかる。

1/5.6は補正のための係数である。すでに見たように，本工の基準賃金は基本給，臨時手当，特別手当，家族手当からなっており，臨時手当は基本給を4.6倍したものである。基本給＋臨時手当部分が毎月の賃金における基本的な部分となっていたのである。したがって生産奨励給を臨時工に適用するにあたって，もし本工の基本給レベルに補正するとすれば時間あたりの基本給を5.6（＝1＋4.6）で割る必要があるということなのだ。なお，もう一つの1/2という係数も調整のための係数であるが，その意味についてはあとで確認することにしよう。

生産奨励給の支給は間接員・準間接員については「雇入後六ヶ月以上継続勤務した者」との制約がついている。さらに準間接員と間接員における範式のあり方が，正社員と常用労務者とでは大きく異なっている。前者では基本率，すなわち直接員の能率部分に0.7を乗じた形で支払われていたのに対して，後者では直接員の能率向上には全く影響を受けず，生産台数にのみリンクする式となっているのである。

なお，時間外勤務手当，休日出勤手当は，日給を7で除した額に1.25倍し，深夜業手当は「早出残業休日の就業が深夜に及んだとき」に支払われ，日給を7で除した額に1.5倍することになっていた。

5　賃金額の比較

日産（1951，22-23頁）によれば，本工の賃金額の平均は1万5014円で，そのうち基準賃金は8959円（基本給963円）で，基準外賃金が6055円となっている。これを出発点として，本工と臨時工の賃金額の比較をしておきたい。また本工については基本給の最低額も440円と判明しているので，この額を使って推計値を算出しておこう。推計法については煩雑になるので付論で示すこととする。

（1）基準賃金部分

　まず，基準賃金部分であるが，出勤日25日，1日実働7時間，出勤率100％だったと仮定してみよう。扶養家族数については平均では扶養家族3人，最低額の場合は0人と前提して推計すると次のようになる。

　・本工（最低〜平均）：3744円〜9153円

　本工（平均）と実際の平均額8959円（日産，1951，22頁）に大きな違いはないので，ここでの設定は妥当だということになろう。なお以下の計算においては実際の平均額を用いて推計することとする。次に臨時工であるが，上記仮定を用いて日雇労務者と常用労務者のうち雑役者の賃金を計算すると，最低，標準，最高では次のようになる。

　・臨時工（日雇・最低〜標準〜最高）：3250円〜5500円〜8250円

　また，常用労務者のうち技能経験者では次のようになる。

　・臨時工（技能・最低〜標準〜最高）：4000円〜6625円〜9000円

　なお，全自（1951，34頁）によれば日産の臨時工の平均日給は235円であるので，これにより計算すると5875円となる。日雇労務者および雑役者の標準額に近く，技能経験者の標準モデル額よりは低い値となっている。また，この額を本工の平均（15014円）と比較すれば4割程度ということになる。神奈川県（1953，44頁）では，1951年9月時点での「常用」（本工）の平均日額に対する「臨時」のそれの比は全業種で61.0％，輸送機械器具製造業では67.2％となっており，日産の本工と臨時工の平均日給だけで計算された格差はきわめて大きいことになってしまう。これは先の臨時工の平均日給には基準外賃金が含まれていない可能性が高いことによるので，以下では臨時工の基準外賃金を含めた推計を提示しておこう。

（2）基準外賃金部分

　基準外賃金は生産奨励給，時間外勤務手当，特別増産手当，特殊作業手当，珪塵手当，職務手当，その他の手当から構成されていた。ここではモデル的な数値を仮定して計算した値（ケース1）と，実際の値に基づいて推計した値

第 4 章　1949年人員整理後の日産における臨時工活用の本格化

（ケース 2）を示しておくことにしよう。

①ケース 1 ）基準外賃金のモデル値

純粋なモデルとして，基本率が0.3，付加率0.01，残業が 0 時間だったと仮定して，基準外賃金部分の額を試算してみよう。まず，生産奨励給については以下のような結果となる。

・本工（最低〜平均）：810円〜1772円

・臨時工（技能・最低〜標準〜最高）：739円〜1088円〜1479円

さて，ここで上記範式 2 の常用労務者（直接員および準直接員）の生産奨励給の係数1/2の意味がようやく判明する。もしこの係数がなかったとすると，生産奨励給の額は上記の倍となるから標準額の場合でも，本工の平均額を大きく上回ってしまうことになる。したがって，この1/2という係数は，臨時工の日給を本工の基本給と調整する係数1/5.6を乗じても，臨時工の生産奨励給額が本工を上回ることをふまえて，その調整を担う係数として設定されていたのである。本工の基準賃金における基本給の比重が小さいことをうけた補正係数と考えてよいであろう。この補正を受けた結果，本工と臨時工の生産奨励給の額の差は，最低額で比較すると 1 割ほどの格差が生じており，最も高い日給を得ていた場合でも本工平均よりも 2 割ほど低くなる。

次に時間外勤務手当はここでは 0 円と仮定しているので，本工の増産手当を確認しておこう。

・本工（最低〜平均）：573円〜850円

最後に，特殊作業手当以下の手当の平均支給額は243円で構成比率1.6であった。基本給の最も低い本工はここは 0 としておこう。以上により基準外賃金の額を計算すると次のようになろう。

・本工（最低〜平均）：1383円〜2865円

・臨時工（日雇）： 0 円

・臨時工（技能・最低〜標準〜最高）：739円〜1088円〜1479円

これはあくまでも簡便な数値を用いて計算したモデル額であって実態を反映しているわけではないが，これにより生産奨励給の1/2という係数の持つ意味

が明確になった。

②ケース2）基準外賃金額の推計値

次に，基準外賃金部分についても日産（1951）において示されている本工の平均値に基づきながら，付論で示した手順を用いて推計した生産奨励給については以下のようになる。

・本工（最低～平均）：1638円～3589円
・臨時工（技能・最低～標準～最高）：1080円～2202円～2991円

本工と臨時工の最低レベルを比較すると3割5分程度の，また本工平均と臨時工標準では4割程度の差がついており，本工と臨時工の間にこの賃金要素でも大きな格差がつくことになる。

また時間外勤務手当の推計値については次のようになる。

・本工（最低～平均）：709円～1380円
・臨時工（技能・最低～標準～最高）：1080円～1088円～1479円

常用労務者の最高賃率をもらっている場合，本工平均を上回るが，標準の場合は2割強低い値となる。なお，増産手当以下の賃金項目についてはケース1と同じである。

③ケース2に基づく月収額の推定値

ここで上記ケース2の推計値をふまえて常用労務者の月あたりの収入額を推計すると次のようになる。

常用労務者（技能経験者：直接員および準直接員）の推計月額収入（1950年12月基準）

最低：5778円　　　38.5%（本工平均15014円に対する比率）
最高：13470円　　89.7%
標準：9915円　　　66.0%

そして，常用労務者（技能経験者）のうち「準間接員と間接員」は，基本率部分の付加がないために同じ時間働いていたとしても，直接員および準間接員の賃金よりも低いことになる。他方で，日雇労務者および常用労務者（雑役）には，生産奨励給部分がなく，時間外労働についても抑制的であり，基本的に

第4章　1949年人員整理後の日産における臨時工活用の本格化

図4-1　本工と臨時工の賃金分布（推定）

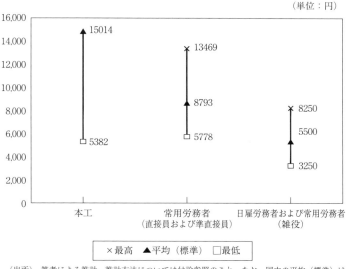

（出所）筆者による推計。推計方法については付論参照のこと。なお、図中の平均（標準）は、本工は平均値、常用労務者は中位値、日雇労務者は20歳以上の標準等級

は日給の総額ということになるために、3250〜8250円（本工平均の21.6%〜54.9%）ということになる。常用労務者（技能経験者）の最高額は本工の平均額を下回り、また日雇労務者の最高額は、常用労務者（技能経験者）の標準額を下回っている。これらを可視化したものが図4-1である。

6　賃金の比較に関するまとめ

　本工と臨時工の賃金格差は非常に大きなものであることが明らかになったが、このことを前提に再度それぞれの賃金制度の特徴をまとめるとすると次のようになる。

　本工の賃金制度を特徴づけているのは、多様な賃金項目からなるその複雑さである。この背景には、労使の賃上げ交渉の中で様々な賃金要素が接木されて

いったことがある。本章で扱ったのは1950年12月時点での賃金制度であり，その時点でのスナップ・ショットでしかない。本工の賃金制度は大きく変化してきたし，またこの後も変化することになる。その時々の経営状況や生活状況に応じて労使の妥協点として変化し，そして様々な賃金要素が付加されてきたのである。多数ある賃金項目は，労使のいずれかが賃金に反映させたいと望み，労使で合意した要素や属性なのであり，労使の均衡点を表しているのである。

　これに対して臨時工の賃金制度の特徴としては３点挙げることができよう。一つは，仕事の種類に応じて適用される賃金体系が異なっていることである。すなわち，臨時工のタイプごとに適用される賃金制度が異なっているということである。臨時工とはいえ，技能経験者と雑役とでは大きく分かれていた。本工においては，一つの賃金体系でブルーカラーとホワイトカラーを包含し，表向きは制度上の差が少なくなるようになっていた。そして両者の間で公平で公正な枠組みをどう設定するのかが絶えず重大な課題になっていた。(29) これに対して，臨時工については仕事の差が直ちに賃金制度の差をもたらし，そして受け取る賃金額の差をもたらす結果になっていたのである。

　第二の特徴は，しかし，個々の臨時工の賃金体系を取り上げて考察すると，非常にシンプルであったことである。「臨時工の賃金体系は一般に常用工に対して単純である」（神奈川県，1953，50頁）というのが神奈川県に立地する工場の臨時工調査の結果であるが，同じことが日産についても看取できた。生活保障給的な家族手当等の賃金要素は見られず，年齢給的な要素はきわめて弱いものであった。唯一，本工との類似が見られたのが技能経験者に対して支払われていた生産奨励給である。自動車生産のライン化，システム化が未だ十分ではない段階のもとでは，個々人の生産能率を一定以上に維持するインセンティブとして，能率刺激的な賃金制度を本工と同種の作業に従事する臨時工に対して導入する必要があったのであろう。(30) 臨時工の賃金は経営が望む形でのシンプルな仕事給化していたと言える。

　第三の特徴としては，シンプルさにもかかわらず，必ず評価が反映されていることである。たとえ日雇労務者であろうとも，最低と最高では倍近くに達す

る格差がつけられ，そこに「能力」による差が賃金に埋め込まれていたのである。これは，経営側が自らの望む賃金の形を白紙のうえに書き込むことができた結果である。経営側の意のままの制度であり，また恣意性が介在しやすい点で，臨時工の賃金制度は戦前の賃金と比較するのがよいかもしれない。

[付記] 本章は平成24～26年度科学研究費補助金（基盤研究Ｃ課題番号90275016「労使関係の展開と企業内秩序の形成」研究代表者：吉田誠）および平成27年度科学研究費補助金（基盤研究Ｃ課題番号15K03893「戦後大手自動車メーカーの人員体制の構築と労使関係」研究代表者：吉田誠）の助成を得て執筆された。

付　論　賃金額の推計方法について

　まず，基準賃金部分であるが，出勤日25日，1日実働7時間，出勤率100％，また扶養家族数については平均では扶養家族3人，最低額の場合は0人と仮定して推計すると次のようになる。
・本工（最低）：440円×5.6＋280円＋1000円＝3744円
・本工（平均）：963円×5.6＋660円＋3100円＝9152.8円

　ただし，以下では本工の平均額を用いる際には推定値ではなく，実際の平均額である8959円を用いて計算していくことにする。

　上記の勤務状況の仮定を臨時工にあてはめてみると，日雇労働者と常用労務者のうち雑役者の賃金では，最低，標準，最高額は次のようになる。
・最低：130円×25日＝3250円
・標準（20歳以上）：220円×25日＝5500円
・最高：280円×25日＋50円（特殊作業手当一級）×25日＝8250円

　また，常用労務者のうち技能経験者では次のようになる。
・最低：（110円＋60円）×25日＝4250円
・最高：（220円＋140円）×25日＝9000円
・標準（20歳以上の賃金の幅の中位値およびＡ級の標準）：（165円＋100円）×25日＝6625円

　次に，基準外賃金部分の計算方法である。本論ではモデル的な数値を仮定して計算したケース1と，実際の値に基づくケース2の数値を示したので，以下ではそれぞれの計算方法を提示しておこう。

　ケース1）基準外賃金のモデル値

　生産奨励給については基本率0.3，付加率0.01，残業が0時間と仮定して試算した。本工，臨時工とも仮定された数値を範式1および2に代入していけば簡単に計算できる。

　時間外勤務手当はここでは0時間と仮定しているので，関係ない。

本工の増産手当については上述したように平均850円で，基本給比例6割，均等割4割で構成されていた。ここから増産手当の平均の850円は比例部分510円，均等割部分340円から構成されていたことになる。比例部分510円に対応する基本給が平均額の963円であるとすると，最低基本給440円の場合の基本給比例部分 x 円は963：510=440：x と表現でき，233円となる。均等割部分は基本給にかかわらず340円なので，この両者を足すと，最も基本給の低い本工の増産手当の推計値は573円となる。

　ケース2）基準外賃金額の推計値

　生産奨励給については本工の平均額が日産（1951，25頁）に掲載されているだけである。基本給最低の本工や臨時工の生産奨励給について推計するために必要となるデータや条件を，どのように設定したのかについて述べておく必要がある。

　まず，時間外労働については，生産奨励給の支給される臨時工については本工と同じ時間の時間外労働を行っていると仮定した。日雇労務者については「業務上特に必要がある場合を除くの外時間外労働をさせない」と臨時労務者就業規則（第17条）で定められていたが，常用労務者にはその旨の条項はない。むしろ，自動車製造のシステム的な性格を考えると本工だけが残業を行い，同一の業務をしている臨時工が残業をしないということは考えにくい。

　第二に，時間外労働の時間を確定する必要がある。日産（1951，25頁）に時間外勤務手当の平均額は記載されているが，時間外労働の時間，および時間外勤務手当を算出する際に用いられる賃金要素は不明である。時間外手当の平均額は明らかになっているので，時間外手当の算出の基礎になる賃金要素がわかれば，時間外労働の平均時間も計算できる。どの賃金要素が割増賃金を乗ぜられる賃金部分となっているのかを確定するために用いたのが，EO氏の給与明細である。

　当時の日産では本給などの支払い日と生産奨励給などの支払い日が異なっていた。そのため同一月につき二つ給与明細が存在していた。時間外労働手当は生産奨励給と一緒に支払われ，同じ給与明細に記載されていた。1951年7月〜1953年2月の生産奨励給などの給与支給明細書には「基礎賃金」および「所定時間外支給率」という項目がある。[31] EO氏の給与明細を確認する限り，この基礎賃金の額は本給，臨時手当，特別手当，家族手当中本人分，および増産手当の和からなっていることが明らかになった。この基礎賃金に，所定時間外支給率を乗じた金額が時間外手当となる。所定時間外支給率とは，所定時間外時間を月の所定労働時間で除し，それに法律で定められた割増率をかけたものと推定される。[32] なお，EO氏はホワイトカラーであったため，特殊作業手当や珪塵手当などが支給されていないので，これも付加しておくことにする。

　時間外労働の支払いの対象となる賃金要素が上述の通りであるとすると，これらの平均総額の和は8255円となる。時間外勤務手当1380円は，すべて時間外賃金の割増率1.25と仮定すると，所定外労働時間は

　1380÷{(8255÷175)×1.25}≒23時間

と推計できる。そして基本率×6＋付加率×4の部分は，生産奨励給（3589）から基本給（963）と実労働時間（175＋23）を除し，月間所定労働時間（175）を乗じたもの（3.29）となる。これと各臨時工の基本日給とを範式2にあてはめて算出すると，

第4章　1949年人員整理後の日産における臨時工活用の本格化

臨時工の1950年12月時点の生産奨励給の推計値が出ることになる。
　標準：$265 \div (7 \times 5.6) \times (3.29 \div 2) \times 198 = 2201.9$円
　最低：$130 \div (7 \times 5.6) \times (3.29 \div 2) \times 198 = 1080.2$円
　最高：$360 \div (7 \times 5.6) \times (3.29 \div 2) \times 198 = 2991.2$円
　平均：$235 \div (7 \times 5.6) \times (3.29 \div 2) \times 198 = 1952.6$円

　なお，上記の値を使って本工の生産奨励給の額を計算すると3584.7円となり，平均値3589円とほぼ一致する。また本工の基本給最低額の場合は1637.9円となる。

　所定外時間手当について計算すると，440円の本工最低給では，基礎賃金=3744円（基準賃金分）+573円（増産手当）=4317となり，23時間の残業をした場合には$4317 \times (23 \div 175) \times 1.25$となり，所定外時間手当は709円と推計される。

　臨時工の場合は日給を所定労働時間で除した賃金額に，残業時間数と割増率を乗ずるから，常用労働者の最低賃率では$170 \div 7 \times 23 \times 1.25 = 698$円，最高賃率では$360 \div 7 \times 23 \times 1.25 = 1479$円，標準賃率$265 \div 7 \times 23 \times 1.25 = 1088$円となる。

注
(1)　典型的には電産型賃金に代表されるような戦後の仕事給部分と生活保障給からなる賃金体系の中にその平等観が反映されていると考えてよいであろう。なお，日産ではプール制とスライディング基準生計費制を導入することにより従業員家族の生活保障を担保していた。他方，仕事の違いを賃金に反映させることまで否定されていたわけではないが，それを具体的にどの程度の差とすべきかについては労働者間で合意することは難しかった。この点については労働省婦人少年局（1951，54頁）における藤本武の発言からも看取できるし，日産でも1947年の社員と工員の賃金一元化に際して同様の問題が起こっている（吉田，2007，38頁）。
(2)　臨時工は戦前から存在していたことが知られているが，少なくとも自動車産業では戦時中の労働力不足によって臨時工の存在も解消されていたようである（早川，1944，55頁）。
(3)　「労働協約改訂の審議に入る」『日産旗旬報』第69号（1949年2月21日）。
(4)　49年覚書については『日産旗旬報』第96・97合併号（1949年12月11日）に掲載されたものを参照した。
(5)　ただし，48年協約においても，採用，配置転換，解雇などについては「正当な理由なくして，これを拒むことができない」というしばりがつけられていた。
(6)　「職制，人事異動に関する応答」『日産旗旬報』第99・100合併号（1950年1月21日）。
(7)　「無計画性を露呈：配置転換の問題」『日産旗旬報』第107・108合併号（1950年4月21日）。
(8)　「協約闘争に前進：労働協約闘争をどう進めるか！」『日産旗旬報』第108・109合併号（1950年5月21日）。なお，この時期『日産旗旬報』のナンバリングについては不備な点が見られ，翌号（1950年6月1日）が第111号となっていることを勘案

すると，本号についてはおそらく第109・110合併号の間違いと思われる。
(9) 「主張 "協約闘争の決意を固めよ"」『日産旗旬報』第111号（1950年6月1日）。
(10) 「無計画性を露呈：配置転換の問題」『日産旗旬報』第107・108合併号（1950年4月21日）。引用部分はこの記事において会社側の回答として引用されていた語句の再引用となる。なお，この時期「機動性」を確保する労使関係や人事体制の構築が経営側の課題となっており，1950年6月9日に組合に提示された「労働協約に関する基本事項」という文章においても触れられていることが明らかになっている（「会社の本音 "切捨御免の協約を" 協約交渉経過」『日産旗旬報』第112号，1950年6月11日）。
(11) 「闘争方針案」『日産旗旬報』第119号（1950年11月17日）。
(12) 「無計画性を露呈：配置転換の問題」『日産旗旬報』第107・108号（1950年4月21日）。
(13) 『日産旗旬報』第118号（1950年10月1日）。
(14) 『日産旗旬報』第116・117合併号（1950年8月11日）は，朝鮮特需にあたって通産省が「人員整理直後だからこの為の新採用は極力避けて，必要あればある程度の労働強化，臨時雇用で能率化による増産をはかる」よう指導していることを伝えている。
(15) 『日産旗旬報』第111号（1950年6月1日）。
(16) 『日産旗旬報』第118号（1950年10月1日）。
(17) 組合側のこの懸念はあながち杞憂であったとも言えない。1949年の人員整理をまたぎ継続雇用されていた臨時工もいたからだ（吉田，2013，63頁）。
(18) 戦前にすでに臨時工があったことを考慮に入れると，「になった」ではなく「として復活した」と言う方がよいかもしれない。
(19) 臨時工制度が定着を見た高度成長期における自動車産業の臨時工の賃金について取り上げた研究としては山本（1967）がある。山本は臨時工の機能を単に雇用のバファー的なものとして捉えるだけではなく，臨時工の担当職務群が低位の熟練職務に集中していることに着目し，本工と臨時工の賃金格差の根拠を労働力の質の違い，そして労働市場の違いに起因するものとして捉えている。本章の背景にある課題は，山本が明らかにしてきたような本工と臨時工に求められる労働力の質の違いが戦後社会の展開の中で生み出されてきた経緯，また労働市場分断が形成されるプロセスを自明視せずに，労使関係に着目しつつ明らかにするということになる。
(20) EO氏の給与支払明細書を本章では利用した。EO氏は戦後，日産に社員として入社し，1973年に取締役，1978年常務取締役，1981〜83年には専務取締役を歴任し，現在では鬼籍に入られている。EO氏の遺族の方より拝借した給与支払明細書のうち，1946年1月から1961年2月までをデータベース化したものである。
(21) EO氏の給与支払明細書より。1951年7月までは「特別手当固定分」と「特別手当変動分」となっていたが，同年8月以降では「特別手当」と「特別手当×出勤率」に変化している。
(22) 日産では従業員を直接員，準直接員，間接員，準間接員の四つのカテゴリーに分

第 4 章　1949年人員整理後の日産における臨時工活用の本格化

けていた。直接員とは「自動車の製造，自動車組立作業を行うもの」，準直接員は「上記製造のための補助的現場員，倉庫，運搬，工具研磨，動力，機械修理等」，間接員は「製造工場の技術員，事務員等」，準間接員が「管理部門の技術員，事務員等」とされていた。直接員以外については生産奨励給は準直接員が奨励率を0.8倍，間接員および準間接員が奨励率を0.7倍されて計算されていた（松山・折居，1951，42-43頁）。

(23)　吉田（2007，99頁）は，この30％をもって『三〇年史』で言うところの「1/3保障ハルセー式」の意味であると強弁していた。しかし，その後『三〇年史』には正誤表が追加されており，そこでは「3割保障ハルセー式」であるとの訂正がなされていることが判明したので，ここに記して訂正しておきたい。なお，1951年当時，日産の作業課課長の松山隆茂および課長代理の折居秀雄が執筆した論文にも「1/3保障ハルセー方式を採用した，所謂時間請負である。即ち決定された標準時間と定員によつて作業した場合，30％を保障することを原則としたものである」（松山・折居，1951，42頁）という記述が見られ，これが『三〇年史』における誤記につながったのではないかと推測される。

(24)　「越年闘争に備え　余力を残し八五〇円で妥結」『日産旗旬報』第120号（1950年11月18日）。

(25)　ここで「当初の」とした理由は，組合の臨時工に対する取り組みが進む中で臨時工の賃上げ等が実現し，「臨時工に関する覚書」に概略として記載されている賃金制度等の説明とは若干異なる点が「臨時労務者就業規則」（1950年11月21日）には存在しているからである。

(26)　労働基準法に規定された割増率を適用するものであるが，単位時間の賃金は日給を7で除した額とするところが，この時期の特徴であろう。所定労働時間は7時間とされていたのである。

(27)　1950年9月29日の『日産旗旬報』臨時号では賃金の算出にあたって1ヶ月の労働日数を25日として計算しているので，本章でもこれに従う。

(28)　上述したように基本率0.3とは「標準時間で仕事を完成」した場合の率，また付加率0.01はニッサン車500台を超えた20台につき与えられる率である。

(29)　本章では触れられていないが吉田（2007）において，プレミアム賃金の扱いをめぐるホワイトカラーとブルーカラーとの格差是正を出発点にするプレミアム闘争について取り上げた。

(30)　前述の神奈川県の調査によると，臨時工に対して「奨励加給制」をとっていた企業は全体では12.3％であるのに対して，輸送用機械器具製造業では22.2％であり，その比率が高くなっている（神奈川県，1953，48頁）。

(31)　1951年7月以前の給与支給明細は通常の賃金とプレミアムのものとが同一フォーマットの明細書に記載されていて，各項目が明示する数値が不明な場合があるのに対して，1951年7月以降は両者のフォーマットが分けられ，明確に各賃金要素が把握できるようになっているので，これを利用する。

(32)　ちなみに1951年7月ではEO氏の実稼動時間数193.5，所定時間外時間19，所定

時間外支給率0.1368となっており，所定時間外時間／175に1.26の係数を乗じたものであった。なぜ，1.25ではなく1.26なのかは不明である。

引用参考文献
遠藤公嗣『これからの賃金』労働旬報社，2014年。
神奈川県労働基準局給与課『神奈川県における臨時工の実態』（所蔵：神奈川県立公文書館），1953年。
全日本自動車産業労働組合「臨時工に関する覚書」『調査情報』第4号，1951年10月。
全日本自動車産業労働組合日産分会『自己批判書（案）』1953年。
中村秀弥「輝く一九五一年（二十六年）の闘争」『日産旗』1952年2月。
日産自動車『有価証券報告書』1951年。
日産自動車『日産自動車三〇年史』1965年。
二村一夫「日本労使関係の歴史的特質」社会政策学会『日本の労使関係の特質』お茶の水書房，1987年。
濱口桂一郎『新しい労働社会』岩波書店，2009年。
早川良夫『勤労管理十ヶ年』健文社，1994年。
北海道立労働科学研究所『臨時工』（前編・後編）日本評論新社，1955年。
松山隆茂・折居秀雄「時間研究による定員制と生産奨励金制度について」『マネジメント』第10巻第5号，1951年。
山本潔『日本労働市場の構造』東京大学出版会，1967年。
吉田誠『査定規制と労使関係の変容』大学教育出版，2007年。
吉田誠「ドッジ・ライン下における日産自動車の人員整理」『大原社会問題研究所雑誌』第621号，2010年。
吉田誠「戦後初期の日産における労働協約の変遷」『香川大学経済論叢』第84巻第1号，2011年。
吉田誠「日産における臨時工の登場と労使関係」『立命館産業社会論集』第49巻第1号，2013年。
吉田誠「戦後初期の日産における人員体制の構築」『社会学論集』（埼玉大学）第143号，2014年。
労働省婦人少年局『男女同一労働同一賃金について』1951年。
Gordon, Andrew, *The Evolution of Labor Relations in Japan*, Harvard University Press, 1985.（二村一夫訳『日本労使関係史』岩波書店，2012年）。

第5章

就労から排除される障害児の母親
──「労働」と「福祉」からの二重の疎外──

小木曽由佳

1 障害児の母親の就労をめぐる今日の状況：その意義と限界

(1) 障害児の母親の就労問題を捉える二つの視点

　本章の目的は、障害児の母親が就労から疎外されている現状を、労働政策および障害児福祉政策の二側面から検討し、重いケア責任を担う障害児の母親の就労を保障する視座を検討することにある。

　現在日本には知的障害を持つ子どもは15万人以上いると推定されており、身体障害、精神障害などをあわせると障害児数は21万人以上と推定されている（厚生労働社会・援護局傷害保険福祉部『生活のしづらさ調査などに関する調査（全国在宅障害児・者等実態調査）結果』2013年）。これは、18歳未満の人口のうち約1％を占め、100人に1人の子どもが何らかの障害を抱えながら生活をしていることを意味する。障害を持つ子どもは、約9割が在宅で親と同居しながらケアを受けており、そのケアを担う親、とりわけ母親のケア負担は定型発達の子どもの育児と比較しても大きな労力を要し、長期にわたる。さらに、障害児の母親はケアに対して大きなストレスを抱えていることが明らかにされているが（蓬郷・中塚・藤居、1987；稲葉ほか、1994）、重いケア責任を担う障害児の母親に対する支援は、障害受容や親教育など、障害児の発達支援を行うための知識・技能の獲得を目指すものが主であり、就労も含めた母親の生活全体から捉えた視点に立った議論は十分に行われていない現状がある。

　日本では2007年に「仕事と生活の調和（ワーク・ライフ・バランス、以下WLBと略す）憲章」が策定され、人々の仕事と生活の調和が取れる社会への変化が

重要な社会的課題と位置付けられた。各種支援策が講じられる中で，なぜ障害児の母親は就労から疎外されてしまうのか。言い換えれば，いかなる社会的文脈において，障害児の母親にケア責任が付与され，就労の継続を困難にしているのか。なぜ，障害を持つ子どもが生まれることによって，母親は退職という選択を迫られることになるのか。本章では，WLB論および障害児家族研究という「労働」と「福祉」の二側面から障害児の母親の就労が抑制される要因を検討し，障害児の母親の就労を保障する視座を検討する。

（2）障害児の母親の就労実態と就労保障の意義

　初めに，障害児の母親が直面する子どものケアおよび就労の現状を確認したうえで，母親の就労保障を進める意義を検討する。これまで，障害児家族研究は蓄積されながらも(2)，母親の就労は研究主題として挙げられることはほとんどなく，母親の就労実態を確認する全国データも存在していない。しかし，近年ようやく少数のサンプルによって行われた調査結果により，少しずつではあるが障害児の母親の就労実態が明らかになりつつある。

　障害児の母親の就労に関する意識を調査した上村浩子らの調査（1999）では，質問紙調査を行った20代から40代の障害児の母親47名のうち，就労している母親は8名（17％）に過ぎないことが明らかになった。同調査では，就労していない母親のうち72％が就労を希望していることも指摘しており，就労を望みながらも実現できない障害児の母親の苦悩に光をあてた。また，2002年に養護学校へ通う児童の保護者（107名）と特殊学級親の会（116名）へ質問紙調査を行った泉・小池・八重樫（2005）の調査でも，養護学校へ通う児童の母親は専業主婦（61.7％）が最も多く，常勤で働いている母親は7.5％，非常勤で就労している母親は26.2％であった。共働きで収入を得る家庭が多数派となる今日の日本において（内閣府男女共同参画局『男女共同参画白書平成26年度版』2014年），母親が子のケア負担の重さから就労できずにシングルインカムになりやすい障害児家族は貧困につながる可能性も指摘されている（田中，2010）。さらに，子の養育責任と稼得責任を一人で担うシングル・ペアレントにとって，障害児のケア

のために就労がままならない現状では,より貧困問題が先鋭化するだろう。

　また,就労している障害児の母親にとっても,仕事とケアの両立には様々な課題が生じている。障害児の母親は定型発達児の母親と比較して就労時間の抑制,キャリアの中断,収入の低下が生じていることが確認されており（Cidav, Marcus and Mandell, 2012 ; Stewart, 2013）,制限された状況下で就労せざるをえないことがわかる。

　しかし一方で,就労している障害児の母親は,就労していない障害児の母親と比較して育児ストレスが少なく（小林,2006）,社会活動の制限を感じていない障害児の母親ほど育児ストレスも少ない（野田,2014）ことも明らかとなっている。定型発達児の母親と比較して,育児や成長についての不安や心配を多く抱えており,精神的不安や身体疲労を経験している（大杉,2014）障害児の母親の現状に鑑みれば,就労という「親役割を離れる時間の確保」（岩崎・海蔵寺,2009）により育児ストレスを軽減するという観点からも,障害児の母親が就労可能となる環境の整備は必要と言える。

　以上,障害児の母親は子のケア責任を多く抱えており,就労は依然として困難な状況下にあることが確認された。しかし一方で,就労は母親にとって,家計の維持や育児ストレスの軽減という観点からも重要な意味を持つ。では何が障害児の母親の就労を阻んでしまうのか。その要因を,以下障害児福祉政策およびWLB政策の検討を通じて明らかにしたい。

2　福祉政策における「支援者としての母親」像の陥穽

(1) 障害児福祉における親の位置付けと就労

　障害児のケアと仕事を両立する際に,障害児の親特有の課題の一つとして,乳幼児期から開始される療育において親,とりわけ母親の積極的関与が障害児への発達支援を行う上で重要視されてきたことが挙げられる。では,いかにして母親の積極的関与が障害児への支援の中核を占めるようになったのだろうか。

　日本では,1957年の児童福祉法改正により,精神薄弱児の通園施設が開設さ

れ,通園施設は就学猶予・免除となった6歳以上の障害児を対象とした訓練の役割を担っていた。その後,母子保健施策として1977年の乳幼児健診（1歳6ヶ月）が制度化されることによる障害の早期発見の重視,さらに1979年の養護学校の義務化という変化を受け,これまで就学年齢にあたる障害児の訓練の受け皿として機能してきた通園施設は,乳幼児期の早期療育の場として新たな役割が期待される経過をたどる（柴崎,2002）。現在も早期療育はより一般化されつつあり,生後4ヶ月健診と,さらに早期の段階から「気になる子ども」への支援が開始されるようになっている。

このように,1980年代以降の早期発見・早期療育という障害児支援が拡充されていく中,多くの療育現場で取り入れられるようになった障害児の早期療育プログラムは,親が療育の主導者となり,専門家は親のワーカビリティを高め親子を支援することを目的としていること,そして治療や教育の場は専門機関ではなく家庭に置かれている点に特徴がある（中野・田沢,1989）。これは,家族を無償の福祉の担い手として積極的に位置付け公的責任を縮小する方針を打ち出した「日本型福祉社会」（自由民主党,1979）と相補的な関係にあり,早期化,そして豊富化する障害児支援は性別役割分業に基づき女性が無償でケアを専従で担うという,近代家族モデルを内包したものとして展開されることになる。要田（1999）は,このような家族自助を基本とする福祉の残余モデルの中で,家族内の性別役割分業によって母親が障害児のケアの第一義的責任者となる構造を指摘している。そこで母親は「家族自助」や「母親の保護役割」を内面化し,「国家のエージェント」として「子が社会の迷惑にならないように子の監視を怠らない」,「愛される障害児に育てよう」とする献身的な母親モデルが構築されていることを指摘する。[3]

現在でも,子どもの療育を行う通園施設では母子通園をプログラムとして設定している事業所は多く,子どもとの関わり方を福祉関係者の実践を見て学び,子の障害に対する知識を母親がつける場としても位置付けられている。『平成23年度全国知的障害児通園施設実態報告書』（2013）によれば,母子通園を一部もしくは全員に対して実施している通園施設は全体の82.7％を占めている。

母子通園を実施する目的は,「保護者に対する支援の一貫として」が最も多く89.6％にのぼると同時に,「園と家庭における一貫した療育による効果」を目的として母子通園を行うと回答した施設は81％である。母子通園の実施内容は,「常に療育場面に参加」（62％）,「特定の療育場面に参加」（49.7％）することで母親が療育方法や技能を学び,「発達支援の学習会をもつ」（60.7％）ことで子の障害に対する知識を得る機会が多くの療育施設で実施されている。蔦森・清水（2001）は，障害児の親は他者が容易に感情移入できない悩みや苦しみを負った存在であり，そのストレスに対してカウンセリング等の支援が必要な存在と捉える一方で，親は「治療者から必要な情報を十分に得て今後の方針を自己決定しつつ，こどもの障害をめぐる知識を深めて家庭での療育的対応が可能な共同療育者として成長していかなければならない」（蔦森・清水，2001，47頁）と，「共同療育者」としての親の自己決定を支える方策を論じている。

　早期からの手厚い発達支援を受ける機会が拡大するなど，障害児のニーズを充たす社会的支援が豊富化することは，子どもの「育つ権利」を保障していくためにも重要である。しかし，その背後では，子どものことを最優先に考え，熱心に活動している障害児の母親モデル（藤原，2006，154頁）を期待され，積極的に子の発達支援に関与する母親によってケアが支えられている点にも注意を払わなければならない。母親の積極的関与を前提に据えた状況は，母親に「子どもの発達支援を優先するか」，「自分の仕事を優先するか」という困難な二者択一を迫るだろう。障害児への社会的支援が充実することが，障害児の親，とりわけケア責任を多く担ってきた母親の就労を可能とする環境へと容易に結び付かない背景には，障害児福祉において「共同療育者」たりえる障害児の母親モデルが根底にあるためである。

（2）障害児福祉政策の現状と日本の課題

　では，現在の日本における障害児福祉を取り巻く環境と母親の就労は，いかなる点で齟齬をきたすのだろうか。日本では障害児に対する支援として，児童福祉法を根拠とする発達支援と，障害者総合支援法を根拠とする福祉サービス

によって担われているが，国際的に比較しても日本の障害児に対する社会支出は低水準と言わざるをえない。2011年度 OECD における GDP に対する社会支出（OECD.Stat, Social Expenditure 2011）を見ると，GDP に対する社会支出全体の割合は，OECD 平均21.6％に対して日本は23.1％であり，平均をやや上回る水準である。しかし，障害者に関わる対 GDP 比社会支出は OECD 平均2.2％であるのに対し，日本は1％にとどまり，OECD 諸外国の平均と比較しても半数以下の支出に抑えられている。つまり，日本の障害者に対する社会支出は国際的に見ても低水準であり，障害者の生活に対して日本社会は十分な財源のもと支援を行っているとは言えない。また，出産や子育てなど家族に対する社会支出は，GDP に対して OECD 平均2.2％であるのに対し，日本は1.4％にとどまり平均を大きく下回っている。つまり，障害児の福祉に関わる「障害」および「家族」に対する日本の社会支出は，国際的に見てともに低い水準にある。また，日本国内においても障害児・者への福祉サービスは，地方自治体によって福祉サービスを受けられる条件も異なっており，サービスの供給量に加えて，利用できる対象者にも差異が生じている。そのため，社会福祉資源を利用しながら就労しようとする母親は，本人が選択できない次元で活用できる資源が制限されている。

　さらに，障害児の母親の就労は，子の発達段階に応じた障害児福祉サービスのあり方によっても影響を受けている（小木曽，2014）。乳幼児期における通園施設での療育と就労を両立する場合には，先に指摘したように母子通園時間の確保が必要となる。『平成23年度全国知的障害児通園施設実態報告書』（2013）によれば，母子通園を全員に対し毎日実施している通園施設は8.6％だが，全員を対象に特定の日に実施している施設は38.0％，新入園児を対象に一定期間のみ実施している施設は27.0％であり，子どもが通園施設で発達支援を受ける場合に，母親が一定期間，定期的に仕事を休まなければ通えない。また，通園施設へ毎日通園している子どもは73.1％であり，多くの子どもが毎日通園施設へ通っているが，一日の指導時間は4～6時間未満の施設が73.4％であり，基本保育時間が8時間である保育園と比較しても短く，母親が就労時間を確保す

ることはより難しくなる。保育所と並行通園している子どもは同報告書において602名いたが，全体の7％にすぎず，保育所を利用しながら隔日で通園施設に通うことはまだまだ一般的ではない。一方，保育園への障害児の受け入れは近年増加傾向にあり，2012年度には1万1264名の障害児が在籍している（内閣府『平成26年度版障害者白書』2014年）。しかし，保育園において子の障害特性に合わせた発達支援が十分に受けられる環境の整備はまだまだ不十分であり，障害児の専門的支援を行う「保育所等訪問支援」の利用者は2012年度9月（1ヶ月間の利用実人員）においてわずか316名である（厚生労働省「平成24年社会福祉施設等調査」2012年）。

　また，学齢期においても，子の通学を支えるために母親は就労しづらい状況下に置かれやすい。障害児が外出する際に利用できる「行動援護」は，適用範囲外となる条件に「通年かつ長期にわたる外出への利用」が定められており，長期にわたって定期的な利用が必要となる「通学」には「行動援護」が利用できない。また，地域生活支援事業において地方自治体が独自の基準を設けている「移動支援」は，自治体によって通学への利用が可能な地域と，利用不可能な地域とに分かれており地域間の格差が生じている。しかし，依然として72.9％の自治体が「移動支援」に義務教育の通学を認めておらず（NPO法人神奈川県視覚障害者福祉協会，2011），就学年齢以降も，送迎を代替できる祖父母等家族やボランティアなどの社会資源が利用できなければ，子どもが通う学校の登下校の時間が母親の就労時間を抑制してしまう。また，特別支援学校へ通学している場合，小・中・高等部を通じて短縮授業日が週に1〜2日程度設けられている場合が多く，早い時間帯に子どもが下校を開始する。子の学年が上がっても早い時間に下校が開始されるため，子どもが自主通学でない場合にはスクールバスの停車場所へ子どもを迎えに行く時間に合わせて就労時間を抑制せざるをえない。

　このように，専従で子どものケアを担える家族の存在を前提とした福祉サービスの制度設計により，とりわけ母親の就労は子のケアのために抑制せざるをえない状況にあると言えよう。発達保障や通学といった，障害児本人にとって

保障されるべき権利と，母親の就労が二者択一の状況下に置かれていることが，障害児の母親の就労をめぐる大きな課題である。

（3）親の就労を保障する障害児家族への支援の課題

　障害児の親，とりわけ重いケア役割を担う母親が安心して就労できる環境を整えていくためにはどのような仕組みが必要となるだろうか。障害児への支援は，居住地域によって大きく異なっており，その制度の隙間を埋める資源として祖父母等を含めた家族資源に頼らざるをえないのが障害児家族をめぐる現状である（丸山，2013a）。しかし，家族資源は加齢によって障害児への支援が精神的・体力的に困難となる脆弱性があり，長期にわたる障害児への支援の中核を担うには限界がある。また，家族資源は，親類の居住地域やこれまでの関係性などによって，支援を望んでも協力を得られるとは限らない。障害児への支援を家族内にとどめるのではなく，障害児福祉サービスの質・量の両面から豊富化していくとともに，障害児福祉サービスが母親の専従的なケア提供を与件とせず達成できるのかが重要となる。

　そのためには，親の就労によって子どもが発達支援等の福祉サービスを受ける機会を喪失することがない仕組み作りが必要である。前述したように，共働きによる世帯収入の維持が必要な世帯や，そもそもシングルインカムとなるひとり親家庭では，就労を抑制してケアに専念することは現実的に困難である。しかし，現状のように，母親の積極的関与が求められる療育は，母親の就労と子どもの発達支援を受ける機会が表裏一体となってしまい，「就労か」「子どもの発達支援か」の二者択一を母親に迫る構造から脱却することは困難である。子どもの福祉という観点からも，親の就労状況にかかわらず子どもが必要な福祉サービスを受けられる仕組みが必要である。

　さらに，障害児の親への支援という文脈の中で，親の就労保障を明確に位置付けていくことが必要である。障害児の家族支援は，主に障害への理解を深めることで親の子育てに関わるストレスを軽減する方向に比重が置かれている。障害児の親は定型発達児の親と比較して育児ストレスが高いことが明らかと

なっているが，その対処方法として，障害についての知識を付けること，そして子の障害特性に合わせた関わり方の技能を向上させることでケアに関わるストレスを軽減する方法が支援の中心である。つまり，子どもと積極的に関わる時間を増やし，親がより良い療育者となることで親としての自己肯定感を上げることで育児ストレスの軽減を図る方策である。しかし，仕事をしている障害児の母親は育児ストレスが低くなること，社会参加に制限を感じていない母親ほど育児ストレスが軽減されるという結果も鑑み，子どもから離れる時間を持つことを肯定的に捉えて家族支援に位置付けることも併せて必要であろう。

3　労働政策に見る障害児の母親の排除

（1）ケアを担う労働者をいかに捉えるか：WLB概念の批判的検討

　一方で，雇用環境はケアを担う労働者をどのように捉え，支援の幅を広げてきたのだろうか。女性の雇用をめぐる政策，とりわけ育児というケアを担う労働者に対する日本の政策は，民間企業で広まりつつあった企業内における育児休業制度を，一部公務員に適用可能にするための施策として1975年に「義務教育諸学校等の女子教育職員及び医療施設，社会福祉施設等の看護婦，保母等の育児休業に関する法律」として法制化された。その後，1991年に全女性労働者に適用可能な育児休業法として制定されるという変遷を経て，今日では男性にも育児休業の取得が可能な制度へと対象者を広げている。

　育児と仕事の両立は，1990年に生じた合計特殊出生率の低下「1.57ショック」を受け，日本の少子化傾向に対する政府の新たな課題として認識される。その後，1994年「今後の子育て支援のための施策の基本的方向について（エンゼルプラン）」，1999年「男女共同参画社会基本法」の制定にも現れるように，ジェンダー平等を目指す社会制度的性格を明確に打ち出し，従来女性の問題として捉えられてきた仕事と育児の両立問題に対し，2003年「少子化社会対策基本方針」では「男性を含めた働き方の見直し」という視点を含めた課題の把握が行われるようになった。以降，仕事と育児の両立（「WLB憲章」2007年）や保

育環境の整備(「新待機児童ゼロ作戦」2008年,「子ども・子育て新システム」2010年)などにおいて具体的政策目標が設定されるなど,少子化対策と社会におけるジェンダー平等を目指す政策が織り交ざりながら施行されている。しかしながら,このような政策的転換にもかかわらず,実態としての女性の就労状況は依然として困難な状態に置かれている。

では,近年の政策で多く用いられるターム「仕事と生活の調和＝WLB」において,ケア責任を負った労働者はどのように捉えられているのだろうか。WLB憲章の定義に従えば,WLBとは「誰もがやりがいや充実感を感じながら働き,仕事上の責任を果たす一方で,子育て・介護の時間や,家庭,地域,自己啓発等にかかる個人の時間を持てる健康で豊かな生活」の状態を指すものである。ここで調整されるべき領域として想定されているのは,「ワーク」にあたる市場労働を軸に,①育児・介護など私的領域で行われるケア,②家庭,③地域,④自己啓発の四つの領域が「ライフ」に含まれている。さらに,その調整は「充実感」を感じるようなコンフリクトのない状態を指しており,なおかつ「健康」である状態を指す。つまり,WLBという概念は,市場労働がほかの人間諸活動との関係において及ぼす影響を包括的に問う視点と言える。

しかしながら,市場労働以外の活動領域を「ライフ」として一括りにすることは,その内実をブラックボックス化させることにもつながる。ジェンダー・アプローチによる労働概念の再定義が起こった家事労働論争が明らかにしたことは,私的領域において行われていた家事・育児・介護といった活動は,市場労働が可能となるための再生産を行う活動であり,資本制社会への移行の中で起こった資本の本源的蓄積過程で新たに生じたもう一つの「労働」,しかも性によって配当された賃金の支払われないアンペイド・ワークであるという事実である。M.ファインマン(Fineman, 2004＝2009)が指摘するように,人間の依存には発達段階や障害・高齢期において避けることのできない依存状態と,他者のケアを担うことによって陥る依存状態の二種類がある。依存する他者のニーズを満たすためにケア責任を負う存在は,ケアを支える仕組みが伴わない社会においては負荷をおった状態で労働市場に参加しなければならず,ときに

はその参加を断念せざるをえないような不平等のもとに置かれてしまう。また，ケアは特定の個人による人称的関係性と完全に切り離せるものではなく，たとえケアの社会化が進んだとしても完全に社会に委譲しきることは現実的に不可能である（Lewis & Giullari, 2005）。このように，ケアを人間が生きていくために必要なもう一つの「労働」と捉えるのであれば，育児・介護等のケアを市場労働との間に調整を必要とする活動の一部にとどめ，あたかもケア責任を負っていない「負荷無き自己」を労働者モデルとして温存するのではなく，あくまでも「ケアを担う存在」を労働者モデルとして措定する必要がある。

（2）障害児の母親から見た WLB 論の限界

　では，障害児の母親の就労とケアの両立は，現在の雇用環境とどのように齟齬をきたしてしまうのだろうか。第一の課題は，定型発達児の育児を前提とした両立支援制度設計にある。2010年改正育児・介護休業法により，短時間勤務制度の設置が義務付けられ，育児休業取得後に復職して働きやすい環境を整備する方向へ制度が拡充されつつある。法定では子どもが3歳になるまでの期間に制度を利用することが可能であり，3歳以降に利用期間を延長している企業もある。しかし，障害児の場合は，子どもの年齢の上昇と相対的自立は，定型発達を前提としたモデルでは対応できないだろう。さらに言えば，子どもに障害の疑いが判明してから診断までに時間を要する場合(9)（夏堀，2001），短時間勤務制度が利用できなくなった時期に，本格的に障害児のケアと仕事の両立の課題に直面するケースもある。このように，現行の法で設けられている短時間勤務制度の利用期間の上限は，長期にわたる障害児のケアと仕事の両立をするうえで大きな障壁となる。一方，イギリスでは「柔軟な働き方申請権」として，定型発達児は6歳までのところ障害児の場合は18歳まで申請権が認められており，長期にわたって特別に配慮が必要な子育てを担う労働者の家族責任を考慮した制度が設けられている。また，フランスやデンマークでは，子のケアや療育のために親が就労を制限した場合に所得補償をする仕組みを設け，ケアによる短時間勤務が親の減収につながらない支援を行っている（日本障害者リハビリテー

ション協会「障害者の福祉サービス利用の仕組みに係る国際比較に関する調査研究事業報告書」2009年)。障害児の母親が就労を継続していくためには，このように定型発達児を前提としたケア責任に基づいた制度設計を見直すことが必要である。

第二の課題として，両立支援施策の中に，福祉サービスの利用を開始／継続していくために必要な調整を保障する仕組みが必要である。継続的なケアが必要な介護者のWLB実態を明らかにした池田・浜島（2007）は，介護開始後に介護サービスの利用手続き等，態勢作りをしたものほど，早退・遅刻・欠勤の経験者は多くなることを指摘している。現状の両立支援制度では，仕事とケアの両立に向けたケアサービスを受ける準備さえも，労働者が早退や遅刻・欠勤などによってインフォーマルに対応せざるをえない実態があり，制度とケアを担う労働者のニーズにミスマッチが生じている可能性がある。療育や放課後等デイサービス，ショートステイなど，福祉サービスを長期にわたって多く利用する障害児の母親も，福祉サービスの利用にあたっては同様の困難が生じていると想定できる。障害児福祉サービスを利用するにあたっては，どのような社会資源を子どもが利用できるのかを調べ，近隣の事業所の情報収集をし，場合によっては実際に見学をして子どもに合ったサービスなのかを見極めるといった，福祉サービス選択に付随する一連のプロセスを経てサービス契約に結び付く。また，サービス利用開始後に福祉事業所と子どもの情報共有をどのように行っていくのか，そもそもケアが必要な障害児にとって，どのような社会資源が必要なのか判断する知識をどこで得ていくのかなど，ケアサービスの利用には様々な調整や時間が必要となる。このような，ケアの社会化に関わる現実的な負担を射程に含めた両立支援制度でなければ，障害児の母親が就労とケアの両立に向けた態勢を築いていくことすら難しいだろう。

雇用環境という側面から障害児の母親の就労を支える仕組みを今後展開していくためには，これまでの両立支援制度において暗黙裡に定型発達児を想定してきた前提そのものを見直す作業が必要である。そのためには，長期にわたるケア責任を負うという事実と併せて，ケアの社会化に付随する細かな調整の活動と両立できる柔軟な労働時間の設定など，ケア責任の大きい労働者が直面す

る課題に対応しうるきめ細やかな支援制度をいかに構築していけるかが鍵である。

4 まとめと今後の課題：ケア責任の重い労働者のWLBを達成していくために

(1) 障害児支援における親の就労の方向性

　以上，障害児の母親の就労をめぐる課題を，障害児福祉政策と労働政策の検討を通じて明らかにしてきた。障害児の母親は，ケア責任を継続的に担いながら就労を継続することが未だ困難な労働環境に併せ，母親の積極的関与を前提とする障害児福祉政策のあり方によって就労することが困難な状況下にあることが確認された。

　近年，児童福祉法の改正（2012年4月施行）や，2015年に開始された子ども・子育て支援新制度，障害者総合支援法（2012年）の「三年後の見直し」に合わせ，障害児支援のあり方は活発に議論が行われており，障害児本人への支援もより充実される方向にある。改正児童福祉法では，これまで対象とされてこなかった発達障害児が新たに支援の対象となり，また，これまで身体・知的等障害種別によって区分けされていた福祉サービスが一元化されるなど，より多くの複合的なニーズを持つ子どもが支援を受けやすい体制が整備されるようになった。また，放課後等デイサービスが新設され，障害児の放課後の活動場所が福祉サービスとして提供されるとともに，これまで家族が担ってきた送迎が加算対象になり事業の一貫となるなど，障害児ケアの社会化は進みつつある。とりわけ大きな変化は障害児支援の文脈において，家族が支援の対象としてより多面的に捉えられたことだろう。改正児童福祉法（4月施行）による障害児支援の再編と，子ども子育て支援法の制定を受けて検討された「今後の障害児支援の在り方について（報告書）」（厚生労働省，2014年）の基本理念には，「保護者の就労のための支援」が新たに盛り込まれた。これにより，これまで不可視化されてきた障害児家族内での多様なニーズ，とりわけ子のケア責任のみに集約されない親の就労という観点が家族支援として位置づけられたことは重要な

転換点である。では，障害児の母親のように重いケア責任を持つ者の就労を保障していくためには，どのような視点が必要であろうか。

（2）介護者支援の可能性と今後の課題

　福祉国家における市民権の中に家族介護をどのように位置付けるかを論じた森川（2008）は，Knjin and Kremer の議論をもとに，市民権が有償労働と連動することで生じる無償のケア提供者の不利を是正する施策を以下二つに整理した。一つ目は市場労働以外のケアに携わることによる不利を是正する施策であり，休暇制度や短時間勤務などケアを担う時間を保障する施策や，就労中断中の経済保障や社会保障給付資格を保持する施策である。二つ目は，無償のケアを担うこと自体を権利保障の前提とした施策であり，ケアに携わる期間中の社会保険料控除などによる優遇措置や社会的諸給付（現金給付，対人社会サービス）によって，国家がケアを「費用化」する施策である。

　しかし一方で，森川美絵はイギリス障害学をもとに，介護者支援のあり方に一つの警鐘を鳴らす。森川は，ケアを必要とする者への支援のあり方によって，それを支える介護者への支援のあり様も変化するものであるとし，「障害をもつ者や高齢者に，他の市民と同様の生活に近づくための具体的支援がいかに保障されているかという問題をとりあげなければ，介護者支援の主張は，障害をもつ者や高齢者とその家族との関係を『介護する者』と『介護される者』として固定化し，現に介護をになっている家族がなぜ介護者となっているのかを問わないまま，『より介護者らしくなるための施策』を主張することにもなりかねない」ことを指摘する（森川，2008，48頁）。このような主張へと障害児家族に対する介護者支援のあり方が向かっていけば，「家族ケアの持久力を維持しようとする『家族支援』」（藤原，2006，193頁）によってケアの責任を家族内に押しとどめ，さらに「母親を経由しての子ども支援」（藤原，2006，194頁）が行われている，ジェンダー化されたケア責任を変容していくことは困難となってしまうだろう。

　では，どのような視点に立ち介護者支援は設計されるべきであるのか。

Twigg and Atkin（1994）を参照し介護者支援の四つのモデルを論じた木下（2007）をもとに，障害児の母親への支援を就労保障と関連付けて整理してみよう。第一のモデルは「主たる介護資源としての介護者」を想定し，インフォーマルに無償でケアを担うことが当然視される。公的にケアを担うこと，そして介護者の負担軽減に政策的関心が持たれないため，重いケア責任を負った障害児の母親のケア負担は考慮されず，就労を保障する視座もない。第二のモデルは「介護協働者としての介護者」を想定し，介護者は専門家と協同してケアを行う者として認識される。介護者負担は考慮されるが，主たる目的である要介護者の状況改善のための意欲やモラルが重視される。障害児家族支援においては，通園施設における母子通園等で障害に関する知識と療育技能を取得し，共同療育者として成長する支援がこれにあたる。しかし，先に論じたように，このモデルはケアに専念できる母親の存在を想定しており，「自分の就労か」「子どもの発達支援か」という二者択一を迫る構造は残されたままである。第三のモデルは「クライエントとしての介護者」を想定し，介護者自身も援助が必要な存在として捉え，介護者のケアストレスを軽減して継続的に介護が担えることを期待する。障害児家族支援においては，家族の精神的負担の軽減のために利用できるショートステイがこれにあたる。また，放課後等デイサービスなど親のケア責任を代替できるサービスも間接的にはケア負担を軽減する効果を持つ。しかし，短期的・間接的支援のみでは，日常的に支援を必要とする母親の就労を保障することには限界がある。[10]最後に第四のモデルは「介護者規定を越えた介護者」を想定し，要介護者と介護者を切り離し，介護者へ個別の支援を行う。障害児の母親を障害児のケア責任を担う存在としてのみ捉えるのではなく，就労というニーズを持った存在として支援していくためには，このような介護者モデルの視点に立った介護者支援制度が求められるだろう。

　しかし一方で，第四モデルにも限界がある。それは，介護者支援がジェンダー・ブラインドなままに語られている点にある。なぜ，母親がより障害児のケアを担っているのか。なぜ，子どもに障害があるために「母親」が退職を迫られるのか。ケア負担をめぐるジェンダー非対称的な社会のあり方を問い直し，

ケア負担のジェンダー平等を達成できなければ，職場においても「負荷無き自己」を前提とした労働者モデルを乗り越えることはできない。そうなれば，障害児の母親の就労を支える抜本的な変革を伴う支援の構築には結びつかないだろう。

障害児の母親の就労という課題は，福祉政策，そして労働政策において未だ十分に可視化されておらず，ケアをめぐるジェンダー不平等，そして長期にわたる重いケア責任という何重もの障壁として障害児の母親の前に立ち塞がっている。ケアという営みの中の多様性を注視し，より重く長期にわたるケア責任を担う障害児の母親が，安心して子育てに関わりながら働ける社会になってこそ，WLB憲章の掲げる「誰もが」仕事とケアを両立できる社会への第一歩を踏み出せるのではないだろうか。

注
(1) 障害児の育児は，育児・介助・介護の複合的支援が必要となるため，それらを総合し本章ではケアという言葉を用いる。
(2) 障害者家族の問題は，母親の障害受容のプロセスや育児ストレスなど豊富に蓄積されている。障害児者の家族である経験を主題にしたものには，母親が役割を内面化する一方で，差別する主体であることを指摘した要田（1999），主観的家族論から障害者家族のリアリティに迫った土屋（2002），母親のケア役割の負担を障害児福祉制度のあり方から検討した藤原（2006），障害者家族のケアの社会化の困難さと社会的分有を検討した中根（2006），乳幼児期における母子の関係性に着目した一瀬（2012）などがある。
(3) さらに要田は，社会における障害児の母親像を内面化すると同時に，差別されまいとする母親が「"差別される対象"であると同時に"差別する主体"であるという，両義的な存在」であることも指摘している。
(4) 業務災害補償制度化で給付されたすべての給付，および障害福祉のサービス給付，障害年金や療養中の所得保障としての疾病手当金を計上。
(5) 家族を支援するために支出される現金給付，および家族を支援するために支出される現物給付（サービス）にあてる支出を計上。
(6) 実際に，親の就労を理由に居住地域の通園施設への入園を拒否された母親の事例も報告されている（市原・池邊，2013）。
(7) 京都府下の特別支援学校を例に見ると，一部を除き，京都市立の特別支援学校では月・木曜日は14：30頃に下校開始（他15：20頃），京都府立の特別支援学校では水曜日に13：30～45に下校開始（他15：10～30頃），国立の特別支援学校では小学

部は木曜日13：30に下校開始（他14：30下校開始），中・高等部は木曜日13：30下校開始（他15：30下校開始）である。
(8) 日本における最初の育児休業の制度化は1965年に日本電信電話公社（現NTT）で締結された育児休暇協約であり，その後ほかの民間企業においても日本電信電話公社をモデルとする育児休業制度が独自に制度化されていた。詳しくは荻原（2008）を参照。
(9) 夏堀（2001）によれば，ダウン症は障害の疑いが判明してから障害の診断が出るまでの期間に差はないが，自閉症の場合は平均1年4ヶ月を要しており，障害によって診断までの期間に差が生じていることを指摘する。
(10) 丸山（2013b）は，放課後活動が保護者どうしの関係を形成する場として重要な役割を担う一方で，放課後活動への保護者の関与を活性化させることは，フルタイム労働などにより参加しない（できない）保護者との間に軋轢を生み，保護者・家族の負担軽減と必ずしも調和的な関係とならない可能性を指摘する。

引用参考文献

池田心豪・浜島幸司「介護休業制度と介護保険制度――仕事と介護の両立支援の課題」労働政策研究・研修機構『仕事と生活――体系的両立支援の構築に向けて』第5部第2章，プロジェクト研究シリーズNo.7，2007年。

泉宗孝・小池将文・八重樫牧子「岡山県における障害児の放課後生活実態に基づく放課後生活保障に関するニーズ調査」『川崎医療福祉学会誌』第15巻第1号，2005年。

一瀬早百合『障害のある乳幼児と母親たち――その変容プロセス』生活書院，2012年。

市原真穂・池邉敏子「障害のある乳幼児の療育活動参加者の実態」『千葉科学大学紀要』第6号，2013年。

稲浪正充・小椋たみこ・Catherine Rogers・西信高「障害児を育てる親のストレスについて」『特殊教育学研究』第32巻第2号，1994年。

岩崎久志・海蔵寺陽子「軽度発達障害児をもつ母親への支援」『流通科学大学論集』第22巻第1号，2009年。

江尻桂子・松澤明美「障害児を育てる家族における母親の就労の制約と経済的困難――障害児の母親を対象とした質問紙調査より」『茨城キリスト教大学紀要』第47号，2013年。

ＮＰＯ法人神奈川県視覚障害者協会「地域生活支援事業における地域間の差異に関する調査報告書」2011年（http://www.npo-kanagawa.org/houkoku2011.html 2015年1月6日アクセス）。

大杉彩子「保護者の思いに寄り添い，家族としての決断や選択を待つ――保健しとして心がけていること」『発達』第137号，2014年。

小木曽由佳「知的障害児の母親のワーク・ライフ・バランス――就労継続の分岐点と活用資源」『女性労働研究』第58号，2014年。

上村浩子・高橋利子・日高洋子・原田放子「障害児を持つ母親の子育てと就労に関す

る意識調査」『横浜女子短期大学研究紀要』第14号，1999年。
木下康仁『改革進むオーストラリアの高齢者ケア』東信堂，2007年。
厚生労働省「今後の障害児支援の在り方について（報告書）――「発達支援」が必要な子どもの支援はどうあるべきか」2014年（http://www.mhlw.go.jp/file/05-Shingikai-12201000-Shakaiengokyokushougaihokenfukushibu-Kikakuka/0000051490.pdf　2015年3月15日アクセス）。
厚生労働社会・援護局傷害保険福祉部『生活のしづらさ調査などに関する調査（全国在宅障害児・者等実態調査）結果』2013年（http://www.mhlw.go.jp/toukei/list/dl/seikatsu_chousa_c_h23.pdf　2015年3月15日アクセス）。
小林倫代『障害乳幼児を抱えて就労している保護者に対する地域の特色を生かした教育的サポート』平成15年度〜平成17年度科学研究費補助金（基盤研究（C））研究成果報告書，独立行政法人国立特殊教育総合研究所，2006年。
財団法人日本障害者リハビリテーション協会「障害者の福祉サービスの利用の仕組みに係る国際比較に関する調査研究事業報告書」2009年。
財団法人日本知的障害者福祉協会・発達支援部会　児童施設分科会『平成23年度全国知的障害児施設実態調査報告』2013年（http://www.aigo.or.jp/choken/pdf/23jidochosa.pdf　2015年2月14日アクセス）。
柴崎正myb「わが国における障害幼児の教育と療育に関する歴史的変遷について」『東京家政大学研究紀要』第42巻第1号，2002年。
自由民主党『日本型福祉社会』自由民主党広報委員会出版局，1979年。
田中智子「知的障害者のいる家族の貧困とその構造的把握」『障害者問題研究』第37巻第4号，2010年。
蔦森武夫，清水康夫「親がこどもの障害に気づくとき――障害の告知と療育への動悸づけ」『総合リハビリテーション』第29巻第2号，2001年。
土屋葉『障害者家族を生きる』勁草書房，2002年。
内閣府『平成26年度版障害者白書』2014年（http://www8.cao.go.jp/shougai/whitepaper/h26hakusho/zenbun/index-pdf.html　2015年3月15日アクセス）。
内閣府男女共同参画局『男女共同参画白書平成26年度版』2014年（http://www.gender.go.jp/about_danjo/whitepaper/h26/zentai/index.html#pdf　2015年3月16日アクセス）。
中根成寿『知的障害者家族の臨床社会学――社会と家族でケアを分有するために』明石書店，2006年。
中野敏子・田沢あけみ「障害児の早期療育のシステム化に関する研究(4)：2「療育技法」と生活援助サービス」『日本保育学会大会研究論文集』第42号，1989年。
夏堀摂「就学前期における自閉症児の母親の障害受容過程」『特殊教育学研究』第39号，2001年。
野田香織「広汎性発達障害児の母親のストレングスに関する認識の予備的検討：育児負担感指標および生活満足度との関連」『臨床心理学』第14巻第6号，2014年。
萩原久美子『「育児休職」協約の成立――高度成長期と家族的責任』勁草書房，2008

年。
藤原里佐『重度障害児家族の生活——ケアする母親のジェンダー』明石書店, 2006年。
丸山啓史「障害児の母親の就労と祖父母による援助」『京都教育大学紀要』第122号, 2013a年。
丸山啓史「障害児の放課後活動の役割をめぐる論点」『障害者問題研究』第41巻第2号, 2013b年。
森川美絵「ケアする権利／ケアしない権利」上野千鶴子・大沢真理ら編『家族のケア 家族へのケア』岩波書店, 2008年。
要田洋江『障害者差別の社会学——ジェンダー・家族・国家』岩波書店, 1999年。
蓬郷さなえ・中塚善次郎・藤居真路「発達障害児をもつ母親のストレス要因（Ⅰ）——子どもの年齢, 性別, 障害種別要因の検討」『鳴門教育大学学校教育センター紀要』第1号, 1987年。
Cidav, Z., S. C. Marcus and D. S. Mandell, "Implications of Childhood Autism for Parental Employment and Earnings," *Pediatrics*, 129(4), April, 2012.
Fineman, M., *The Autonomy Myth : A Theory of Dependency*, New York : The New Press, 2004.（穐田信子・速水葉子訳『ケアの絆——自律神話を超えて』岩波書店, 2009年）
Lewis, J. & S. Giullari, "The Adult Worker Model of Family, Gender Equality and Care : The Search for New Policy Principles and the Possibilities and Problems of a Capability Approach," *Economy and Society*, Vol.34, No.1, 2005.
Stewart, L. M., "Family Care Responsibilities and Employment : Exploring the Impact of Type of Family Care on Work — Family and Family — Work Conflict," *Journal of Family Issues*, Vol.34, No.1, January, 2013.
Twigg, J. & K. Atkin, *Carers Perceived : Policy and Practice in Informal Care*, Open University Press, 1994.

第6章

過労死・過労自殺問題に直面する韓国
―――社会的支援システムの韓日比較―――

姜　旼廷

1　過労死，過労自殺に対する社会的支援システムとは

　韓国では，過労に起因する死が深刻な社会問題となっている。過労死，過労自殺（以下では，過労自殺を含むものとして「過労死等」という表現を用いる）は労使関係と労務管理，さらに労働システムとそれに関連する社会環境全体を条件として発生するという点で，社会的な問題である。そのため，この問題を解決するには，「社会的」な支援システムが包括的に構築され，過労死等について社会全体の環境を考慮した問題設定と解決の方向が模索される必要がある。韓国では，過労死等の問題を解決するために，体系的かつ広範な社会的支援システムの構築が求められている。

　ここで，「社会的支援システム」とは，過労死等の発生に対応しつつ，その予防および事後的な問題解決のために，社会全体が連携しているシステムである。そのようなシステムの活動は多面的であり，遺族，弁護士・医師などの専門家集団，労働組合，その他の社会運動団体等の組織間の有機的連携が，企業の労務管理上の問題や政府の制度などに影響を及ぼす形で作用する。

　韓国では社会運動の爆発力が存続しており，数字上の組織率を上回る強力な労働組合の行動力と動員力が存在する。2009年の韓国の労働組合組織率は10.1％であり，日本の18.5％（2010年）と比べても相当低いが，労働損失日数の809日，労働争議参加人員数11.4万人は日本の11.2日，8300人と比べてはるかに多い（いずれも2008年）（労働政策研究・研修機構，2012，205-209頁）。しかし，過労死等の問題は，多様な労働問題の中にあっては主要な問題として扱われて

はいない。過労死や過労自殺としての産業災害（日本での「労働災害」）認定は特定化されず，全体の産災認定基準の変化に部分的に位置づけられているにとどまる。

　特に，韓国の社会的支援システムの最大の問題は，過労死，過労自殺遺族の集団が未組織であるために過労死と過労自殺が完全に争点化されておらず，不完全な状態に留まるということだ。過労死等の産災認定と補償が社会的支援システムの主要な争点(1)であるという点を見たときに，遺族の集団は，社会的支援システムにおいて，過労死等の社会的な争点化を提起しうる重要な集団である。遺族集団が争点化を実行しながら運動を継続することで専門家集団も組織化されることがあり，労働組合も介入することができる。しかし，遺族の集団が組織化されていない韓国では，専門家集団も体系化された形で組織化されてこなかったし，労働組合も全体的な活動範囲に限界を持っている。このような問題は，社会的支援システムの効力を制限している。

　この点で，日本の社会的支援システムは示唆するところが大きい。日本の社会的支援システムは，遺族団体の組織力を核としている。日本の遺族組織は過労死を問題化させながら，専門家団体，他の社会運動団体，労働組合との連携を組織している。遺族団体の過労死等の問題化とネットワーキングの能力は高い水準にあり，専門家団体との連携により具体的な制度的変化をもたらしている。

　たとえば，日本では遺族，専門家，NPO団体，労働組合等が連携して，「過労死防止基本法」の制定運動が展開されてきた。この運動の基本的な問題意識は，国内の企業間競争とグローバル競争のために，労働者個人と家族，個々の企業の努力だけで過労死を防止するには限界があるというものだ。これを解決するためには，政労使が一つに結合し，総合的でありながら具体化された制度が作られなければならないという考えが基本にある。日本のような社会的支援システムは，遺族や労働組合，弁護士，医師などの専門家と市民が一つに結合された連合体ということから，韓国の過労死，過労自殺問題に対応するための社会的支援システムの構築において，注目して試されるべき事例と見ることが

できる。

　ただし，日本の社会的支援システムにも課題がある。すなわち，企業別単位労働組合の行動力と動員力が弱いことにより，全体的な社会的支援システムが足踏みし，あるいは退行する可能性があるという問題を残している。これは早急に補完されるべき点である。日本の企業別労働組合は，一般的に，過労死等における取り組みで「第2労務部」と酷評を受けるほど後ろ向きであり，政治的に保守的である。この点で，日本の社会的支援システムは，遺族の組織と専門家団体との連携に労働組合を積極的に結合させる必要がある。このような結合は，社会的支援システムを強化するとともに，労働組合を強化する効果も生み出すことができる。

　ここでは，インタビューをもとに，韓国，日本両国のこのような過労死等の社会的支援システムの実態を分析する。社会的支援システムが高度に現場と密着して機能するものであるという点から，インタビューの活用は，社会的支援システムが作動している現場の雰囲気と行為者の行為がどのような作用を触発するのかを，最もダイナミックに把握することができると考える。これを通じて，両国の社会的支援システムの意義と改善すべき点を総合的に検討し，今後の方向性について提言してみようと考える。

　具体的なインタビュー対象，対象の設定理由は，**表6-1**の通りである。

2　日本の社会的支援システム：支援者に対する調査の分析

(1) 日本における社会的支援システム

　1981年7月，大阪で，労働組合，遺族，弁護士，医療関係者など55人が参加し，「『急性死』等労災認定連絡会」が初めて結成され，後に「大阪過労死問題連絡会」という名称に変わり，過労死等に対応するための様々な活動を続けている。この活動は日本社会の中で，過労死等を解決するための社会的システムの出発点になったと見ることができる。その後，1988年に弁護士を中心とした「過労死弁護団全国連絡会議」，1991年には遺族を中心に「全国過労死を考える

表6-1 インタビュー対象とその理由

	対象と日時	設定理由
日本	全国過労死を考える家族の会：一般の組織員9名と代表1名（家族の会代表としての寺西氏の発言以外については匿名とさせていただいた）。2013年7月14日。	・全国過労死家族の会の代表の寺西笑子氏は，組織の顔として活動方向を積極的に提示し，当事者としてのネットワークを拡大している。
	全大阪地域労組協議会青年部：主に青年部書記長・北出茂氏，書記局・平佳子氏。2013年8月13日。	・非正規職など企業内労働組合の支援を受けることができない人々を中心に，過労や嫌がらせ，解雇等についての相談を受け，学習会や講演を実施する。 ・地域単位の社会的支援システムとして，企業別労働組合の限界点にコミュニティ・ユニオンがアプローチし，補強している。
	日本新聞労働組合連合（近畿地連および報知新聞労働組合）：近畿地連の調査部長・伊藤明弘氏，報知新聞労働組合大阪支部前執行委員長・二岡陽一氏，同大阪支部執行委員長・武田泰淳氏。2013年8月9日。	・2004年6月，報知新聞大阪本社事業部員塚野保則さんの過労死を契機に，遺族，弁護士等の専門家と連携しながら，全体的な活動の戦略と基礎資料を共有。 ・労働組合が積極的役割を担う社会的支援活動は日本社会では少ない事例。遺族の問題提起と労働組合の積極的な支援活動が結合している事例。
	過労死問題に関わる弁護士たち〈「大阪過労死を考える家族の会2013年度夏の一泊学習会」（2013年7月13〜14日）に参加された弁護士の発言についても引用〉	・過労死等を解決するための社会的システムの出発点。 ・過労死等の問題を社会的に議題化し，団体間の連携を模索しながら全体的な闘争戦略と具体的な戦術を構成することで，効率的に企業や政府などに影響を及ぼしている。
韓国	KT新労組〈委員長イ・ヘグァン氏〉。2013年12月30日。	・2013年，前・現職従業員18人が過労死，10人が過労自殺。これをきっかけに，過労死等が社会問題として明確に認識される。 ・複数労組下，新労組（第2労組）は，過労死等問題に積極的に対応。しかし，第1労組が消極的な態度を見せ，労働者，使用者側の連携を実質的に遮断。複数労組が社会的支援システムの複合的な葛藤関係を生じさせうることを示唆。
	セミション公認労務士事務所〈代表公認労務士イ・フイジャ氏〉。2013年6月8日。	・専門的な相談サービスを提供，公共の講演などを行うことにより，過労死等の社会的支援システムが社会的に構築されるべき必要性を提起。 ・韓国で過労死等の専門家集団が社会的支援システムの組織化の役割を行う必要があり，これが広範囲に組織されていない場合，個々の専門家と専門家集団の活動がどのような限界に直面する可能性があるかについて示すという点。

家族の会」などが結成されることで，本格的に遺族，弁護士，医師，研究者などの専門家，労働組合，NPO団体などが連携し，過労死等に対応するための運動が始まった。

日本の過労死等の社会的支援システムは，高度な現場性に基づき，作動するシステムである。つまり，現場性と当事者性の双方を有する遺族が形成する遺族団体の活動が一つの起点となり，社会的支援システムの複合的なメカニズムが開始されることを意味する。遺族が補償の要求やその他の問題などを提起することなしに，過労死等の社会的支援システムが機能するのは難しい。この点で日本の場合，遺族を中心とした集団の連帯が強固であり，これは非常に意味のあるポイントである。

①家族の会を通じた知識の獲得と心理的サポート

以下では，遺族団体が果たしている役割について，全国過労死を考える家族の会のメンバーによる語りを手掛かりに考察したい。まず，遺族の方々は大切な家族の過労死，過労自殺という状況を経験されたという点で，似ている立場を共有することで連帯感を感じ，心理的な安定感や心の支えを得ることになる。

　ここにきて，人それぞれに多様な苦しみ・悲しみを持っていることを改めて感じた。○○さん〔家族の会のメンバー〕と話をしていて気持ちが楽になれた。自分はなんとか自分で処理していこうと思ったが，家族の方と関わることで心がオープンになれた（家族の会・Aさん）。

また，運動の当事者に組織化された前後の過程で意識の転換を迎える。

　実名を出してまで裁判をしてみようと思えた。その勇気は家族の会のおかげ（家族の会・Bさん）。

　裁判の途中経過を聞いてもらうだけでも助けられる。私の住んでいるところもいなか。周りにはそういう人もいない。裁判するんなら商売をやめる覚

悟が必要だった。私は長く続けてきた仕事に誇りも持っていたが，自分が26年やってきた仕事を，裁判のために捨てた。人間暇だといろいろなことを考えてしまう。思い残すことがないようにできたのは，家族の会のおかげ（家族の会・Cさん）。

　家族の過労死を経験された遺族は当初，知識の限界に直面して心理的に動揺することになる。そのとき，同じようなことを経験された他の遺族と定期的な学習会や交流会で交流することを通じて[(2)]，自分の経験を客観化し，今後の対応の原則と具体的な対応の方向，目標を共有する。つまり，過労死等の具体的知識を共有する傍ら，どのように運動を展開しながら活動を組織し，当事者企業を圧迫していくのかなど，経験的な原則を得ることになるだろう。

　　2011年の冬休み中にネットで検索をして，家族の会を見つけた。……過労死に関する色々な資料を見つけることができた。これまでの会の活動蓄積があるから，それが参考になる。後に続く人にとってはすごく役に立った（家族の会・Dさん）。

　②遺族と専門家たちとの連携
　ただし，過労死等は労務管理の過程で生じる産業災害であり，医学的，法律的，社会学的な因果関係が複合的に交差する問題である。したがって，遺族の経験に基づいた知識の共有だけでは解決は難しく，専門家団体との連携によって，解決を図ることができる。医学的診断と訴訟の手続きは，医師や弁護士のような資格を持った専門家の実務が必要である。日本においてこのような専門家は，運動過程の外部から（労災申請や訴訟のときだけ）遺族団体と連携するわけではなく，運動過程の内部から積極的に遺族団体と協働し，知識や意識の格差を解消している。
　たとえば，2013年7月13〜14日に開催された大阪家族の会の一泊学習会には，全国から集まった家族の会のメンバーだけではなく，地域労組，労働NPO，

労働者健康安全センターのスタッフ，研究者，そして過労死弁護団の弁護士9名も参加していた。弁護士は，10名弱のグループに分かれた分科会では別々のグループに1～2名ずつ入り，それぞれの遺族が経験した事件や抱える問題について，具体的な情報を共有して議論を交わしていた。

このように，専門家団体は単なる連合で終わるのではなく，遺族が直面している過労死，過労自殺事件で専門的知識を必要とする争点の諸過程を掌握することにより，より適切な解決方法を導こうとしている。そして，遺族団体は，そのような弁護士などの専門家に対する信頼を深めていく。遺族団体は，全体の運動戦略を設定する過程で，専門家団体を組織の一部として受け入れており，過労死等に関わる運動の主体は遺族である自分たちだと認識している一方で，専門家団体に全面的な信頼を与えながら，専門知識を要する部分については任せている。

専門家集団に対する遺族集団の信頼が厚い理由は，専門家集団が自分たちも遺族の立場に立って事件を捉え，遺族のための「活動家」に転化している面があるからである。専門家たちは遺族と時間を共有しながら，心を分かち合い，遺族団体を心理的にサポートし，エンパワーメントを行うことになる。過労死弁護団の弁護士は，過労死等と関連する事件を主に担当し，家族の会の活動に参加したり，過労死に関する法律相談を定期的に行ったりしている。弁護士の次の語りは，遺族の運動過程を内面化しながら本気で遺族の問題を一緒に解決しようとする姿勢を表しているように思われる。

勝訴でも「おめでとう」とは言えないのが過労死裁判。法的にはリカバリーできる結果でなくても，裁判をやって良かったと遺族の方に思ってもらえるような仕事をしたいと思っている。安易に「そのお気持ちはわかります」とは言えない。うかつにそういう言葉を口にしないようにしている。家族の方は，いつまでも心の整理がつかない（過労死弁護団・X弁護士，一泊学習会での発言）。

また，興味深いのは，このような過程を経て，社会的支援システム内部の専門家たちが，自分たちもまた心理的な浄化と支援を得て，過労死等を解決するための運動の意志を固めていることである。

　　弁護士になって14年，自分のモチベーションの維持とスキルアップを目指している。ここ〔学習会〕は，私の気持ちと頭のメンテナンスの場としても，非常に貴重な場になっている（同弁護士）。

　遺族団体と専門家集団の関係は，後者が前者を支援するという一方向だけの関係ではない。遺族団体は運動の社会的争点化と持続可能性を左右する存在であり，遺族組織の決断がなければ専門家団体が介入することは不可能である。また，遺族の組織は豊富な現場経験と事例を通じ，専門家集団に新たな争点を提供して専門家の組織と運動の方向を提示する場合もある。

　　〔社長の謝罪を訴訟の和解条件にしたいという遺族の発言を聞いて〕和解の条件として，社長の謝罪を要求することはできる。今のところ，社長を証人として要請することは考えていなかった。今○○さんの気持ちを聞いたので，そのことは覚えておく（過労死弁護団・Y弁護士）。

　家族の会の一泊学習会で分科会の冒頭，上記のY弁護士は次のように参加者に呼び掛けた。「闘っている人に有益な議論を。お互いに学びたいことを質問しよう」。遺族と弁護士が「お互いに学びたいこと」を学び，共有する関係が築かれている。専門家集団は，遺族団体の運動の戦略策定，心理的エンパワーメントに決定的な役割を果たしている一方で，遺族団体も，過労死等の専門家集団の形成と活動範囲の拡大を促進する役割を果たしていることがわかる。

③ネットワークを通じた組織化
　遺族団体や専門家団体のようなネットワークの存在は，「組織化」という重要な側面にも大きな影響を及ぼしている。過労死等の問題は，本質的には労務

第6章　過労死・過労自殺問題に直面する韓国

管理の問題だが，当事者である労働者はすでに死亡しているため，労働災害としての認定とそれに伴う補償が重要な争点として登場する。この補償・認定問題の争点化は，遺族の運動意志が持続するときこそ可能である。個々の遺族の運動が持続することで，遺族を組織した遺族団体，専門家団体，市民団体，労働組合なども運動を継続し，これらが連携した「社会的支援システム」による過労死・過労自殺に関する運動を発展させることができるのである。そのため，個々の遺族は社会的支援システムにおいて決定的地位を占めるものであり，遺族を組織化することは非常に重要なポイントである。

遺族団体の組織化は，団体メンバーのみを通じた組織化と，専門家団体や労働組合などのネットワークが関わった組織化の二つに分けられる。下記は前者のような場合である。

地方公務員だった夫は存命。16年闘って最高裁でも負けた。自死した□□さんの親御さんから知り合いを経て相談を受けた。今日，その□□さんも〔学習会に〕一緒に来ている（家族の会・Gさん）。

娘のことをサイトに書き込んだところ，大阪〔家族の会〕の△△さんがそれを見て連絡をくれた（家族の会・Hさん）。

これに対して，専門家団体，市民団体，労働組合を通じて組織化が行われる場合がある。その中でも，専門家団体は遺族の組織化に最も重要な役割を果たしている。専門家は遺族に無料ないし低費用で法律相談を行い，アドバイスを提供する過程で，遺族団体を直接紹介したり，組織の関係者に接続したりすることになる。

闘いについては，建設運輸連帯組合の＊＊さんからPOSSEの▲▲さんを紹介され，▲▲さんからの紹介で〔全国過労死家族の会代表である〕寺西さんとの出会いに至った（家族の会・Iさん）。

要はそれから1年かけて，労災申請したわけですけれども……その後です，家族の会へ入ったのは。労災申請を出してから，〔担当弁護士の〕Y先生に勧められて。で，そこから〔労働組合を中心に〕支援する会みたいなのを立ち上げて（新聞労連近畿地連・調査部長　伊藤明弘さん）。

このように，遺族団体のみならず，専門家団体や労働組合などのネットワークが運動に参加する遺族の組織化を促進していることがわかる。家族の会の学習会に参加していたサポーターの1人は，「家族の会のサポーターをしてきたが，この3～4年で参加者にどんどん新しい顔ぶれが加わっていることを感じる」と述べている。実際に，代表の寺西笑子さんによると，家族の会の活動は2013年7月現在，全国11ヶ所に広がり，参加者は約300人にのぼるということである。

④労働組合が果たす役割
⑴労務管理の問題に対する認識

社会的支援システムは，遺族団体や専門家集団だけでなく，労働組合との連携を通すとき，より完全なものとして構築することができる。過労死等は労務管理から構造的に発生する問題である。以下に挙げるいくつかの語りが示唆するように，遺族団体や専門家団体もまた，過労死等の多くが労務管理に発する問題であると明確に認識している。

亡くなった人たちがどんなふうに働き，どう力尽きていってしまわれたのかを明らかにし，会社の責任を問う。それに全力を尽くすのが弁護士の仕事だと思っている（過労死弁護団・Z弁護士）。

35歳の息子が11月9日に突然死した。住宅の営業職だった。決算期には夜12時まで働き，ふだんも1日200キロ車を走らせていた。12月に労災申請をした。私は地方公務員だが，他の仕事を見ていても，若者全体が異常な労働状況に置かれていると思う（家族の会・Eさん）。

これらの発言が示しているのは，過労死等の解決のためには，単なる法的補償と医学的災害の診断のみならず，企業が責任を負うべき社会的環境を作ることの必要性である。しかし，遺族や専門家団体は企業内の組織員ではないので，労務管理と労働過程の問題を争点化し，企業内で流通している各種情報にアクセスすることに腐心している。このため，過労死等の運動は，労働組合運動の次元で積極的に扱われなければならない。特に企業内の労働組合は，会社内部の労使関係，労務管理の問題を職場の内部から直接争点化することができるからである。労働組合は，企業の組織内部や組織間に構築されている政治的関係に直接アクセスすることができ，公式・非公式の労務管理に関する情報を内部組織レベルで確保することができる。この点で，労働組合は，過労死，過労自殺の問題を，事故発生前の労務管理と作業過程の管理からプロアクティブに（先を見越して）争点化し，対応していくことができる唯一の組織に該当すると見ることができる。これは，社会的支援システムにおいて労働組合が重要な役割を担う必要があること，そして今の労働組合がそのような役割を遂行するための組織と運動の方法を変化させる必要があることを意味する。その変化の方向性を探るために，筆者が調査した二つの労働組合の事例について，分析を続けたい。労働組合運動は，社会的支援のシステムに大いに力を発揮することができ，そのためには，既存の労働組合運動は，新しい方法で再構成されなければならないということを二つの事例は示している。

(2)全大阪地域労組協議会の取り組み

　日本では1990年代以降，労働者が個人で加入できる地域単位の労働組合が注目を浴びている。それらはコミュニティ・ユニオン，ローカル・ユニオン，地域ユニオンなどの通称で呼ばれることが多く（遠藤編著，2012，4-5頁），本章ではコミュニティ・ユニオンと表記する。コミュニティ・ユニオンには，従来の企業別労働組合が組織してこなかった非正規労働者や，中小零細企業で働く労働者などが地域の組合員として多く含まれている。このような組織方法は，非正規労働者をはじめ，異なる産業・企業で働く未組織労働者を労働組合の内部に包括しながらも，産業別労働組合や単位労働組合を通じて労務管理など企業

内部の問題についてアプローチすることができることに大きな意味がある。

　筆者が調査した全大阪地域労組協議会（通称：地域労組おおさか）は，1980年に結成された地域労組「城北友愛会」を源流に，1998年5月に結成された地域単位の労働組合組織である（全大阪地域労組協議会，2008，6頁）。地域別労働組合などの新しい労働組合の組織化と運動方式は，既存の企業別労働組合が包括するのが難しい未組織労働者に関わる問題から，企業の労務管理に関する問題を争点化することができる。一般的に労務管理は，職場内の地位が低い労働者にいっそう過酷な方法で行われる。非正規労働者はしばしば職場で正規労働者よりも大変な仕事を引き受けることになり，企業の業績拡大圧力による様々な負担とコストがここに転化されることになる。そして，その状況は非正規労働者の肉体的，精神的枯渇の問題，これに寄与する組織のノルマ，パワーハラスメント等が深刻化する状況に帰結している。非正規労働者は正規職に編入されることを目標に，過酷な労働を甘受するしかない環境に追い込まれる。過労死等の問題の8〜9割は正規労働者に集中しているとはいえ，このような労務管理の問題に対応するために労働組合の組織化と運動に新たな方法を導入することは，現在の日本全体の労働組合運動にとって喫緊の課題である。

　全大阪地域労組協議会の青年部は，このような新たな労働組合運動の模範的な事例であると同時に，過労死等の社会的支援システムにおける労働組合の可能性を示しているという点でも注目に値する組織である。

　　新時代の日本的経営〔日経連が1995年に提起した文書〕。それです，で，非正規雇用が非常に多くなって，当時，正規から非正規への雇用置き換えがたくさん行われて，解雇者とかが出たんですね。その，労働相談の吸収，受け皿という側面と，誰でも入れる新しい形の労働組合。もう産別〔組織〕だけでは対応しきれないというところがあったので。大阪にはそういうことで三十数年前の80年代から地域労組があり，一定の活動が継続していたので，労働相談の受け皿組織として位置づけ，地域労組おおさかとしてスタートしたわけです。実施している活動には，未組織労働者の組織化，労働者の相談

受付け，学習会組織などがあります（全大阪地域労組協議会書記局・平佳子さん）。

さらに，全大阪地域労組協議会青年部は，遺族団体，専門家団体との連携により，社会的支援システムにも積極的に参加している。労組は，ネットワークを介して弁護士組織と労働者を連携して相談や助言を行っており，様々な組織や運動の情報を弁護士組織と共有している。たとえば，同協議会では相談を受けた案件について過労死弁護団の弁護士にも協力を受け，解決することがある（北出さん）。そして，後述する過労死基本法制定運動においても，同労組は地域担当を務め，地域単位での実務と組織化等の役割を果たした。

過労死防止基本法大阪制定実行委員ですから，……前回の過労死〔家族の会の〕一泊交流会の実行委員でもありましたから（全大阪地域労組協議会青年部書記長・北出茂さん）。

(3)新聞労連の取り組み

日本新聞労働組合連合（新聞労連）と報知新聞労組の活動は，企業別単位労組が産別労組と連携する中で，過労防止に関わる新たな運動を展開することができる可能性や方向性を指し示すものである。新聞労連は1950年に組織された歴史ある産業単位の労働組合組織である。その5年後にできた近畿地連は新聞労連の11ある地域ブロック別組織であり，近畿エリア内に立地する企業労働組合の本部・支部が加盟している。また，報知新聞労組は全体で600人程度の組織であり，そのうちの約170人が近畿地連のメンバーでもある。

2004年6月6日，報知新聞大阪本社事業部の社員だった塚野保則さんは，出張先の徳島で行われていた同社主催のキス釣り大会で業務中にくも膜下出血を発症し，6月28日に亡くなった。直後に遺族から労災申請の相談を受けた報知新聞労組は，新聞労連近畿地連と協力し，弁護団の結成を行った。その後，近畿地連を中心として「塚野過労死裁判の勝利を支援する会」という支援組織が

作られ，裁判所に対する要請行動などが続けられた。労災申請は労基署・審査会段階ともに不支給決定となり，行政訴訟も地裁・高裁で再審査請求が棄却され，最高裁での上告不受理が決定されている(4)。

　残念な結果に終わったとはいえ，塚野さんの事件に関して特筆すべき点の第一は，労災申請に向けて迅速な取り組みが行われたことである。まず，企業側もこの面で協力的であり，「塚野さんが倒れて入院した時点で，会社が……遺族の信子さんに〔労災の〕申請用紙を渡しているんです」（新聞労組近畿地連調査部長・伊藤明弘さん）。そして，当時の報知新聞労組書記長から近畿地連に労災申請に関する相談があり，かねてから近畿地連とつながりがあった過労死弁護団の弁護士が支援に加わることになったのである。その弁護士の勧めもあり，約１年後の労災申請の直後に，遺族団体である家族の会との連携が始まる。そこから上記の「支援する会」の活動が始まり，遺族関係者，労働組合のメンバー，弁護士，塚野さんの（亡くなった当時の）仕事関係者などが労災認定を勝ち取るための運動を続けてきた。

　第二に，この間の運動の形成・発展において，産業別組織である新聞労連が重要な役割を果たしていることも重要な特徴である。新聞を印刷する職場では労災補償法ができた当初から，鉛中毒や腰痛などの労働災害発生の問題を経験しており，歴史的に労災への取り組みが積み重ねられていた。したがって，過労死・過労自殺とは違ってもそのような「職場の問題に取り組む土壌は，そういうところにあった」（伊藤さん）と考えられる。

　とはいえ，第三に，企業別単位組織である報知新聞労組が積極的に遺族を支援し，企業内の労働環境を真剣に改善しようとしていることがきわめて重要であり，この点を指摘する必要がある。近畿地連の伊藤さんは次のように語っている。

　　やっぱり企業別の，要は単組の連合体ですからね，うちも。その単組の主権を侵さないというのは基本やから，単組がやらなきゃできないですからね，基本はね。……そうですね。単組の協力がないと，その個別事例にも対応で

きない。でも単組の了解があれば，やっぱりその地連としても，新聞労連としても，そういう個別の〔個人加盟の組合員の〕労使紛争にも，あの，きちっと交渉していくっていう〔ことができる〕(伊藤さん)[5]。

ここに挙げた報知新聞労組と新聞労連の活動実態は，労働組合運動において企業別労組が重要な役割を果たすことができ，産別労組も企業別労組の主権に配慮しながら事業所単位の問題にアプローチできるということを示す，優れた事例と見ることができる。

3 韓国の社会的支援システム：支援者に対する調査の分析

(1) 韓国における社会的支援システム

韓国では，過労死，過労自殺運動が労働運動の問題の一つとして，包括的に展開されており，既存の社会運動団体によって事案別に組織されている。すなわち韓国では企業別単位労組や産別労組連合体のような労働組合や既存の産業災害運動団体，健康権運動団体，弁護士，医師の運動団体が，過労死等の問題について，個々の事案ごとに対応している。

この中で，労働組合は過労死運動全体を組織し，最も強力な影響力を発揮してきた。労働組合の組織率は低下し，韓国の労働組合組織率は10.3%（2012年現在，韓国の雇用労働部の統計）に過ぎないが，労働組合は，過労死等に関する闘争で組織率を上回る強力な力を実際に行使した。代表的には，2000年代初めKT民営化とリストラによる過労死，過労自殺の闘争で，KT労働組合は他の社会運動団体との連携により，KTの雇用調整をかなり阻止した。労働組合は労務管理に直接介入することができるので，過労死，過労自殺運動で強力かつ長期的に持続可能な影響力を行使することができるものである。

しかし，遺族団体が体系的に組織化されていないという点は，韓国社会の支援システムが構造的に不完全であり，過労死や過労自殺について特定化された形態を備えていないことを意味する。過労死，過労自殺の当事者は亡くなって

いるため，過労死等の社会的支援システムは，遺族によって構築することができる。しかし，遺族が積極的な行動に出ない場合は，労働組合や他の専門家団体の行動は制限を受けて，動員力と爆発力もその時限りにとどめられる。

　ここでは，KT新労組委員長のイ・ヘグァン氏とセミョン公認労務士事務所の公認労務士イ・フイジャ氏のインタビューを分析資料として活用しながら，韓国の社会的支援システムの現状と補完点を分析する。

（2）遺族会の未組織化の問題

　韓国で遺族当事者の運動は，体系的に組織化されておらず，その力は微弱である。このため，個々の遺族は羞恥心，孤立感を感じて消極的に対応しつつ，最終的に事件を忘れようとする。扶養者を失った家族であれば生計対策さえ漠然としたまま，感情的な喪失を経験することになる。個々の遺族が闘争を継続できなくなった理由は，訴訟の過程を乗り切るだけの時間的，経済的余裕がないからである。この中で遺族は，地域社会と会社との関係で政治的な負担まで背負わなければならない。

　韓国でも過労死等の運動においては，裁判勝訴を通した補償と医学的診断を通じた災害認定が重要な争点であり，争点が複雑になる場合は，かかる時間とコストが大幅に増大することになる。遺族が運動を放棄する理由は，訴訟費用を支援してくれたり，弁護士を受任することができる組織が存在しないからである。この問題のために遺族らを組織化すること自体が難しく，相談を要求したり，メディアがインタビューを試みたりすることは困難を伴う。労働組合によって組織された遺族が運動を継続するかどうかを断言することは難しい状況である。企業は，この過程で，経済的支援を通じて遺族を労務管理の争点化から遠ざけるように懐柔しながら，社会全体における立場の優位性をもとに遺族を圧迫してくる。家族を失った遺族は，生計の問題と訴訟費用の負担に追われ，企業の経済的懐柔と政治的な圧迫に屈して，訴訟の進行をはじめとする運動全体を放棄することになる。遺族の支援を行ってきた公認労務士のイ・フイジャ氏はこうした事情を，次のように語っている。

第6章　過労死・過労自殺問題に直面する韓国

　……韓国の場合は全くそのようなネットワークがないですね。冷静に言えば，死んだら補償の戦いになるでしょう。原因の戦いではなく。韓国は，通常の訴訟として3年かかります。最高裁確定される……ところで，その中に遺族の立場では生計対策が漠然としているんじゃないか。だから会社が少ないお金をくれることにより，ほとんどが妥協します。……合意書を書くとき何月何日何時までどこの口座にいくらを入れる。その代わりに，この事案については一切，今後異議を提起しない〔ことが含まれている〕。……それで，今の遺族との接続が最後までいけません。なぜなら……労組からの，私たちの労組が力があって弁護士費用を負担してくれればまだしも，訴訟費用を受け取る状況にないので……（セミョン公認労務士事務所代表公認労務士・イ・フィジャさん）。

　韓国の社会の特性である企業社会も，遺族の初期組織化が不可能となる重要な原因である。企業社会とは，企業が労務管理を媒介に職場を超えて社会全体を支配する社会の特徴をいう。企業は労務管理の延長線で雇用保障，教育，医療，年金など，企業福祉を労働者に提供し，労働者と労働者家族の生活を支援する。これにより，企業は労働者と労働者家族の生活全体を制御しながら，職場単位で地域社会全体を掌握することになる。

　労働者が争議行為などによって解雇された場合，それは職場からの退場で終わらず，地域社会での労働者の家族全体の退出を経て仕上げられる。このような企業の強固な支配のもとで労働組合すら企業の「労務部」に内部化され，争議行為を早期に遮断したりする。また，1990年代半ば以降，IMFとグローバル化，構造調整で雇用不安が到来し，労働者間の競争が激化したことで，個々の労働者は，同じ職場の労働者が経験する厳しい状況に対し，消極的な対応を超えて反社会的に対応することになる。このため，労働者や家族が過労死と過労自殺を個別に争点化しながら運動を続けていくことはさらに困難になった。

　……今の政治について話している人は誰もいない。民主労組が民主労組で

はない。ほとんどだ。だから現代自動車が鉄道の問題〔コレール民営化に反対する鉄道労働組合の呼びかけ〕でゼネストを拒否した。とても変わっています。1980年代には労働者が実際に政治的な問題についてとても喉が渇いていた（強い要求を持っていた）んですよ。私達の社会がどのように進むべきかについて喉が渇いていた。今はとても冷笑的になっていて無関心ですね。……その次にこのような企業の統制戦略というものの問題。私は三星（サムスン）に通う友人らと話をすると，会話ができない。彼らは大韓民国ではないところに住んでいます。三星の中で住んでいます。すなわち，反社会的です。とても反社会的なんです。そのような面で，企業福祉以外には，自分が頼ることがありません。本当に（KT新労組委員長・イ・ヘグァンさん）。

　遺族集団の組織上の難しさは，社会的支援システム全体の難点につながっている。これは，社会的支援システムでは，前述したように，過労死等において，死亡した人のための補償と災害認定が重要な争点になるからである。したがって，遺族集団の組織なしに社会的支援システム自体の争点化は不可能になる。遺族集団による争点化が不可能にされれば，専門家や他のNPOグループ，そして労働組合も，過労死や過労自殺を争点化することへのアクセスが困難になる。そのため，韓国では遺族の集団を組織する問題は，社会的支援システムの構築で重要な課題であると見ることができる。

（3）NPO団体，専門家団体の「限定的な専門性」

　韓国の専門家やNPO集団も，過労死等の運動を主な活動目的として設定する団体ではない。これらは，労働組合や社会運動団体と連携しながら，総合的な健康権運動を展開して，かなりの健康権の進展を遂げた。しかし，社会的支援システムの問題に議論を絞ると，この集団も包括的社会運動の一つの部門別の事案として，過労死を扱うレベルにとどまるのが実情だ。韓国では社会運動団体と関係を結んでいる弁護士や医師，社会福祉学専攻の研究者が社会運動と社会政策で労働と健康問題に関心を傾けながら，その延長線で過労死等への関

第**6**章　過労死・過労自殺問題に直面する韓国

心を払っている状況である。社会運動団体でも，過労死等の重要性は，全体の健康権の問題の一つとして扱われている。韓国の弁護士の社会運動団体である「民主社会のための弁護士会（以下，民弁）」は，労働委員会と労働災害のチームを別に設けて，労働争議や労働災害を迎えることになった当事者と組織単位について弁論活動を提供している。しかし，過労死等の組織全体の議題化戦略は別に用意されてこなかった。

　過労死等の問題化は，専門家の組織とこれらの専門家組織内の個々の活動家レベルで行われている。法務法人「常緑」は，民弁の中核幹部で構成されており，労働者を主な対象に労働相談を実施する。これらは人権事件論争と相談を担当しながら，解雇問題，過労死等の産業災害，賃金請求を含め，労働事件での労働者側の弁論とアドバイスを提供している。インタビューに応じたセミョン公認労務士事務所のイ・フイジャ所長も個別に相談や事件受任を受けており，政策討論会に参加している。また，医学界ではソン・ミア（労働社会科学研究所），キム・ミョンヒ（市民の健康増進センター）などの予防医学の研究者が複数の組織と連携しながら，全体的な労働権と健康権，制度との関係をテーマにして論文，コラム寄稿，政策議論，公共講演などの活動を展開している。

　韓国の専門家団体とNPO，活動家個人は，労働組合と他の社会運動団体と連携しながら，すべての一般的健康権の制度化の拡大を主張し，その主な争点として認定基準と補償の拡大を主張している。しかし，労災認定と認定基準の拡大，補償の拡大は，すぐに労務管理と危機管理の変化にはつながらない。そういう点では，これらの活動はこれまで有意な産災制度の変化を導いてきたが，過労死や過労自殺の社会的支援システムの次元で見るときは，より活動を具体化する必要がある。

　イ・ヘグァンKT新労組委員長は，「健康権全体に関心を持ちながら連帯活動をする組織は存在するが，過労死や過労自殺の問題を主として活動する組織は珍しい」と指摘する。また，個別に活動する活動家，研究者にも過労死，過労自殺と労務管理，労働過程の関係を具体的に究明しようとする問題意識と具体的なアプローチが不足していると主張する。彼は，補償規模の程度という議

論だけではなく，労務管理を変えなければ，過労死や過労自殺の問題は根本的に解決することができないと指摘し，運動陣営の労務管理への具体的な取り組みの中で，過労死等に対する社会的な議題化を実行することを求める。

　　連帯は多いですね。簡単に言うと連帯は裁判とか手伝ってくれるでしょう。私が興味を持って会っている教授が……自殺した方の遺族を心理的に研究して，死の本当の原因を明らかにすることに興味を持っている教授がいます。会ってみて，一度話をしてみた方と仕事を一度しなければと思う。加えて，労働健康連帯と連携して作業をしたことがあるが，結局は，答えのない話をするだけだから……とにかく今は，過労死，過労自殺の問題に関心を持つ専門家が，個人でいるだけです。団体は全くありません。過労死，過労自殺の運動の議題を見てみると，社会的他殺の問題である。心臓が止まったとか，自殺をしたとか，これは死亡の直接的な理由であるだけで原因ではないでしょう。したがって，この原因についての社会的な議題を形成することが重要という気がします。そして，この社会的な原因を取り除かなければならないのです。保険金を1億くれても10億くれても，過労死，過労自殺の問題の助けにはならない（KT新労組委員長・イ・ヘグァンさん）。

（4）労働組合の地位，役割，課題

　韓国では，労働組合の役割は，社会的支援システムの現在の問題を集約的に示しながらも，同時に強力な社会的支援システムを構築する可能性があることを表している。労組は組織力が低下し，深刻な形で分断されていながらも着実に争議行為を主導しており，強力な団結力と対応力で問題を突破してきた[6]。このような力は，韓国で長い間，蓄積してきた社会運動的な流れと無関係ではない。また，この過程で韓国の労働組合運動は，異なる労働組合内の政派（セクト，ここでは政治的立場を異とする労働組合の流派）で構成されており，企業別労働組合の単位を基本形態としながらも，大学生の組織と他の社会運動組織とも着実に連携してきた。このため，韓国では大規模な労働争議は，強力な公安的

弾圧とともに常に大きなイシューとして取り上げられており，個々の労働組合の「敗北」にもかかわらず，何らかの形で制度的改善の基礎になってきた。

　日本のコミュニティ・ユニオンと同様に，韓国でも青年ユニオンやアルバ・ユニオンのような非正規労働者を網羅しようとする新しい労働組合，あるいは労働組合につながる前段階の過渡的組織が生まれている。しかし，これらの労働組合は特に非正規の青年労働問題，社会的争点化に集中し，若年層の職業移動と労働市場の問題に主な力を投入している。産別労組や単位労働組合と連携しながら，労働問題を大規模職場の内部から具体的に争点化する能力は，微弱なのが実情である。

　社会的支援システムに問題を絞り込むときに，その対象となることができるのは，産別労組と，複数労組合法化以降に企業に新たに設立された労組や，このような異なる労働組合を作る労働組合内外の労働者グループだ。もちろん，複数労組合法化後に設立された各企業の「新労組」は全く新しい形の労働組合ではない。ただし，このような労働組合の設立が合法化されたため，組織や運動方法，交渉方法や手順が変わったことは注目に値する。(7)ここでは，企業内労働組合と労働組合を再生する政派が存在し，産別労組と企業別労組の力関係に変化が生まれ，葛藤が生じている。

　以下では，この問題についてKTの労働争議の事例を使って分析してみようと思う。KTの労働争議では，KT民営化と構造調整の過程で，産別労組と既存の単位労組が対立の構図の中に位置していた。単位労働組合（旧労組）の産別労組脱退，複数労組の産別労組再編入，そして企業内の労働者分裂構造の存在という経過は，それに応じて運動の主体が変わることを示している。KTの既存の労組は2009年，民主労総を脱退して，2013年，韓国労総に移り，新労組は民主労総傘下の産別組織に編入された。

　これは，労働組合が複雑な行為者の行為の中に位置しており，社会運動団体と結合する異なる政派の動員力に応じて異なる位相の中に位置し，運動の戦略を再編することができることを示している。本章では，KTの労働組合運動と旧労働組合—新労組間の政派対立自体を分析するよりも，新労組委員長のイ・

ヘグァン氏のインタビューやその他の提供資料，新聞記事データを総合的に分析し，社会的支援システムでは，労働組合がどのような地位にあり，これをふまえてどのような役割を行うことができるかを明らかにしたい。

　KT労働者内の進歩政派や支援組織は，労働組合の外部と内部に位置し，労働組合を一定の方法で導いてきた。労働組合はこれらと連携しながら，労働争議を展開した。既存の労働組合はこうした組合員を除名し，民主労総を脱退するなどの退行的な動きを見せた。これに反発して新しい労組が結成され，これらは再び民主労総に加入した。旧労組は完全に御用化されて過労死等と労働争議全般の社会的争点化をブロックしているが，新労組は進歩政派と外部組織と継続的に連携しながら，労働争議や社会運動を行っている。[8]

　KTの労働組合と構造調整をめぐる労働争議の全体の歴史は，2002年から開始された。2002年から推進されたKTの民営化は2005年に頂点に達した。この中でKTは，大規模な構造調整戦略を推進し，体系化された従業員の退出プログラムに着手した。労働組合の争議行為は，構造調整に対抗して暴力的退出プログラムを無力化しようとしており，構造調整と退出プログラムの実行に肉体的，精神的消耗を経験して死亡したり，病気を患ったりした従業員の相談や社会的争議を担当してきた。労働組合は労務管理方法の変更を会社に要求し，そのためにKT内部の進歩政派と社会運動団体と積極的に連携している。

　KTの人材退出プログラムには，商品販売の専門チーム（以下，商販チーム）とCPプログラムの導入の2種類がある。[9] 二つのプログラムの両方で，ノルマとハラスメントの問題が広く現れている。商販チームは，「問題」のある従業員を既存の職務とは関係なく商品販売部署に配置し，最終的に自主退社（「名誉退職」）させることを目的とするものだった。商販チームは，会社の部署での集中的な管理対象となり，このチームを運営する過程でバク・ウンハ氏をはじめ，精神疾患で4人が労災認定を受けた。

　　……ところが，今の会社で本人が自ら退社をしていないので，会社からは退職をさせるしかないプログラムを作りました。そのプログラムの中で一番

最初に作られたものは2002年に作られた「商品販売の専門チーム」です。ここで働くことになった労働者が最初に産業災害でうつ病を認められました。その一人がバク・ウンハさんなんです。この方は今は退職しており、テレマーケティング業務の出身です。この方は名誉退職を拒否し続けて商品販売の専門チームに送られました。これは会社から入手した商品を販売する専門チームとあるが、会社の人権白書には商品販売の専門チームの最終目標は「退出」であると明示されています。バク・ウンハさんの場合は、全州という都市で営業をしたが、この方が勤務時間にお風呂に行きました。バク・ウンハ氏の主張は、風呂に入って営業をしようとしたということでしたが、同社はこれを知ってバク・ウンハさんの行動を1ヶ月間続けて監視しながら300枚の写真を撮り、その写真を証拠として「業務時間内に他の行動をした」理由で解雇しました（イ・ヘグァンさん）。

　この事件をきっかけに、労働組合はKTの進歩政派や組織、社会運動団体、国の機関と連携して積極的な闘争を展開した。韓国の国家人権委員会（以下、人権委）は、大統領直属機関として人権の実態を調査し、問題がある場合は、組織や事業所、制度や法令に勧告を出している。人権委と民弁をはじめとする様々な人権擁護組織は積極的にこの争議に関係するKT使用者側を圧迫し、この過程で商販チームの従業員を対象にMMPI検査（心理検査）が実施され、最終的には商販チーム全体が解体された。

　そして、新たに実行されたCPプログラムは、退出対象の従業員を一つのチームで管理せずに、通常の組織内に適用して、従業員を目標管理するものである。退出対象の従業員をチームで組織する場合は、従業員同士の連帯が生まれる可能性があるが、正常組織内の管理対象に入れるこの方法は、その従業員と他の従業員間の対立を増幅させることになる。以下の**表6-2**は、KT労働者の死亡数の記録である。CPプログラムの実施後、KT労働者の死亡数は増加している。

　こうした過程で、上述したような労組の再編が進行したのである。新労組は

表6-2 KTの在職者と名誉退職者および社内の系列会社を含む死亡者数

年度	2006	2007	2008	2009	2010	2011	2012	2013	合計
合計	19	26	36	34	41	43	56	22	277
在職中の死亡者	11	16	20	19	17	16	29	14	142
名誉退職者の死亡者（58歳以下）	8	10	16	14	23	19	23	8	121
社内の系列会社の死亡者	-	-	-	1	1	8	4	0	14
突然死（脳出血, 心不全等）	4	9	7	11	14	15	13	6	79
自殺	0	2	2	3	3	6	3	8	27
様々な癌（白血病含む）	9	10	17	14	17	15	23	5	110
その他（事故死やその他の病気）	6	5	10	6	7	7	17	3	61

（出所）KT労働人権センターの提供資料。

労働者の健康状態についての全数調査を要求して，積極的に職務の再配置を要求して懲戒性発令が出た従業員の再発令を引き出している。新労組に特徴的なことは，全従業員の健康状態調査争点化の基礎を築き，再発令圧力などを通じて積極的に労働過程と労務管理に介入しているということだ。

　KT労組運動の事例に見られるような争議の単位変化は，労働組合内外の政派間の力学関係に応じて，ダイナミックに変化する可能性があることを示している。つまり，第一に，過労死等の社会的支援システムでは，労働組合がいくらでも積極的で能動的な役割を担うことができることを意味し，第二に，問題の争点化は労働組合の内外で労働組合の構成と運動方式を再生産する政派組織によって，いくらでも変えられることを意味する。そして，政派のダイナミクスに応じて退行的な労働組合が牽制し，その労働組合が役割をこれ以上実行しない場合は，新しい労働組合と一緒に連携して継続的に運動を展開することができるという第三の論点を導く。これは韓国に存在する社会運動的な伝統に基づいて行われるものだ。

　しかし，韓国の社会的支援システムはとても微弱で，具体的に政策を作り上げることができるかどうかという点が，補完すべき課題点として残っている。

第 **6** 章　過労死・過労自殺問題に直面する韓国

特にこの問題は，遺族や専門家の団体，社会運動団体の未組織として残されている。労働組合が全体的な労務管理と労働過程の方法を変更するためには，過労死等を積極的に問題化する戦略が必要である。このため，労働組合は，既存の相談を持ちかける遺族を積極的に支援しながら，具体的に，これらの組織と連携して闘争の戦略を提供することに取り組む必要がある。

　一つの注目点は，このような社会的支援システムの体系化された連携で，韓国では労働者政派のリーダーが重要な役割を果たしているということだ。政派のリーダーは，組織間のネットワークを介して同じ政派の組織と労働組合の組織，外部の社会運動組織と連携する役割を果たし，組織の基本的な原則や目指すところ，つまり中間目標を組織員に提供する。また，リーダーは，自分の政派とその周辺の組織員ら政派組織と労働組合とを接続して，社内の労務管理，労働組合問題を争点化し，企業内の該当政派と労働組合運動の連携の基本原則を設けて，会社内の労働組合運動と組織間の力学に重要な影響力を行使する。労働者政派のリーダーは，労働組合運動で重要な影響を持つという点で，社会的支援システムでも重要な位置を占めていると見ることができ，これについて今後の研究が行われる必要がある。

4　韓日比較から見る過労死および過労自殺対策への提言

　韓国と日本の過労死等の問題を解決するために，体系的かつ広範な社会的支援システムが構築される必要がある。両国の社会的支援システムには共通点もある一方，相違点もあり，この違いは両国の社会的支援システムの意義と補完点が相互に交差しているという点で注目に値する。

　韓国では社会的な支援システムがまだ体系的に不完全であり，政策導出能力が微弱である。しかし，韓国は社会運動的伝統のために，労働組合の影響がダイナミックであり，労働組合が労務管理等の労働過程の問題改善に一定の影響力を行使してきている。一方，日本では社会運動の爆発力が弱く，全体的に過労死等の問題が，政策導出能力と争点化の能力を超えて再生産されている。し

かし，初期の争点化の能力を基礎として，経済界や政界を効率的に圧迫しはじめていることや，最近労組が新たな形でこのシステムに積極的に入ってきているのは明らかに注目すべき争点になるだろう。

韓国が持っている社会的支援システムの不完全さと政策導出能力の低成長は，遺族団体や専門家，NPO組織が体系的に整理されてこなかったことが原因である。亡くなった過労死，過労自殺の当事者が行動主体にはなりえないので，過労死等の問題化は，遺族とその組織による労災認定と補償問題から始まる。この点で，遺族の組織は，社会的支援システムでは，過労死等の社会的争点化と初期対応を行うべきである。ここで専門家団体は，遺族の組織との連携を通じて，過労死等を社会的に争点化しつつ，補償と災害認定の過程で専門資格を要する実務過程とその戦略を提供し，遺族たちを組織化して，全体的な行動原則と具体的な闘争戦術を提供する。

日本の事例を見ると，遺族や専門家のグループの位相は相互補完的であり，自分たちの原則を一方的に強要しない。専門家集団は，専門的な資格をもとに，全体的な闘争戦略と中間目標，具体的な闘争戦術を遺族の組織に提供し，個人の状態にとどまる遺族を組織化する役割を遂行して，労働組合と遺族の組織を再媒介する。また，遺族の集団は，運動の社会的争点化と持続可能性を左右しながら，専門家集団に現場での経験と事例，運動の方向を提供して専門家集団の介入条件を提供する。この過程で，遺族や専門家のグループはお互いに心からの深い共感を分け合うことになる。

この点で，日本の遺族や専門家の組織は，社会的支援システムの基礎を築いている。これらが効率的に制度・政界を圧迫することができる理由は，専門知識と豊富な現場経験が連携を介して一体となっているからである。日本ではこの過程を経て，過労死等の初期対応と争点化の能力が持続的に強化されてきた。韓国の社会的支援システムでは，日本の遺族や専門家集団の組織方法に，積極的に注目する必要がある。社会運動的な流れが強い韓国では，労働組合と社会運動団体，専門家の運動団体が一緒に連携して，遺族団体の組織化戦略を深慮する必要があると思われる。

第**6**章　過労死・過労自殺問題に直面する韓国

　一方，労働組合が有する爆発力は韓国が持っている社会的支援システムの主な強みだと見ることができる。労働組合は，過労死等の問題を作業場内の労務管理，労働過程の制御として争点化し，労働者が死に至った責任が会社にあることを直接的に問題化し，制度化された運動の成果を，作業場内の労務管理と労働の過程に具体的に適用することができる唯一の組織である。韓国の労働組合は，低組織率を超えた動員力を持っており，KT の事例が示すように，深刻な分節化と内部葛藤にもかかわらず，優れた動員力と運動の持続力をもとに，具体的な変化をもたらしている。これは，労働組合が労務管理と労働過程を直接的に圧迫できる十分な能力を有していることを意味する。

　この点で，韓国の労働組合は，社会的支援システムの持続力と爆発力を用意することができる基礎となっている。韓国の労働組合は社会運動団体と積極的に連携して運動を展開している。韓国労働組合運動は分節化と実用主義という批判に直面しているにもかかわらず，社会運動的伝統が強く残っており，争議に不利な制度的環境にもかかわらず，事件が社会問題として強力に争点化されたのはこのためである。韓国と日本の社会的支援システムは，このような労働組合の幅広い可能性にもう一度注目し，既存の労働組合の構成と運動方式を新たに変化させながら，既存の長所をよく生かしていく必要がある。これは，社会的支援システムを強化するとともに，労働組合を再編，強化する二重の効果をもたらすことができる。

　また，注目すべき両国の共通点は，組織のリーダーがシステム全体の条件を用意し，システムの方向性と具体的な運営に深く関与しているということだ。日本ではこの役割を遺族集団のリーダーが実行している。遺族集団のリーダーは，組織間のネットワークを介して他の遺族組織，専門家，労働組合の組織と連携しながら，組織の基本的な原則，目的，中間目標を組織員に提供する。また，リーダーは，組織の内部と外部の大衆を他の組織や労働組合と連結し，個別事案の解決と社会的争点化を模索して，組織と社会的連帯の原則を設けている。

　韓国では労働者政派リーダーが日本の遺族集団のリーダーに相当する役割を

果たしている。彼らは，自分の政派と周辺組織員を政派組織と労働組合に接続して，社内の労務管理，労働過程の問題を争点化し，企業内の異なる党派や社会運動団体，単位労働組合運動の連携の原則を確立し，労働組合運動と組織間の力学関係を調節している。これは，社会的支援システムの重要な組織のリーダーが自分の組織を再生しながら，これに基づいて全社会的支援システムに重要な影響力を行使することを示している。リーダーの役割の問題は，今後の社会的支援システムの研究では，より具体化された研究対象として設定される必要がある。

注
(1) しかし，これはマクロ環境の変化や企業の対応戦略に基づいて労務管理と労使関係の変化に直接接続されることはない。
(2) 大阪過労死を考える家族の会 HP「夏の交流会ってこんな感じでやってます」(http://www.geocities.jp/karousikazoku/natu-kouryukai/kouryuukai.htm 2015年3月23日アクセス)。
(3) 遠藤公嗣によると，コミュニティ・ユニオン等個人加盟ユニオンの組合員のうち，約3分の1は非正規労働者である（遠藤編著，2012，7頁）。
(4) 「塚野過労死裁判の勝利を支援する会公式ブログ」(http://tsukano.weblogs.jp/ 2014年1月26日アクセス) と，「新聞労連第124回大会報告」(http://www.shinbun-roren.or.jp/info/taikai/124taikai.html 2015年8月7日アクセス) を参照。
(5) 新聞労連では「関西新聞合同ユニオン」という個人加盟のユニオンを立ち上げ，企業別労組に組織されていない労働者を産別で組織化している。
(6) この問題は，韓国の労働組合運動が組織力と運動方式に問題を持っており，多くの部分で補完点が必要であることを否定するものではない。しかし，全体の動きを見ると，韓国の労働組合のような数量的な組織力を上回る動員力と行動力を示す組織は，明らかにその運動方法などを探求する必要がある。そのような活動範囲にも問題が起こるという点で，韓国の労働組合は，より多くの補完点と可能性を同時に持っていると見なければならない。
(7) もちろん，韓国の複数労組制には交渉窓口単一化のための問題点も存在する。KTの新労組委員長イ・ヘグァンも第1労組の位相を指摘しながら，これらの組織が争議の交渉プロセス全体での争点化をブロックしていると指摘している。
(8) KT労働争議過程で，労働組合の争議は，既存の労働組合の御用化と民主労総脱退，新労組の民主労総加入という行為主体の変化を経験してきた。
(9) CPは，C-Playerの略で，組織が生産する収入以下で会社に貢献する価値よりも多くの費用を発生させる従業員を意味する。

引用参考文献

遠藤公嗣編『個人加盟ユニオンと労働NPO』ミネルヴァ書房,2012年。
ギュシク,ベ「韓国長時間労働体制の持続要因」『経済と社会』第95巻,2012年。
櫻井純理『何がサラリーマンを駆りたてるのか』学文社,2002年。
ジングク,キム「過労死と企業の責任」ソウル大学労働法研究会『労働法の研究』第5巻,1996年。
全大阪地域労組協議会『洋洋と地域労組おおさか10周年記念誌』2008年。
労働政策研究・研修機構『データブック国際労働比較2012』2012年。

第7章

移民のホスト社会への包摂と母国とのつながり
——アジア系アメリカ移民における海外送金に注目して——

玉置えみ

1 海外送金と移民の社会適応

　移民労働者が母国へ送る送金額は近年ますます増えつつある。国連貿易開発会議によると，移民による発展途上国への送金額は1990年から2010年の間に10倍になり，3280億ドルに達した（UNCTAD, 2012）。また国際農業開発基金の推計によれば，インドや中国をはじめとするアジアの途上国は1140億ドルの送金を得ており，アジア圏の1人あたりの送金受け入れ額は，同地域の1人あたりGDPの23％になると試算されている（IFAD, 2007）。国境をこえた送金は正規ルートのみならず，ハワラ，フェイチェンなど非正規の仲介金融業者によるものや移民本人による現金の移動など様々なルートが確立されており（Castle et al., 2014），移民の海外送金は2000年代にはODAによる援助額をこえ，発展途上国にとって海外直接投資に次ぐ安定した収入源になっている（UNCTAD, 2012）。出身国政府もこのような移民の母国へ向けた新たな動きに注目し，いくつかの国では二重国籍への柔軟な対応や，外貨口座や投資への税制上の優遇など海外移住者への積極的な政策を打ち出している（Vertovec, 2009）。

　移民の母国との経済的つながりが注目を集める一方で，移民の受け入れ先社会（以下，ホスト社会）への包摂は重要な社会問題として社会学では議論されてきた。特に，ホスト社会への適応に関する研究では，移民のホスト社会との接触度合い（exposure）や，人的資本，受け入れ環境など多くの要因が移民の社会適応を規定するとされている。Gordon（1964）の古典的な同化理論（assimilation theory）研究によれば，移民は世代を経るごとにホスト社会との接触

機会が増え，語学力の向上や，賃金および社会・経済的地位の向上，といった経済的・社会的・文化的適応度を増すとされた。しかし，1965年以降のアメリカにおけるアジア・ラテンアメリカからの新移民は，それまでの移民が経験した状況とは異なった労働市場に組み込まれているとして，A. ポルテスをはじめとする最近の研究者は分節同化理論 (segmented assimilation theory) をとなえた。その背景には二重労働市場 (dual labor market) の出現がある。M. J. ピオレによれば，アメリカをはじめとする先進国の労働市場は，高度専門職を中心とした高賃金・高待遇の第一次セクターと，低賃金のサービス業を中心とした第二次セクターの二つに分断される。第二次セクターと第一次セクターをつなぐ中間層が消える中で，高度な知識・技術を持たない移民労働者の多くは，以前と比べ，よりよい社会経済地位への上昇移動が難しくなっているとされている (Piore, 1979)。こうした新たな背景の中で，ポルテスらは，移住者をとりまく多様な文脈がホスト社会への適応度合いを規定するとし，移民の人的資本（学歴，職業技能，英語力などホスト社会の社会経済環境に適応するための資本），親の階層と第二世代へのサポート，ホスト社会の受け入れ環境（受け入れ国政府の移民政策，ホスト社会における差別，エスニック・コミュニティの有無）などが重要であるとした (Portes and Zhou, 1993)。

　近年多くの移民がホスト社会への経済的・社会的・文化的適応の過程を経ながら，同時にそれらの移民が出身国とのつながりを保つ現実をふまえ，移民のホスト社会への適応と母国とのつながりの関係を問う研究が増してきた。こうした問いには，移民の国境をこえたつながりは果たして一時的な現象なのだろうか，彼らがホスト社会に順応し，日々の生活を確立するにつれて，母国へのコミットメントは低下するのであろうか，といったものがある。この議論は1990年代から活発に行われ，実証研究も増えつつある。

　移民の適応と母国とのつながりについて，M. M. ゴードンによる古典的同化理論は直接言及していないものの，移住先での新生活の確立は，移民が母国ではぐくんだアイデンティティや言語，文化的価値などそれぞれのエスニック集団に固有の特徴が失われていくことと引き替えに成り立つとした (Gordon,

1964)。この考え方は,移民のホスト社会との関係性が増すにつれ,移民の母国との関係性は弱まるとの見方を示唆している(Alba and Nee, 2003；Guarnizo, Portes and Haller, 2003；Sana, 2005)。またR. D. アルバとV. ニーによる新同化理論の実証研究では,多くの第二・第三世代の若者が移民世代の母国語での会話が困難なことから,国境をこえた出身国とのつながりは第三世代以降において弱くなると推測している (Alba and Nee, 2003)。

　その一方で,1990年代に現れたトランスナショナルな移民研究は,海外移住者の生活およびアイデンティティは国境をこえて形成・維持されると主張する(Glick Schiller et al., 1992)。これらの研究によると,輸送・通信技術の発展は移民の母国とのつながりを形成・維持し,移住者は複数の社会への愛着や帰属意識を持ちながら,送り出し国と受け入れ国の両方で,経済的・文化的・政治的関係を築くことができるとしている。たとえば,移民が行うエスニック・ビジネスにおける起業活動や,移民による在外投票や母国での選挙支援活動,同郷組織 (home town association) を通じた海外送金による地元のインフラ設備の改善など,移民の母国との紐帯の維持が多くの研究者によって指摘され,ホスト社会への適応は必ずしも母国とのつながりを弱めるわけではないことが示唆された (Glick Schiller, 1999；Levitt, DeWind and Vertovec, 2003；Guarnizo, 2003；Guarnizo, Portes and Haller, 2003)。

　さらには,A. ポルテスらによるアメリカにおける社会調査に基づく研究では,移民の母国へのつながりは,移民のホスト社会への適応が進めば進むほど強化される可能性を示した。ポルテスらは,エスニック・ビジネスにおける起業活動など強固で持続的な母国との関わりに注目し,これらの活動はホスト社会により適応した移民によって行われていることを明らかにした。そして,移民による母国への積極的な働きかけは,二ヶ国語の言語使用能力や調整能力など高い人的資本・社会関係資本が必要であり,移民によるホスト社会への適応はむしろ積極的に移民と母国との紐帯を強めると主張した (Guarnizo, Portes and Haller, 2003；Portes, 2003；Portes, Escobar and Radford, 2007；Portes, Haller and Guarnizo, 2002)。

これらの先行研究からもわかるように，移民のホスト社会への適応と国境をこえた紐帯の関係性は未だ学問的な決着を得ていない。そこで，本章では，十分には解明されていないこの課題に対し，アメリカにおけるアジア系移民の母国への送金に着目して考察を進める。2010年現在，アメリカにおける移民（約4000万人）は全人口の約13％を占め，このうちアジア系移民は移民全体の約28％にあたる（Grieco et al., 2012）。さらに，第二世代以降も含めたアジア系住民の数は2000年から2010年の間に約1.4倍に増え（U. S. Census Bureau, 2012），2050年までには4000万人に達し，アメリカ全人口の10％相当になると予測されている（U. S. Census Bureau, 2011）。このように，アジア系移民はラテン系移民に続く大きなエスニック・グループであり，かつ，出身国により多様な社会背景を有しているにもかかわらず，これまでのトランスナショナルな移民研究では，アメリカにおけるアジア系移民は地域を限定した調査や事例研究が多く，全国レベルの体系的な研究があまりされてこなかった。

　そこで，次節では，全米ラテン系・アジア系住民全国調査（National Latino and Asian American Survey 2002-2003）のアジア系移民サンプル（n=1639）を使用し，アジア系移民のアメリカへの適応と彼らの母国への送金パターンの関係について考察を行う。その際，本章では，特に社会適応の指標にはアメリカ社会との接触度合い，社会経済的適応，文化的適応に注目する。

2　データと分析方法

(1) データ

　National Latino and Asian American Survey（NLAAS）は2002年5月から2003年11月にかけて，アメリカにおける18歳以上のラテン系住民とアジア系住民を対象とした全国調査である（詳細はCPES（2015）参照）。本調査では，全国のラテン系アメリカ人とアジア系アメリカ人を代表するよう，多段層化エリア確率抽出（multistage stratified area probability sampling）を使い回答者を選定している。コンピューター支援によるインタビュー調査は英語，スペイン語，北

京語，広東語，タガログ語，ベトナム語のいずれかで行われた。調査の結果，ラテン系回答者2554名とアジア系回答者2095名から回答を得た。全体の回答率は65.6%であった（詳細は Heeringa et al. (2004) を参照）。本章では，アジア系回答者2095名のうち，外国生まれと答えた1639名を分析対象とした。なお分析には SAS 9.1を使用し，アジア系サンプルの代表性を保つため重み付けがなされている。

（2）コーディング

従属変数は母国にいる親戚への送金であり，質問文 "Do you send money to relatives in your country of origin?"（あなたは母国にいる親戚にお金を送りますか？）に対する回答（yes または no）を用いた。

移民適応の指標の一つである「アメリカ社会との接触度合い」は，アメリカへの移住年齢と，在米年数を使用した。Foner (2002) によれば，若いうちにアメリカに来た移民は，学校やその他の集団を通じて英語やアメリカの風習をより容易に学び，受け入れ国アメリカの生活になじみやすいことから，移民の同化の度合いを測定するには，移民の到着時の年齢が重要であるとする。こうした先行研究を受け，本章では，到着時の年齢を，13歳未満で到着した者，13～19歳で到着した者，20～24歳で到着した者，25歳以降に到着した者の四つのカテゴリーに分類した。このうち，13歳未満でアメリカに到着した者は準拠グループとして扱うこととした。到着年齢13歳未満は，四つの分類の中でアメリカとの接触が最も多く，アメリカ社会への同化レベルが最も高いと予想される。

在米年数とは移民がアメリカで過ごした年数である。彼らがアメリカで過ごす期間が長くなればなるほど，現地の住民と交流し，アメリカの文化や習慣になじむ機会が多くなると考える。本章の多変量解析では，六つのカテゴリーを作成した。つまり，5年以下，6～10年，11～15年，16～20年，21～25年，26年以上の6つである。

さらに，同化理論の先行研究を参考に，移民適応についての変数を以下のよ

うに設定した。社会経済的な適応は，学歴や世帯収入のレベルを分析に用いた。学歴は学校に通った年数で測定し，そこから高等教育以下（12年未満），高校（12年），大学教育（13〜15年），大学卒業（16年），大学院以上（17年以上）の五つのダミー変数を作成した。世帯年収は，世帯規模で分割し，四つのカテゴリーに分けることとした。すなわち，1万ドル未満，1万〜2万4999ドル，2万5000〜4万9999ドル，5万ドル以上の四つである。準拠グループは1万ドル未満とした。

アメリカ社会への文化的適応は，市民権の獲得，主な居住地，アメリカ社会で感じる差別感，英語運用能力によって測定した。すべての変数は2値変数であり，アメリカ市民権のあり／なし，主な居住地がアメリカ／その他の国，差別感が高い／低い，英語運用能力が低いまたはとても低い／高いまたはとても高いという分類がなされた。

その他の重要な独立変数として，回答者の出身国がある。分析では，以下のカテゴリーにおいて2値変数を使用した。具体的には，中国本土，香港および台湾，ベトナム，インド，フィリピン，日本および韓国，その他，である。

最後に，トランスナショナリズムに関する先行文献に従い，家族形態やジェンダーといった社会人口学的変数も含めた。家族形態は，結婚歴（既婚／独身）と，18歳未満の被扶養者の存在（子どもあり／なし）を組み合わせる形で作成した。その結果，子どものいない独身者，子どものいる独身者，子どものいない既婚者，子どものいる既婚者の四つのカテゴリーを分析に用いた。

3 分析結果：アジア系移民の海外送金

（1）記述統計

表7-1は，出身国別による各変数の分布を示している。ここでは，特定の出身国において際立った特徴を見ることができる。たとえば，インド系移民は若くて学歴が高く（大学以上），高収入であり，最近移住してきた者である傾向にある。ここから，彼らは高等教育機関への進学や，専門職に就くためにアメ

第7章 移民のホスト社会への包摂と母国とのつながり

表7-1 出身国別・アジア系移民サンプル記述統計（重み付き％分布）

出身国 （重み無しN）	インド N=128	ベトナム N=525	フィリピン N=345	中国本土 N=245	香港・台湾 N=159	韓国・日本 N=93	その他 N=143
年齢							
35歳未満	54.0	28.2	23.0	27.3	36.6	43.9	47.1
35～49歳	31.2	37.4	37.6	37.6	38.7	29.2	26.4
50～64歳	10.2	22.9	24.0	18.2	21.2	16.0	24.6
65歳以上	4.6	11.6	15.4	16.9	3.5	11.0	1.8
アメリカへの移住年齢							
13歳未満	7.7	11.1	15.4	7.1	24.8	27.8	33.9
13～19歳	2.7	14.2	11.6	7.8	15.4	12.3	14.8
20～24歳	35.5	18.3	18.6	12.6	18.3	25.6	17.5
25歳以上	54.0	56.3	54.3	72.4	41.5	34.4	33.9
在米年数							
8年未満	50.9	20.6	19.1	29.6	13.9	17.1	16.2
8～14年	18.1	35.9	21.0	32.6	22.3	16.2	22.4
15～22年	18.7	24.3	25.1	20.7	36.0	31.2	27.1
23年以上	12.2	19.2	34.9	17.1	27.7	35.6	34.3
性別							
女性	44.4	54.4	57.9	54.8	51.2	55.1	52.4
男性	55.6	45.6	42.1	45.2	48.8	44.9	47.6
家族							
独身・子どもなし	15.9	19.0	20.1	17.8	31.4	45.4	23.2
独身・子どもあり	0.0	6.7	6.0	4.3	3.2	5.7	3.8
既婚・子どもなし	47.2	38.4	44.0	53.6	36.7	32.4	38.1
既婚・子どもあり	36.9	35.9	29.9	24.3	28.8	16.6	34.9
学歴（教育年数）							
12年未満	3.5	35.6	14.8	29.4	9.4	6.1	19.2
12年（高卒）	9.2	20.7	14.4	17.5	12.2	17.4	20.0
13-15年	19.7	21.4	32.2	14.7	17.8	21.9	21.8
16年（大卒）	20.8	13.2	28.6	14.9	28.4	32.9	19.6
17年以上	46.9	9.2	10.0	23.5	32.1	21.8	19.5
世帯年収（世帯規模調整済み）							
＜$10,000	15.2	40.2	16.9	32.9	20.9	29.0	17.9
$10,000～$24,999	23.6	28.4	29.7	22.3	12.4	22.3	32.3
$25,000～$49,999	31.7	16.6	29.3	21.7	34.9	37.1	25.9
＞$49,999	29.4	14.9	24.1	23.1	31.8	11.6	24.0
アメリカ市民権							
市民権なし	65.0	27.1	34.3	49.9	29.7	44.4	39.3
市民権あり	35.0	72.9	65.7	50.1	70.3	55.6	60.7
主な居住地							
他国	25.5	4.5	16.1	7.1	5.4	13.6	10.0
アメリカ	74.5	95.5	83.9	92.9	94.6	86.4	90.0
差別感							
低い	55.1	75.5	44.4	66.1	36.5	46.5	39.2
高い	44.9	24.5	55.6	33.9	63.5	53.5	60.8
英語運用能力							
低い・とても低い	11.8	77.2	23.2	74.4	45.3	42.7	39.4
高い・とても高い	88.2	22.8	76.8	25.6	54.7	57.3	60.6
海外送金（「あなたは母国にいる親類へお金を送りますか？」）							
いいえ	46.0	38.9	35.2	54.6	83.6	91.8	66.4
はい	54.0	61.1	64.8	45.4	16.4	8.2	33.6

（出所）データ：NLAAS 2002-2003. アジア系移民サンプル。

リカに来たと推測できる。

対照的に,ベトナム系移民は最も学歴が低く,収入が少ない傾向にあるものの,市民権の獲得や,差別を感じることが少ないなど,アメリカ社会に文化的に最も適応している傾向が見られる。こうした特徴から推測できるのは,ベトナム移民の多くがほとんど人的資本を持たないまま亡命してきたという可能性である。ベトナム移民は,ほかの出身国の者に比べて最も母国に送金しているという点でも,出身国との関わり方は独特であることがわかる。

香港,台湾,韓国,日本,その他のアジアの国からの移民は,二つの顕著な特徴を有している。一つ目の特徴は,若く独身であり,子どもの頃にアメリカに来た者（家族とともにアメリカに来た可能性がある者）という点である。二つ目の特徴は,学歴が高く,成人してからアメリカに来た者（学生のうちにアメリカに来た可能性がある者）という点である。出身国に対する経済的な関わりはきわめて低く,出身国の親戚への送金は最も少ない。この理由として,彼らの出身国は経済的に発達しており,親戚が経済的支援を必要としていない点が挙げられるかもしれない。

(2) 多変量解析

表7-2は,出身国に対する送金の傾向について四つのロジスティック回帰によるオッズ比を示している。モデル1は出身国のみを独立変数として入れ,モデル2ではモデル1にアメリカへの移住年齢と在米年数を入れた。モデル3はモデル2に性別,家族形態,および社会経済的適応度（学歴・世帯年収）を入れた。モデル4ではモデル3に文化的適応度（市民権・主な居住地・差別感・英語能力）を入れた。なお,回答者の中で母国（出身国）の親戚に送金していると答えた者は1とコーディングされている。

①出身国

モデル1～4を通して,個人の特性を考慮した送金のオッズにおいて,出身国の影響が強いことが読み取れる。香港,台湾,日本,韓国のような経済的に発達した国から来た者は,中国本土から来た者に比べてはるかに送金の確率が

第7章 移民のホスト社会への包摂と母国とのつながり

表7-2 ロジスティック回帰分析による海外送金（1＝送金あり，0＝送金なし）のオッズ比

	Model 1 OR　p	Model 2 OR　p	Model 3 OR　p	Model 4 OR　p
出身国				
中国本土	Ref.	Ref.	Ref.	Ref.
香港または台湾	0.24 ***	0.31 ***	0.30 ***	0.29 ***
ベトナム	1.88 ***	2.14 ***	2.37 ***	2.34 ***
インド	1.41	1.34	1.21	1.19
フィリピン	2.21 ***	3.08 ***	3.25 ***	3.13 ***
日本または韓国	0.11 ***	0.14 ***	0.16 ***	0.15 ***
その他	0.76	1.10	1.07	1.03
アメリカへの移住年齢				
13歳未満		Ref.	Ref.	Ref.
13〜19歳		2.71 **	2.42 **	2.29 **
20〜24歳		3.85 ***	3.09 ***	2.90 ***
25歳以上		3.60 ***	2.93 ***	2.80 ***
在米年数				
5年未満		Ref.	Ref.	Ref.
6〜10年		1.05	1.02	1.00
11〜15年		0.71	0.67 +	0.67
16〜20年		0.74	0.68	0.65
21〜25年		0.62 *	0.51 *	0.49 *
26年以上		0.44 ***	0.39 ***	0.37 **
性別				
女性			Ref.	Ref.
男性			0.96	0.95
家族				
独身・子どもなし			Ref.	Ref.
独身・子どもあり			0.72	0.68
既婚・子どもなし			1.33	1.33
既婚・子どもあり			1.50 *	1.50 *
学歴（教育年数）				
12年未満			Ref.	Ref.
12年（高卒）			0.88	0.91
13-15年			0.77	0.80
16年（大卒）			0.74	0.75
17年以上			0.98	1.01
世帯年収（世帯規模調整済み）				
＜ $10,000			Ref.	Ref.
$10,000〜$24,999			1.23	1.26
$25,000〜$49,999			1.83 **	1.91 **
＞ $49,999			1.56	1.66 *
アメリカ市民権				
市民権なし				Ref.
市民権あり				1.11
主な居住地				
他国				Ref.
アメリカ				0.75
差別感				
高い				Ref.
低い				0.92
英語運用能力				
低い・とても低い				Ref.
高い・とても高い				0.90
AIC	7,235.191	6,851.877	6,726.554	6,692.550
n	1,624	1,623	1,620	1,614

（注）　+p＜.1，*p＜.05，**p＜.01，***p＜.001（two-tailed test）
（出所）　データ：NLAAS 2002-2003，アジア系移民サンプル。

少ない。経済的に発達したアジア系諸国からの移住者は，中国本土からの移住者と比べ，70〜85％ほど送金の確率が少ない。対照的に，ベトナムやフィリピンからの移住者は，中国本土からの移住者に比べて2.3〜3倍送金のオッズが高い。出身国の効果は，移民個人のアメリカ社会への様々な適応度合いを統制した後でさえ，送金のオッズと直接関係していることから，出身国という要素は重要であることがわかる。移民本人の個人的要素が異なることを差し引いても，出身国に残った者の経済的なニーズによって母国への送金の傾向が大きく決まるものと思われる。ただし，インドと中国本土との違いは統計的に有意ではない。これは，インドからの移民が比較的裕福であり（表7-1），その家族が必ずしもインドの平均的な家族ではないという要因によるものと思われる。このことにより，中国とインドの差が縮まった可能性がある。

②アメリカ社会との接触度合い

モデル2〜4は，13歳未満でアメリカに来た者は，送金に対して独立した負の関係を持っていることを示している。さらに，アメリカに26年以上住んでいた者は，5年未満の者に比べ母国の親戚に送金するオッズが約60％低い。しかし，後述するように，これらのアメリカ社会との接触度の変数は，モデル3とモデル4で経済的・文化的適応の変数を加えても係数が大きく変わらなかった。これは，接触度合いの効果が経済・文化的適応によって完全に説明されていないことを意味する。つまり，到着年齢と在米年数は，適応度合いを表すというよりは，移民が子どものうちにアメリカへ来たかどうかという区分を捉えていると考えられる。これは，親や兄弟といった直近の家族とともにアメリカに来た移民は，母国に残るその他の親戚とのつながりが弱く，彼らに対して送金しなければならないという義務感が少ないということを示しているのかもしれない。

なお，居住年数の代わりに回答者の現在の年齢を入れたところ，回答者の現在の年齢は送金において負の独立した影響を与えることがわかった（結果は未掲載）。居住年数の係数のいくつかは有意ではないゆえに結果は決定的ではないものの，居住年数や回答者の現在の年齢は，移住者と祖国の家族との消えゆ

くつながりを示しているとも考えられる。移住者の年齢が高まるにつれ，母国の親戚が死亡するケースも増えるため，ほかの要因を考慮してもなお彼らが親戚に送金する機会が減ると考えられる。

③社会・経済的適応

モデル4からは，世帯年収が2万5000～4万9999ドルの者と，世帯年収5万ドル以上の者は，世帯年収1万ドル以下の者に比べて送金のオッズが増えていることがわかる。収入のもたらす影響は世帯年収2万5000～4万9999ドルのカテゴリーにおいて最も大きい。この結果からは，ある程度の収入（年収2万5000ドル以上）があれば，移民は出身国に送金しやすくなるが，収入が高ければ高いほど送金が増えるというわけではないことがわかる。また，学歴は送金に対して統計的に有意な効果がないこともわかった。

④文化的適応

モデル4は，アメリカ社会への文化的適応の度合いが，送金のオッズに必ずしも関係しているわけではないことを示している。市民権，主な居住地，差別感，英語運用能力は，どれも出身国に対して送金する確率に有意な影響を与えていない。またモデル4において，子どもの頃にアメリカに来たことと，アメリカに21年以上住んでいることの送金への影響は，文化的適応度の変数を導入した後においても不変である。ここでも，アメリカへの到着年齢と在米年数はアメリカへの文化的適応度とは独立して送金に影響を与える要因であることがわかる。

以上から，収入を除く適応の変数が母国への送金に与える影響は限定的であることがわかった。収入という経済的な側面を除けば，移民はアメリカ社会へ適応すればするほど，母国への送金を行う（正の関係），というわけではない。逆に，アメリカ社会に適応すればするほど移民は母国へ送金しなくなる（負の関係），というわけでもない。つまり，アメリカへの適応と母国への経済的な貢献という二つの概念は，お互いに競合もせず，補完的でもないと考えられる。むしろ移民が送金するか否かを考えるうえで重要なのは，出身国に残った者の経済的なニーズや，出身国に直近の家族がいるかどうか，そして移民本人のあ

る一定程度の経済的適応だと思われる。また，アメリカ社会との接触度合いが母国への送金において重要な理由は，それが移民の適応の度合いを示すというよりは，出身国の家族とのつながりを示唆するものだからだと推測される。

4 考察：移民の適応と母国とのつながり

本章の問いは，移民のホスト社会への適応と母国とのつながりはどのような関係にあるのか，というものであった。本章で分析したデータからは，移民のホスト社会への適応と母国とのつながりは必ずしも対立的な概念ではなく，これまで明示的に示されてこなかった複雑な関連があることが示唆された。従来の同化理論では，移民が出身国とつながりを保つことと，受け入れ国との新たなつながりを形成することは相容れないという想定がなされていた（Gordon 1964）。しかし，本章における分析結果は，家族に対する義務と貢献は，ホスト社会への適応に妥協することなく，国境をこえて達成可能であることを示唆している。むしろ，ホスト社会への経済的適応（収入）は母国への送金に対してプラスの効果を期待できることもわかった。

また，母国への送金の有無は，従来のトランスナショナルな文脈に関する文献（Portes, 2003；Glick Schiller, Basch and Blanc, 1995）が示唆するものよりもさらに複雑であることがわかった。先行研究では，ホスト社会により適応している移民はより積極的に国境をこえた行動に従事するとする議論や（Portes, 2003），トランスナショナリズムはホスト社会への適応度合いとは関係なく，あらゆる移民が実践する新たな移民生活の形態であるとする議論が存在した（Glick Schiller, Basch and Blanc, 1995）。しかし，こうした議論は，移民のアメリカへの適応度とトランスナショナリズムの度合いとの関係性をあまりに簡素化してしまっているのかもしれない。本章の分析では，アメリカへの適応と母国への経済的貢献という二つの概念は，お互いに競合もせず，補完的でもないが，経済的適応や出身国における家族の存在は，トランスナショナルな寄与を増加させる重要な要因となる可能性を示した。移民の適応とトランスナショナリズ

ムとの様々な関係性を理解するには,これらの新たな知見を生かした,より微細な枠組みが必要であると考えられる。

さらに,本章における分析は,国家の文脈が移民のトランスナショナルな貢献に影響を及ぼすことも示唆した。本分析結果からは,移民による祖国への貢献は,出身国の経済的背景による影響を受けている可能性が示された。先行研究では,アメリカにおけるキューバ系移民は母国への訪問や送金が限られており,これは二国間のビザ問題や送金規制によるものだとされている(Waldinger, 2007 ; Haller and Landolf, 2005)。こうした先行研究でもしばしば指摘されているように,移民は国境をこえて母国へのつながりを維持するものの,国民国家が無関係であることを意味しない。移民の経験をトランスナショナルなレンズで見ることは重要ではあるが,それでもなお国レベルの背景に対して注意を払う必要があろう。

最後に,本章での分析から,アジア諸国からの移民をトランスナショナリズムの研究に含めることの重要性を指摘する。従来のアメリカにおけるトランスナショナリズムに関する研究では,主にラテンアメリカからの移民が取り上げられており,アジアからの移民が体系的に分析されることはあまりなかった(Portes, Haller and Guarnizo, 2002)。本章の分析からは,アジアの移民による送金がある程度存在しており,経済的資源,家族の状態,出身国によって一定の傾向が見られることが示唆された。今後,アジアからの移民とラテンアメリカからの移民との間の体系的な比較によって,アジアからの移民の知見が,ラテンアメリカからの移民に対しても適用できるかどうかを確認することができるだろう。さらには,本研究で明らかとなった適応とトランスナショナリズムとの関係性は,アメリカ以外の日本やアジア圏の国におけるアジア系移民でもあてはまるだろうか。移民がホスト社会へ包摂される過程は社会や時代によって異なる。特に本章では,経済的適応(年収)は母国への送金に正の効果をもたらすことがわかったが,これはホスト社会の労働市場および社会・文化構造がどのようにマイノリティである移民を取り込むかに大きく依存する。ゆえに今後は,社会・文化構造が異なるアジア圏の国において考察を行うことにより,

移民の適応とトランスナショナリズムに関する理解はさらに深まると考えられる。

[付記] 本章は Emi Tamaki, "Transnational Home Engagement among Asian American Immigrants : Resources and Motivation," MA thesis, Department of Sociology, University of Washington, 2007を改変した。また本章の一部は Population Association of America, April 2008および International Symposium for Professional Scholars "Multiple Crises and Sustainable Social Integration in Contemporary Societies," Feb 2014にて発表した。本章のデータ分析・原稿執筆にあたり、Eunice Kennedy Shriver National Institute of Child Health and Human Development research infrastructure grant, R24 HD042828 (Center for Studies in Demography & Ecology at the University of Washington) および立命館大学人文科学研究所研究助成プログラム：2014～16年度「学際知に基づく制度論的ミクロ・マクロ・ループ論の体系化：アクターの多面性とその活動空間を巡る理論と実証（代表：江口友朗）」から援助を受けた。ここに記して御礼申し上げる。

引用参考文献
Alba, R. D. and V. Nee, *Remaking the American Mainstream : Assimilation and Contemporary Immigration*, Harvard University Press, 2003.
Castles, S., H. De Haas and M. Miller, *The Age of Migration : International Population Movements in the Modern World*, Guilford Press, 2014.
CPES, *Collaborative Psychiatric Epidemiology Surveys*, 2015. (http://www.icpsr.umich.edu/icpsrweb/CPES/　2015年5月28日アクセス)
Foner, N., "Second-Generation Transnationalism," pp.242-254 in *The Changing Face of Home : The Transnational Lives of the Second Generation*, edited by Peggy Levitt and Mary C Waters, 2002.
Glick Schiller, N., "Transmigrants and Nation-States : Something Old and Something New in the U.S. Immigrant Experience," pp.94-119 in *The Handbook of International Migration : The American Experience*, edited by Charles Hirschman, Philip Kasinitz, and Josh DeWind, Russell Sage Foundation, 1999.
Glick Schiller, N., L. Basch and C. S. Blanc, "From Immigrant to Transmigrant - Theorizing Transnational Migration," *Anthropological Quarterly*, 68, 1995, pp.48-63.
Grieco, E. et al., "The Foreign-Born Population in the United States : 2010," *American Community Survey Reports*, United States Census Bureau, 2012.
Glick Schiller, N. L. Basch, and C. Blanc-Szanton, *Towards a transnational*

perspective on migration : race, class, ethnicity, and nationalism reconsidered, New York Academy of Sciences, 1992.

Gordon, M. M., *Assimilation in American life : the Role of Race, Religion, and National Origins*, Oxford University Press, 1964.

Guarnizo, L. E., "The Economics of Transnational Living," *International Migration Review*, 37, 2003, pp.666-699.

Guarnizo, L. E., A. Portes and W. Haller, "Assimilation and Transnationalism : Determinants of Transnational Political Action among Contemporary Migrants," *American Journal of Sociology*, 108, 2003, pp.1211-1248.

Haller, W. and P. Landolt, "The Transnational Dimensions of Identity Formation : Adult Children of Immigrants in Miami," *Ethnic and Racial Studies*, 28, 2005, pp.1182-1214.

Heeringa, S. G., J. Wagner, M. Torres, N. H. Duan, T. Adams and P. Berglund, "Sample Designs and Sampling Methods for the Collaborative Psychiatric Epidemiology Studies (CPES)," *International Journal of Methods in Psychiatric Research*, 13, 2004, pp.221-240.

IFAD, *Sending Money Home-Worldwide Remittance Flows to Developing Countries*, International Fund for Agricultural Development, 2007.

Levitt, P., J. DeWind and S. Vertovec, "International Perspectives on Transnational Migration : An introduction," *International Migration Review*, 37, 2003, pp.565-575.

Piore, M. J., *Birds of Passage : Migrant Labour and Industrial Societies*, Cambridge University Press.

Portes, A., "Conclusion : Theoretical Convergencies and Empirical Evidence in the study of Immigrant Transnationalism," *International Migration Review*, 37, 2003, pp.874-892.

Portes, A., C. Escobar and A. W. Radford, "Immigrant Transnational Organizations and Development : A Comparative Study," *International Migration Review*, 41, 2007, pp.242-281.

Portes, A., W. J. Haller and L. E. Guarnizo, "Transnational Entrepreneurs : An Alternative Form of Immigrant Economic Adaptation," *American Sociological Review*, 67, 2002, pp.278-298.

Portes, A. and M. Zhou, "The New 2nd-Generation-Segmented Assimilation and Its Variants," *Annals of the American Academy of Political and Social Science*, 530, 1993, pp.74-96.

Sana, M., "Buying Membership in the Transnational Community : Migrant Remittances, Social Status, and Assimilation," *Population Research and Policy Review*, 24, 2005, pp.231-261.

UNCTAD, *Development and Globalization : Facts and Figures 2012*, United

Nations, 2012.
U. S. Census Bureau, "Overview of Race and Hispanic Origin : 2010," *Census Briefs*, U. S. Department of Commerce, Economics and Statistics Administration, 2011.
U. S. Census Bureau, "The Asian Population : 2010," *Census Brief*, U. S. Department of Commerce, Economics and Statistics Administration, 2012.
Vertovec, S., *Transnationalism*, Routledge, 2009.
Waldinger, R., *Between Here and There : How Attached Are Latino Immigrants to Their Native Country?*, Pew Hispanic Center, 2007.

第8章

福祉国家の変容と脱商品化・再商品化
――デンマークにおけるアクティベーション政策と休暇制度に着目して――

嶋内　健

1　20世紀末以降のデンマーク福祉国家の変容

　20世紀末から21世紀初頭は先進諸国において福祉国家の変容が始まった時代だった。特に，ヨーロッパ諸国を中心として戦後福祉国家の社会政策は雇用政策に傾斜していき，現在もその流れは継続している（福原・中村，2012）。北欧福祉国家といえども，この趨勢から逃れることはできなかった。なかでも，デンマークはその他の北欧諸国と比べて寛大な給付制度を備えていたため，変動の振り幅が北欧福祉国家の中で最も大きかった。したがって，本章の問題意識は20世紀末以降のデンマーク福祉国家の変容をどのように解釈するかという部分にある。

　変容はアクティベーション政策という結果をもたらした。この影響を受けて1990年代末から2000年代初めにかけて，新しく始まったこの政策について様々な研究が行われた。デンマークのアクティベーションを肯定的に評価するものとして，たとえば Torfing（1999）はそれがアングロサクソン諸国で実施されている懲罰的な政策と異なり，失業者に対するエンパワーメントであると述べる。またある者は，支援行程の中に失業者の自己実現と自律を可能にする要素を見出し積極的に評価する（Jensen, 1999）。他方で，同政策は社会的給付の削減を伴っていたので，社会権の削減であり社会的弱者の生活水準を低下させたという批判がある（Oorschot and Abrahamson, 2003 ; Lind and Møller, 2006）。

　しかし，デンマークで実際に行われているアクティベーション政策は政権，対象集団，社会的給付の種類，そして地方自治体ごとに性質が異なっているの

で，これに十把一絡げの評価を下すのは難しい。筆者は三つの類型化を試みている。福祉依存の一掃を目的としたワークフェア，職業訓練などを義務づけ労働市場への統合を目的とする就労アクティベーション，そして就労をふくめてより広く社会への参加を目的とする社会的アクティベーションである。これら三つの枠組みから見ると，デンマークのアクティベーション政策は，ワークフェアと就労アクティベーションのあいだを揺れ動いており，かつ社会的アクティベーションは国家レベルではあまり実施されていないことがわかる（嶋内, 2012）。

　とはいえ，上述の先行研究は分析対象をアクティベーション政策に絞っているので，1990年代半ばに興味深い社会政策が成立した意義を見落としている。それは三つの休暇制度である。20世紀末以降のデンマーク福祉国家の変容は，専らアクティベーション政策をメルクマールとして説明される。福祉国家の動態分析を行うとき，それが有効なのは間違っていないだろう。しかし，近年の社会政策が労働力の再商品化を促す潮流の中にあって，休暇制度の成立は逆に人々の脱商品化を推奨する政策であり，労働力の商品化に抗うものとして注目すべきものである[(1)]。また，アクティベーション政策の一部ではあるが規模が小さいため，多くの研究から見落とされている社会的アクティベーションも，労働力の商品化を目指す政策とは距離を置くものとして重要である。これらの政策は，就労支援一辺倒の近年の福祉国家政策に対抗するオルタナティブとして位置づけられるべきである。一方でアクティベーションによって「労働への権利」を保障し，他方で「労働からの自由」を保障するような福祉システムが構築できるとすれば，それは労働と社会参加を分かち合う制度として見直されるべきだろう。したがって，本章では20世紀末以降のデンマーク福祉国家の変容を，アクティベーション政策に休暇制度を加えたより広い視点から考察していく。

第**8**章　福祉国家の変容と脱商品化・再商品化

2　アクティベーション政策の展開：1970年代から2010年代まで

（1）給付延長を目的とする積極的労働市場政策：1970〜1980年代

　失業給付と公的扶助を受給する権利に，職業訓練および教育への参加を義務付けたアクティベーションが本格的に始まったのは，1994年のことであった。アクティベーションらしきものはすでに1970年代に始まっていた。しかし，当時のデンマークでは「アクティベーション（aktivering）」と呼ばなかったし，後述するように現在のそれとは性質が異なっていた。1970年代半ばから慢性的な高失業を経験することになったデンマークは，この問題に対応する目的で二つの政策を設けた。

　一つは，1979年から施行された「任意早期退職年金（efterløn）」である。この制度の目的はワーク・シェアリングにあった。具体的には，おもに工場や建設現場等における高齢労働者の労働市場退出と，それによって空いたポストを若者が埋めるという若者の労働市場参入が目的だった。もう一つは，同年に導入された「就労提供制度（jobtilbudsordningen）」である。これは失業保険加入者のうち，失業から2年以上経過する長期失業者が，補助金付き雇用を受け入れる義務を負うというものだった。少なくとも7〜9ヶ月の就労義務が対象者に課せられた。

　ところが，いずれの制度を導入しても労働市場の状況は改善しなかった。その理由として，次のことが言われている。まず前者のような早期退職年金制度は，大量の早期年金受給者を生み出し福祉国家の財政維持が困難になること，さらにグローバルな経済競争と少子高齢化の中では高齢労働者の大量退職が将来的に労働力不足につながることである（Eichhorst et al., 2008, p.3）。現実としてこの制度を導入したところ，政府の予想をはるかに上回る希望退職者が殺到することになった。やがて，1980年代の終わり頃から「構造的失業」，すなわち景気が悪くなく労働力が不足しているにもかかわらず失業率が高止まりするという事態が深刻化していった。

他方で，後者の制度は現在のアクティベーションのように見える。それは長期失業者を雇用する民間セクターに賃金補助を支払い，参加者にオンザジョブ・トレーニングを提供し，あわよくば受け入れ先での彼らの常勤雇用化を期待していた（Walker, 1984, pp.170-171）。しかし，実際には長期失業者を常勤雇用する需要はほとんどなく，結果的に公的セクターが長期失業者を雇う義務を負った。それらの公的に雇用された失業者のほとんどは，失業給付の資格を得ることができる前述した7～9ケ月後にレイオフされ，再び失業手当受給者に戻った。これをくり返すことで，長期失業者は半永久的に失業手当を受給できた。つまり，同制度は職業訓練の提供とは別に，失業保険制度にとどまることも意図されていた（Buksti, 1984, pp.226-227）。積極的労働市場政策への参加は，本来の目的を達成していたかどうかは別として，事実上の給付延長手段ならびに失業者の経済生活を支える社会権の拡張手段として機能していた。

　この当時の失業対策の中心は積極的労働市場政策よりも，むしろ寛大な失業保険制度にあった。政策の理念は失業保険の加入者が長期失業の危機に直面したときに，受給権を喪失することで公的扶助受給者になることを予防すること，そしてたとえ失業しても，標準的な生活水準を維持することに重点があった（Jensen, 1999, p.5；Torfing, 1999, p.13）。この時期のデンマーク福祉国家は，高度に「脱商品化」を達成したモデルであったと言えよう。

（2）給付抑制戦略としてのアクティベーション政策：1990年

　両政策の目に見える経済的な効果，つまり労働市場統合の効果は決して芳しいものではなかった。こういった政策の「失敗」が継続する中で，いよいよ1980年代終わりから構造的失業と失業者の勤労倫理が政治問題として表面化していくことになった。構造的失業問題では，先述したとおり労働市場における需要と供給のミスマッチが問題とされた。持続する高い失業率や増加し続ける財政支出が，徐々に社会問題として関心を集めるようになった。その結果，積極的労働市場政策の重要性が政治的アジェンダとして明確に政府に認識されるようになった（Lindsay and Mailand, 2004, p.201）。これについては，後述する政

労使からなる委員会で大きく取り上げられることになった。さらに，もう一つ重要な要素がアクティベーション導入に賛同する世論を惹起していった。それは稼働能力のある失業者が増加したことである。これは完全雇用を目指してきた福祉国家が想定しなかった事態だった。

　この事態はデンマーク福祉国家にとって，二つの問題を含意している。一つは，高度な福祉国家を財政的に持続できるのか，という技術的な問題である。なぜなら，高齢化社会の中で労働力が減り失業者が増えれば国家の支出は増え，税収は減るからである。もう一つは，稼働能力があるにもかかわらず職に就いていない失業者が増えることで喚起される勤労倫理の問題である。これは何よりも市民と福祉国家の社会契約の問題として解釈されていくことになった（Larsen and Mailand, 2007）。

　社会契約の問題とは次のようなものである。福祉国家の市民はただ受動的であってはならならず，その成員として自らの義務を果たさないといけない。そして社会に貢献しなければいけない。そのために，福祉国家の政策原理は従来のシティズンシップに基づくものから，アクティブ・シティズンシップ（active citizenship）[4]に基づくものへ移行すべきである。このような言説はアクティベーション政策を正当化する根拠を提供し，失業給付の見返りとして雇用にもどる努力をせよ，という主張に接続していくことになった。事実，これ以降に導入される諸々のアクティベーション政策には，一貫してこのような理念を確認できる（嶋内, 2015）。こうした風潮の中，アクティベーションは社会政策の中心として根付いていった。

　1990年，右派政権によって公的扶助法（lov om social bistand）の一部が改正され，「若年手当（ungdomsydelsen）」が導入されたことで「若年手当制度」が始まった。同制度で「『アクティベーション』という用語が初めて公式に使用された」（Elm Larsen, 2005, p.139）と言われている。その内容は次の通りである。18歳と19歳には公的扶助受給開始の2週間後という短期間のうちに，パートタイムを基本とした最低5ケ月の積極的労働市場政策への参加義務が発生し，参加者には低水準の「プロジェクト賃金」を支給した。その5ケ月間を終了す

ると，若者らは義務から解放され，所得保障のみを受け取ることが可能だった。1992年には対象年齢が24歳まで拡大された。対象者は若年者に限られていたものの，公的扶助受給の条件に見返りとしての就労を請求者に即座に要請する点において，この制度は現在の強制的要素を伴うアクティベーションの先駆けであった（Rosdahl and Weise, 2000, p.169 ; Lindsay and Mailand, 2004, p.202）。

　厳格な就労要請を導入した背景には，若者の勤労倫理が問題視された事実がある。この制度は1988年に法案化される予定だった。そのときに問われたのは失業率が高まりつづける一方で，高校卒業後の夏に公的扶助を請求する若者たちだった。彼らは貧困層というよりも，むしろ中間層の出身者が多かった。何の社会的問題も抱えていない若者のこうした行為は，非倫理的であり社会の規範を蝕むものとしてメディアの批判の的となった。若者たちは本当に失業しているのか，夏にバカンスを取るために扶助を請求しているのではないのか，このような疑いの目が若者に向けられ，やがてそれは失業者全体に対する眼差しへ広がっていった。実際には失業者の職業能力不足や，能力を向上するための教育機会の不足等が原因だった。しかし，政府内部ではこれらのことと平行して，仕事に就こうとしない失業者の非自発的な態度，前職と異なる条件の仕事に就こうとしない行為，およびその行為に導く求職活動制度の欠陥――就労の動機づけを促す仕組みの欠如――が議論されていた。

　以上のような社会的背景の中で醸成された若年手当制度は，怠惰に対する懲罰的な要素を包含しており，若者の公的扶助への流入を防ぐことが大きな目的になっていた。これは福祉へのアクセス制限である。同制度は積極的労働市場政策への参加拒否が，同時に公的扶助の受給者として不適格になることを意味した。公的扶助を請求する若者に対して，職業訓練への参加を要請しそれを受け入れる者だけを，受給権を有する「価値のある」者として選別するのである。周知のように，公的扶助とは資産調査を伴う「ミーンズ・テスト」付きの選別主義的福祉制度である。同制度はそこに就労する意思があるかどうかをチェックする「ワーク・テスト」を伴った選別主義的な勤労福祉制度と言える。また，同制度は従来の受給権のルールを変更した。その結果これ以降の制度において，

積極的労働市場政策のプログラム提供を拒否するなら，給付を打ち切ることが正当化されていく契機を提供することになった。1980年代までは，受給者は積極的労働市場政策のプログラムへ参加する権利のみを有していた。つまり，受給者は希望する場合に限りそれを受けることはできても，政府が強要することはできなかったのである。しかし，これ以降の受給者は権利だけでなく義務を有しており，政府は参加を強要できる権限を形式上持つことになった（Rosdahl and Weise, 2000, pp.175-178）。

（3）構造的失業問題解決策としてのアクティベーション：1993〜1994年

　他方でアクセスの制限を目的とするワークフェアではない側面も現れてきた。職業能力の向上を目的とし，就労支援を重視する就労アクティベーションである。この背景にはもう一つ展開されていた議論，すなわち構造的失業問題への着目が影響している。政府は1980年代終わりからこの問題を取り上げていた[5]。構造的失業の要因とその解決を本格的に議論したのが，旧労働省のもとに設置された経済学者 Hans Zeuthen を代表とする政労使からなるコーポラティズムの通称「ソイテン委員会（Zeuthen udvalget）」だった。同委員会は1992年に議論を総括した『労働市場の構造的失業に関する調査委員会報告書』を公表し，これが1993年に行われたアクティベーションの本格的導入をふくむ大規模な労働市場改革の下地となったと言われている。同委員会は右派政権時代に招集されたものであるが，1993年に誕生した左派政権はその評価に基づいて労働市場改革を実施した（Torfing, 2003）。

　同委員会は先の構造的失業の問題に焦点をあてつつ，当初二つの改革を議論していた。一つは，これまでなかなか成果を挙げることができないでいた職業訓練制度の改革，すなわちアクティベーションに向けた改革であった。そしてもう一つは，寛大な失業保険制度の見直しであった。見直しとは，国庫負担を減らし労使負担を増やすこと，給付水準を下げることを指す。しかしながら，失業保険に関しては，労働組合と経営者団体がともに強い反対を表明したため，政治的な合意を得ることがきわめて困難で実現する見通しが立たなかった。し

たがって，改革の議論はアクティベーションに収斂していったという政治的背景があった。実行可能で有力な議論として推進されたのが，失業者の個別状況に合わせて職業能力の向上を図る構想だった。これを導入することよって，給付期間の延長手段として形骸化していた積極的労働市場政策を改革することを提案した。そしてもう一つ，失業給付期間を短縮することを提案した。

　提案を受けて連立左派政権が実施した個別状況への配慮は，アクティベーション政策における個人別行動計画の導入となった。それは失業者個人の必要に合わせたプログラムを保証すると同時に，当局と失業者個人とのあいだの契約を示す形となった。また，アクティベーション政策をより効果的にするために，地方のコーポラティズム組織を巻き込んだ労働市場政策の抜本的な地方分権化も併せて実施された（Larsen and Mailand, 2007, pp.100-102）。地域の労働市場に精通する労働組合や経営者の意見を反映することで，プログラムが労働市場の需要に応じてより現実的な内容に洗練され，より効果的な人的資本の開発に寄与することが期待されるからである。

　1993年の改革は積極的労働市場政策に限定されるものではなかった。アクティベーションのもう一つの要素である給付についても改定された。失業給付期間に7年間という制限が設けられた。当時は期間の前半4年間と，後半3年間が区別されていた。特に後半期間を「アクティベーション期間」と呼んでいた。この期間に入っても依然として失業状態にある者は，最低でも平均週20時間は職業訓練や教育に参加しなければならなくなった。さらに，その義務を拒否した場合は，給付の削減や停止といった措置がとられるようになった。

　給付の改革に影響を与えたものとして，ソイテン委員会だけでなく「社会委員会（Socialkommissionen）」の存在がある。同委員会は1990年代以降の福祉国家の変容を理解するうえで興味深い議論を展開しているので，一部を紹介しよう。同委員会は急進左派党の Aase Olesen を委員長とし，7名のメンバーからなっていた。同委員会が問題としたのは，失業給付が事実上の「市民賃金」に近くなっていたことである。つまり，労働市場において働くか否かに関係なく雇用政策が人々を生活可能にさせていることへの懸念であった。この原因の

一つとして，積極的労働市場政策が失業給付資格を再取得する入口になっている事実が指摘された。社会委員会がこれを防止するために失業給付の受給条件を厳しくするよう勧告したことは，給付期間が 7 年間に制限されたことに反映している（Kananen, 2014, p.131）。

委員会が状況を変えるために持ち出してきたのが，給付を受けるならば就労する義務を受け入れなければならない，という市民と国家の互酬性だった。互酬性を正当化するために依拠したのが憲法75条だった。デンマーク憲法75条は 2 項からなっており，第 1 項は「公共の福祉を促進するために，あらゆる就労可能な市民は，自らの生存を保障する条件のもとで勤労の機会を有することが目指されなければならない」（Folketinget, 2009），第 2 項は「自らをまたは家族を扶養できず，何人にも依存できないあらゆる者は公的な支援への権利を有するが，法が規定する義務に従わなければならない」（*ibid.*）と記している。このように社会委員会は憲法の一節を援用しながら，市民の権利と義務の互酬性を支持する共同体主義的な議論を展開し，メディアを通して同委員会の解釈が社会に広く普及していくことになった（Cox, 2001, p.479）。

市民に対して互酬性を要求するということは，行政側へも要求としてはね返ってくる。1994年に二つの法律が施行された。「積極的労働市場政策法（lov om en aktiv arbejdsmarkedspolitik）」，および「コムーネ・アクティベーション法（lov om kommunal aktivering）」である。これらはいずれも社会委員会の提案に影響を受けたものである。前者は行政職員が求職者に対して行動計画を提供する責任を，後者は就労支援を受けようとする公的扶助受給者に対するコムーネの責任を規定している。二つの立法が示しているのは，市民への義務の要求を裏返した結果である。市民側からすれば，受給権はもはや自動的に付与されるものではなくなったことを示している。

このように，大規模な労働市場改革によって1994年に本格的にスタートしたアクティベーション政策には，一方でソイテン委員会が展開した労使をふくめて積極的労働市場政策の内容をより人的資本開発型に改良する改革が，他方で社会委員会が展開した制度の理論的な根拠や倫理的基盤の転換に踏み込んだ影

響が現れることになった。結果として制度化されたアクティベーションには，失業者の個別性に配慮した「クライアント中心」アプローチをふくみながらも，支援への参加は強制であるという矛盾する組み合わせが内在することになったのである。

（4）中道右派政権によるワークフェアへの接近：2001～2011年

　2001年，左派党，保守国民党，そして閣外協力としてデンマーク国民党による右派連立政権が誕生した。左派党は自由主義，デンマーク国民党は排外主義の政党である。首相は左派党のAnders Fogh Rasmussenが就任した。雇用状況は1990年代初期に比べるとかなり改善を見せていたが，それでもなお同政権は労働市場政策の改革を推進した。しかも改革はアクティベーション政策の厳格化をいっそう加速させていくものだった。政府は2002年に「より多くの人々を就労へ（Flere i arbejde）」という改革案を発表し，翌年から実行した。この中には，公的扶助を連続6ケ月間受給する者を減らす目的で，彼／彼女らの受給額に上限（失業手当最高額の60～80％）を設ける対策がふくまれていた。多くの半熟練工を組合員として抱える有力な労働組合が抗議を表明したが（Jørgensen, 2002），その意に反して実行された。

　2002年には「スタート扶助（starthælp）」が導入された。これは，最近8年間のうち少なくとも7年間をデンマークで生活しなかった者を対象にしている。通常の公的扶助の約35％から50％という低水準の給付があたえられる（Breidahl, 2011, pp.48-49）

　2003年には，1994年から続いていた失業手当の受給期間内に設けられた「前半期間」と「後半期間」の区別が廃止された。これは，「前半期間」が廃止されたことで，受給期間の全体が「アクティベーション期間」になったことを意味している。旧制度では少なくとも「前半期間」においては，積極的労働市場政策の就労支援プログラムに参加するかどうかは，失業者自身の自由意思に委ねられており，失業者の選択がある程度尊重されていた[(6)]。しかし，この区分の撤廃は，失業者は誰であれ一刻も早く労働市場で利用可能な存在とならなけれ

ばいけないという意思の表れであり，アクティベーションへの参加を正当な理由なく拒否すれば，即刻制裁が科せられるようになったことを示している。

2005年，政府は「すべての人に新しい機会を（En ny chance til alle）」と題する議案を準備した。ここには25歳未満の公的扶助受給者に対して，学校での再教育の義務づけや「300時間規定（300 timers reglen）」の導入が検討されている。300時間規定は2007年から施行された。これは，夫婦2人がともに社会的給付を受給している場合に適用される法律である。この法律によれば，これに該当する夫婦それぞれの直近2年間における労働時間が仮に300時間未満であるとすると，どちらかの配偶者の社会的給付の権利が失効することになる（Larsen and Mailand, 2007, p.111；Breidahl, 2011, p.49）。300時間規定，スタート扶助，上限付きの公的扶助の導入のいずれも形式的にはすべての市民を対象としたものとなっているが，実質的には移民の社会保障費の削減を目的としたものになっており，300時間規定の場合は特に就業率が著しく低い非西欧圏からの女性移民をターゲットにしていた。

2005年までの動向を総じて述べると，所得保障の条件を厳しく変更したことであろう。この政権の段階になると，前政権下で推進されようとしたアクティベーション政策は，もはや同じ政策とは言えないほど変化していた。つまり，職業能力の向上を主目的とする性質から，給付要件を厳格化することで就労へ誘導しようとするタイプへの変質である。そのためにアクティベーションには，受給者の規律と管理，そして当局の提案の拒否に対する制裁の強化が加えられた。それらは就労へ向かう動機づけを阻害しないよう設計され，市場へ送り出す労働力供給のいっそうの促進を意図している。

2009年，Fogh Rasmussen が NATO 事務総長に着任するために首相を辞任したため，Lars Løkke Rasmussen が次の首相になった。彼は一連の金融危機への対応として，失業給付の受給期間の短縮ならびに受給資格の厳格化を実行した。受給期間の上限を4年間から2年間に削減し，なおかつ受給権を取得するために必要な労働時間を直近3年間で1924時間に変更するという改定を行った。これはつまり，半分に短縮された受給期間へのアクセスを得るためには，

従来よりも倍の労働時間を要することを意味している。労働組合の強い反対があったが，結局この新制度は2013年1月から施行することになる。その結果，多くの失業者が2013年に失業保険の資格を失うことになり，同年6月までに少なくとも1万7000人から2万3000人以上が制度から脱落するという公式発表が行われた。そのため，2011年秋に政権に就いたHelle Thorning-Schmidt率いる左派連立政権は，大量の失業者の保険制度からの排除に対処することを迫られた。賛否両論はあったものの，同政権は脱落者に緊急雇用を創出することで，制度からの脱落の影響をなんとか最小限にとどめようと努めた。アクティベーションに関して同政権は，前政権とは異なる立場をとった。前政権が給付の削減と受給資格の厳格化によって，就労の動機づけを促そうとしたのに対し，特に若者への職業教育を重点的に実施していく方向性へと転換を図った。[7]

（5）地域における社会的アクティベーション

ここまでアクティベーション政策の展開を見てきたが，どのようなアプローチであれそれらには一つの共通点がある。それは労働市場への統合を第一の目的としていることだ。しかしながら，アクティベーションには包摂の領域を労働市場に限定しない，社会的包摂を指向するタイプを見出すことが可能である。それが第1節で述べた社会的アクティベーションである。地域レベルで地域の社会資源を活用しつつも，日常生活および社会生活の改善を第一の目的としながら，労働生活への足がかりも同時に築こうとするものである。

コペンハーゲンのヴェスタブロ区を拠点に活動する「キリスト教学生セツルメント」という100年以上の歴史を持つ団体がある。この民間非営利組織（サード・セクター）の取り組みの一部を事例として紹介しよう。[8]同団体は地域において生活に困窮する住民へのケアや支援をミッションに掲げており，ときに基礎自治体（コムーネ）を支援するための社会福祉活動や困窮者と行政との仲介役を果たしている。おもな支援対象者は子ども，若者，移民，失業者である。失業者に対しては就労支援や行政支援の受け方をアドバイスしている。

団体の成功事例として「サイドストリート・プロジェクト」がある。30年ほ

ど前からヴェスタブロでは，サイドストリート（横丁）の商店の多くが閉店し始めた。そこで団体は，失業した若者が閉店した店を引き継ぎ，再開店する事業を立ち上げた。それは現在でも続いており，カフェ，健康食品，子ども服の店などが営業している。プロジェクトは労働市場統合だけを目的としているのではなく，社会統合プロジェクトでもある。長期失業者はここに参加することで，労働市場への統合が試みられる。団体が最初の1年間，参加者の面倒を見ることで，通常の労働市場に戻るための訓練が行われる。心理的な問題，アルコール依存等の問題をかかえ，通常の生活に戻ることに不安をかかえる人々が参加し，関係者と一緒に社会保障とは異なる方法で社会復帰を目指しているので，社会統合としての側面も備えている。これは労働市場統合のプログラム，コミュニティワーク，そしてソーシャルワークを相互に連携させたプロジェクトとして市民から高い評価を得ている。団体がケアする人たちは失業だけでなく，依存の問題も抱えており，問題は多岐にわたっているため，給付と組み合わせるこのようなプロジェクトが非常に有効だった。プロジェクトが示唆するのは，排除のリスクにさらされ通常の就労が困難な人たちへは，社会的アクティベーションというアプローチが社会的包摂政策として大きな可能性を持っていることである。しかし逆に言うと，そのことは労働市場への包摂を専らにする主流のアクティベーション政策が，むしろ複数の困難をかかえる人にとって社会的包摂の足かせとなる可能性を暗示している。代表のJohannes Bertelsen氏は次のように語る。

　排除された人たちの半数は，アクティベーションを良くないと考えているようです。これらの人たちは常に仕事を探しているが，就職することができません。しかし，社会的給付を得るためには，くり返しくり返し活性化されなければなりません。そうしなければ，給付を失うことになるからです。常に求職活動を行い，何度も活性化され，それでも職は得られないとなると，その人たちは罰せられているような感覚になります。もちろん，良いこともあって，アクティベーションの支援で就職する人もいます。しかし，アク

ティベーションはその人の持っているリソースに非常に大きく関連するのです。

このようにひたすら労働社会への統合を目指すアクティベーション政策は，就労困難層の社会的包摂政策としては不十分である。そうであるならば，社会の多様な次元への参加を想定する社会的アクティベーションの開発が，重要な代替案として自明となるだろう。

(6) 三つのアクティベーション

本節では一連のアクティベーション政策の展開を見てきた。その展開を見てみるならば，アクティベーションへのアプローチは決して一様ではないことが分かるだろう。多くの研究がデンマークを「人的資本開発モデル」の枠組みで捉える傾向にあるが，本節が示したように同国には「ワークファースト」ないしワークフェアとして展開された時期が確実に存在する。また，職業訓練を重視する時期も確かにあったが，しかしそこへの参加は互酬性という大義名分のもとに強制力を伴うものであった。強制であろうとなかろうと，訓練を重んじることのみに注目するなら，それは人的資本開発の範疇に入るのかもしれない。しかし，これは一般労働市場への統合政策ではあるが，社会的包摂政策ではない。とりわけ就労困難層にとって，終わりのない職業訓練への永続的な参加が，彼／彼女らにとって意味のある生につながるとは考えにくい。そこで小規模な範囲ではあるが，社会的排除にさらされた人々を社会に包摂する社会的アクティベーションが地域レベルにおいて行われていることを確認した。

3 休暇制度とジョブ・ローテーション

(1) 三つの休暇制度とその影響

1990年代以降のデンマーク福祉国家の変容は，アクティベーション政策の導入およびその発展過程から説明されるのがほとんどである。しかし，多様なア

第**8**章　福祉国家の変容と脱商品化・再商品化

クティベーションのアプローチとは別途，失業を減らす目的で1990年代半ばに三つの休暇制度（orlovsordningerne）が形成された（Høgelund, 1996）。これらは「ジョブ・ローテーション」という今までにないアイデアのもとで提案された（Bredgaard og Madsen, 2011, p.66）。現在この制度の一部は廃止され，「実験的試み」として語られることもある。しかしながら，当時の労働運動や女性運動から高い評価を得ていた。本節は近年あまり注目されることのない休暇制度に改めて光をあててみたい。なぜなら，アクティベーション政策とは異なる手段で社会への包摂を追求しようとしていたからである。

前節第 1 項で述べたように，1980年代のワーク・シェアリングは，決して効果的とは言えなかった。そこで，1980年代終わりから，労働組合と社民党を中心に，単なる労働時間の削減とは異なるワーク・シェアリングのあり方が追求されていた。同時に，女性組合員が多く加入する公共セクターの労働組合や女性労働組合は，旧キリスト教国民党（Kristeligt Folkeparti）とともに子育てのための有給休暇制度の導入を求めていた。共働き世帯が多いデンマークにおいて，親たちが子どものために過ごす時間や公的な育児施設に不満があったからである。そのよう背景の中，1994年に社民党が主導する連立政権が誕生すると，政府は三つの休暇制度を実施するにいたった。

表 8 - 1 はそれらの概要である。教育休暇（uddannelsesorlov）は25歳以上の失業保険に加入し，かつ最低 3 年間雇用された者に提供される。休暇は最短で 1 週間，最長で52週間（ 1 年間）の取得が可能である。1992年に始まった試験的な制度のもとでは36週間までに限られていたが，94年に恒久化されたことで休暇取得者は，長期の職業教育に参加可能となった。就業者は休暇を取ることで職業能力を改善し，休暇終了後に再び職場に戻ることができる。雇用主は休暇を取得する従業員のために新たな拠出をする必要はない。また，雇用調整のあり方として，従業員の解雇ではなく教育へ送り出すという選択肢も生じる。休暇期間中は失業給付の100％が保障された。被雇用者に限らず自営業者と失業者も取得できた。休暇取得者が抜けた職場の欠員を，失業者を雇用することで補うことも期待された。

表 8-1　休暇制度の概要

	教育休暇	育児休暇	サバティカル休暇[1)]
対象者	・被雇用者 ・失業者 ・自営業者	・被雇用者 ・失業者 ・自営業者	・被雇用者
失業給付の受給資格	必要	不要	必要
最長期間	1年間	26週間／1年間[2)]	1年間
法的権利	○	○ (26週間まで)	×
失業者の代理雇用	不要	不要	必要
保障水準（対失業給付比）	100%	80%[3)]	80%[3)]

(注)　1) 1999年3月31日で制度は廃止された。
　　　2) 1995年に1歳以上の子どもを持つ場合の法的権利は13週間に短縮された。
　　　3) 育児休暇とサバティカル休暇は1995年に70%へ，1997年に60%へ削減された。
(出所)　Compston and Madsen (2001, p.122).

　育児休暇（børnepasningsorlov）は9歳未満の子どもを扶養する親に，13週間から52週間提供され，失業給付の80%が保障される。1歳未満の子どもを持つ場合は26週間，1歳以上の子どもを持つ場合は13週間までが法的権利として認められている。つまり，雇用主は従業員が申請をした場合，それを受け入れる義務があり，休暇を理由に解雇することはできない。しかし，それより長い休暇（52週間まで）は，雇用主と合意しなければならず，雇用主に休暇後の再雇用義務は発生しない。育児休暇は女性組合員を多くかかえる労働組合や女性団体から，導入に向けて相当な圧力があり，メディアでも熱心に議論が交わされていた政治イシューであった。さらに，国内の育児施設の不足もあって，休暇の導入は基礎自治体の育児コストを引き下げる効果があると見込まれ，自治体が支持に回ったことが設立にとって大きかった。[(9)]

　最後にサバティカル休暇（sabbatorlov）も導入した。これは失業保険に加入する就業者に最長で1年間を限度に，有給休暇の取得を認める制度である。失業者には適用されない。これは事前に雇用主と合意し，失業者を休暇取得者の代替労働者として雇用する場合に取得が可能となる。そうすることで利用目的を制限されることなく，自分のために休暇を過ごすことができる。休暇期間中は失業給付の80%が保障された。この制度は社会主義国民党の主導によって提案され，社民党，急進左派党，労働組合の一部の支持者たちがこれに追随した

表 8-2　休暇制度の取得率（％）

西暦	1994	1995	1996	1997	1998	1999
教育休暇	1.6	2.8	2.5	2.9	2.9	1.8
育児休暇	2.8	1.8	1.6	2.0	1.8	1.9
サバティカル休暇	0.5	0.1	0.1	0.1	0.0	0.0
合計	4.8	4.7	4.2	5.0	4.7	3.6
失業率	11.3	9.2	7.7	6.9	5.6	4.9

（出所）　Compston and Madsen（2001, p.123）．

(Compston and Madsen, 2001 ; Siim, 1998)。

　このようにして成立した休暇制度は非常に人気となり，政府の予想を超える人々が休暇の申請に殺到し，多くが休暇取得を許可された。表8-2は取得者の割合を示している。1994年はおよそ14万1000人が制度を利用した。1996年は12万1000人の取得者のうち，7万2700人が教育休暇，4万6900人が育児休暇，1500人がサバティカル休暇だった（Madsen, 1999, pp.61-62）。教育休暇と育児休暇では，取得者した被雇用者の65％が代替労働者に置き換わった（Compston and Madsen, 2001, p.123）。取得者の約半数は失業者であり，さらに取得者の多くが女性であることが明らかになっている。休暇取得者の80％が女性であり，看護師，教師，ソーシャルワーカー等多くの女性が働いている公共セクターで総取得者の60％を占めていた（Madsen, 1999, p.62 ; Siim, 1998, p.15）。

　こうした休暇制度が，登録失業者の減少に貢献したことは明らかである。なぜなら，有給休暇を取得すれば，一時的な労働市場からの退出を意味するからである。したがって，1994年以降のデンマークの失業率減少の要因は，アクティベーション政策の導入やマクロ経済の回復だけでなく，休暇制度からも説明できる。しかし同制度は雇用の総量を拡大することはない。逆にその点が経営者団体や右派政党から，みせかけの失業削減策として批判を受けた。経営者連盟（Dansk Arbejdsgiverforening）は労働者の技能向上が見込まれる教育休暇に賛成したが，育児休暇やサバティカル休暇については明確な反対意思を表明していた（Compston and Madsen, 2001, pp.121-122）。

(2) ジョブ・ローテーションというアイデア

　しかしながら，労働者にとって休暇制度は非常に魅力的だった。その理由は，このジョブ・ローテーションというアイデアが，失業の削減とその他の政策目的とを接続させたことで，多くの人々の関心を引き寄せたからである。教育休暇は将来のキャリアの見通しを広げる手段として労働運動が長年要求してきたことであったし，雇用主にとっては国家の負担でより能力の高い労働力を獲得できる（*ibid.*, p.125）。さらに，ローテーションにより失業者を雇用することで，就業者と失業者との連帯を可能にしている。またローテーションは，失業者からの雇用だけでなく，転職や配置転換としての雇用もできるので，就業者間の連帯も生まれる。サバティカル休暇は最も取得要件が厳しく，1999年に廃止されてしまったが，休暇の目的を自由に選択できる点が魅力的である。教育や育児でなくても，たとえば地域活動やボランタリー活動のために利用すれば，地域社会への参加を促す制度になるだろう。

　育児休暇は失業の削減と家族福祉の促進を組み合わせたものである。自らの選択で賃金労働から一時的に離脱し，子どものために費やす時間を提供する。あるいは，失業中の者にとっては「失業者」という地位からの解放を意味する（Siim, 1998, p.15）。なぜなら，人々は「子育て」という雇用とは異なる形態の労働に従事し，その対価を獲得するからである。教育休暇とサバティカル休暇は，失業保険基金への加入者であり，雇用実績があることが取得の前提となっている。したがって市場での業績達成を原理とする福祉制度である。この点で育児休暇は異なっている。同休暇は普遍主義的であり，未加入者で失業中であっても休暇を提供する。

　このように時短のみの通常のワーク・シェアリングと比較すると，失業の削減，能力の改善，福祉の向上，そして自己決定した目的の追求という生活の質を改善する可能性があった。それゆえに，多くの労働者を引きつけたのである。

4 四つのアプローチと脱商品化・再商品化

　第2節および第3節では，1990年代以降のデンマーク福祉国家の変容過程をアクティベーション政策と休暇制度から見てきた。本節では「脱商品化」の概念から，それらの変化を改めて考えてみよう。周知のように，それは諸々の社会権を導入することで，労働力が商品という性格を薄めてゆき，人々が市場に依存することなくその生活を維持できるようになることである（エスピン-アンデルセン，2001，23頁）。別言をすれば，脱商品化は一時的な失業，退職，疾病のように雇用を離脱したときに適度な生活水準を維持する権利と結びつけられた文化的概念でもある(10)（Jensen and Pfau-Effinger, 2005, p.6）。

　ではこの概念から1990年代以降のデンマーク福祉国家の展開は，どのように理解できるだろうか。四つのアプローチが存在したことを確認できる。まず90年代初頭に導入された若年手当制度，および2001年から2011年までの連立右派政権期におけるアクティベーション政策は，受給条件の厳格化，給付削減，制裁の強化を通じて給付へのアクセスを制限するものだった。そうすることで，福祉よりも賃金労働を自動的に選択するよう導くワークフェアのアプローチだった。

　次に1994年から連立左派政権期で実行されたアクティベーション政策は，労使との対話を重視し，労働市場政策の地方分権化を行いながら，職業訓練の内容を失業者の能力と労働市場の需要に適合させていく就労アクティベーションへ向かった。ワークフェアと異なるのは，給付の削減を第一目的とするよりも職業能力の改善にある。いわゆる「人的資本開発モデル」と称されるアプローチである。

　このように上記二つは，失業者の活性化に向けたアプローチが異なっている。とはいえ，両者ともに人々の労働市場参加に向けた施策を義務化するという点では共通している。その意味で，就労アクティベーションは参加の領域が労働市場に限定されているので，労働市場統合政策ではあるが社会的包摂政策とは

言いがたい。行政が提供するのはクライアントのために練り上げた行動計画に沿った職業訓練であり，それを拒否すれば制裁が下ることになる。つまり，国家の政策の中心として推進されてきたのは，いずれも人々を労働市場に送り出し再び商品化するための施策であった。こうした傾向は，しばしば「再商品化」への移行として理解されることがある (Goul Andersen, 2005, p.80)。

　なるほど確かに近年の福祉国家が促進するのは，労働の脱商品化ではなく再商品化である。しかし，デンマーク福祉国家において再商品化の推進は，特段に新しい傾向とは言えない。Jon Kvist は北欧福祉国家がかつてから再商品化の可能性，つまり積極的労働市場政策，そして就労への動機づけを組み込んだ消極的な給付制度を整備してきており，それは今も北欧モデルの本質でありつづけていると指摘する (Kvist, 2000)。第2節第1項で触れたように，再商品化政策としての積極的労働市場政策は1970年代には導入されており，確かに存在自体が新しいわけではない。したがって誤解を恐れずに言えば，寛大な給付による脱商品化の高度な達成というデンマークをふくむ北欧福祉国家の理解は，一面的なものにすぎない。高水準の給付（＝脱商品化政策）と同時に，積極的労働市場政策（＝再商品化政策）や公的育児サービス（＝脱家族化政策）を高度に組み合わせることで，労働の（再）商品化の最大化に努めてきたという方がより適切な理解であろう。

　では，何が1990年代以降に変容したのか。それは社会的給付の請求者に対して，再商品化の義務を徹底したことである。失業の罠や給付への依存を抑制するために，厳格な条件を加えることで就労を促した。再商品化は連立右派政権期においては給付の削減という自由主義的福祉国家のような手法で強化された。連立左派政権期には具体的な職業資格の向上や，リテラシー，言語スキルなどより一般的な資格習得の義務づけという形で遂行された。政権によって再商品化の手段は違うが，いずれにせよ給付を要求するあらゆる人々は，再商品化プログラムへの参加要請に応じなければならなくなった。これこそが90年代以降の変容であり，その後のアクティベーション政策を規定する「積極的路線 (Aktivlinjen)」と呼ばれる原理である (Carstens, 1998)。この変化によって，デ

ンマークは市民に積極的労働市場政策の権利に加えて義務を提供することになったが，同時に社会的排除に直面する人々の義務さえも強化していった。

ところが，地域社会で実践される社会的アクティベーションや，1994年の休暇制度は再商品化を加速させるこうした傾向とは異なる注目すべき動向である。サイドストリート・プロジェクトは社会的排除に直面する人々の再商品化を視野に入れているが，主たる目的はそこに置いていない。参加者を地域社会の紐帯に再び織り込み，地域社会における有用性や生の意味，自尊心を取り戻すことが本質的な目標である。労働市場への参加，すなわち再商品化は，あくまでそのような取り組みの副産物という位置づけである。

休暇制度はどうか。労働者は必ずしも失業に直面せずとも，必要とするときに自由に労働市場から離脱する選択肢を付与される。さらに失業に直面したとしても，失業者がとれる選択肢はアクティベーションへの参加をふくめて，それ以外にも開かれている。失業者は再商品化に直接つながるプログラムへの参加を必ずしも選ぶ必要はなく，教育や子どものために過ごす時間，そして自由時間を取得する選択の自由を提供される。

これらはむしろ再商品化傾向に対抗する脱商品化を促進する傾向である。しかも重要なのは，これらの脱商品化が「市場を離れたときの生活水準の維持」以上の意義を有していることである。[13] 社会的アクティベーションによる脱商品化は，労働市場に限定されない社会の多様な領域への参加を保障する。休暇制度による脱商品化は，社会全体で就労を分かち合うジョブ・ローテーションを媒介としながら，一方で失業者に就労を提供する商品化への自由を提供し，他方で就労を一時的に中断し日常生活の問題に関与する機会を提供することで，取得者のアイデンティティを育む可能性を持っている（Siim, 1998, p.15）。これらは既存のアクティベーション政策のオルタナティブと見なすこともできるのである。

5　生産指向の普遍主義は超えられるか

　本章はデンマークにおけるアクティベーション政策の展開過程を追った。1990年代以降のデンマーク福祉国家の変容は，再商品化政策それ自体ではなく，再商品化を受給者の義務に変えた点にあった。現在もこの傾向が社会政策の中心に位置している。

　しかし，こうした主流とは一線を画したいわば傍流に属する社会政策も成立した。それが社会的アクティベーションであり，休暇制度であった。これらは近年の再商品化中心の社会政策の編成の中で，むしろ脱商品化へ導くものとして異なる性質を帯びている。しかもこの場合の脱商品化は，単なる生活の維持という枠を超えている。所得保障だけでなくジョブ・ローテーションによって，労働者の脱商品化にアプローチをかけてゆく。社会的アクティベーションは社会参加を通して，失業者の脱商品化に新たな意味を与える。こうしたアイデアは政府から出てきたものではない点が興味深い。休暇制度は労働運動と女性運動の中から提起され，世論に訴えた結果として政府を動かしたものだった。サイドストリート・プロジェクトは地域の草の根組織から生まれた。

　労働組合は職業資格と技能の改善を図るために，雇用からの一時的な離脱（脱商品化）を要求し，代わりに失業者を補充（再商品化）することにも配慮した。これは労働者間の連帯を示すものである。育児休暇もまた，子育てを要求する働く親と失業者との連帯である（Siim, 1998）。また，サイドストリート・プロジェクトは地域住民間の連帯である。社会的アクティベーションと休暇制度は脱商品化を所得の維持にとどまらない，教育や社会への参加，そして親であることのアイデンティティの促進などを範疇に入れた新しい概念へと昇華する可能性を有している。近年の社会政策は，再商品化一辺倒に向かいつつある。ワークフェアや就労アクティベーションがそうした政策である。しかし，それらに社会的アクティベーションや休暇制度を組み込んだシステム編成を行うならば，それは人々に一方で労働への自由を，他方で労働からの自由を保障する

社会の実現可能性を持っている。1990年代後半のデンマークにおける社会政策の展開は，まさにこのことを感じさせるものであった。

最後に課題を指摘しておこう。表9-1に記したように，休暇制度はその後に縮減されていった。理由は政府の予想をはるかに超える人気があったため，労働力供給が減ることへの懸念があったからだ。さらに，戦後最悪を記録した失業率は1994年をピークに減少に転じて以降下がりつづけていった。そのため休暇制度は右派政党と経営者連盟から批判を受けつづけ，ついには左派政権内部からも疑問視されるようになっていく。失業が減っているのになぜ中間層に休暇と所得保障を提供しなければならないのか，労働力供給を削減する休暇制度は経済成長を刺激しないし雇用を創出しないではないか。そして，女性の取得者が多いので取得者が公共セクターに集中する等の批判を浴びた (ibid., pp.14-15)。休暇制度はこれらの抵抗に直面し，縮減を余儀なくされていく。その後の社会政策は，労働力供給サイドに力点を置いた「競争国家」の言説が優勢となり，構造的失業の解消に有用な再商品化を促す政策へ収斂していった。つまり，デンマークにおいて休暇制度は短期的には正当性の確保に成功したが，中長期的に見るとフェードアウトしてしまった。したがって，制度を永続させるために社会の支持をどのように調達するのかという課題が指摘できるだろう。そのためには新しい脱商品化概念の構築がさらに求められるだろう。

もう一つは休暇制度へのアクセスの問題である。休暇制度はすべての市民に開かれた権利ではない。教育休暇とサバティカル休暇は，失業保険に加入し一定の雇用実績が取得に必要だった。これらは前提として商品化された労働者にのみ権利が付与される。言い換えると，商品化が脱商品化の前提条件を構成している。もともと北欧福祉国家は賃金労働の常態化が，高度な福祉制度の土台を提供してきた。加えて社会全体に高い勤労意識が行きわたっており，労働を通じた社会統合の意味するところが非常に大きい。スウェーデンの歴史家 Nils Edling は，このような前提のうえに成り立つ北欧福祉国家の特徴を「生産指向の普遍主義」と呼ぶ (Edling, 2006)。商品化に基づく社会的シティズンシップという原則が福祉制度の根底にあり，より多くの市民を賃労働者として動員

することで、人々を普遍的な福祉制度へ包摂するというシステムである。しかし逆に言えば、このシステムはそもそも商品化が困難で「非生産的」と見なされる者を、脱商品化の対象から排除する。たとえば、社会的に不利な条件のもとで育ち、多くの困難をかかえる若者や移民は、最初から労働市場参入（商品化）が困難であるがゆえに、寛大な給付へアクセスできない。だからといって若者や移民を、寛大な福祉制度へ取り込むためにワークフェアや就労アクティベーションを通じて商品化を強いれば、彼／彼女らはますます社会から疎外されてゆくだろう。したがって、「生産指向の普遍主義」で表されるような商品化に基づく社会的シティズンシップを、いかに開かれたものに変えていくか、それが今後の大きな課題であるように思われる。

注
(1) 若森（2013）はこうした休暇制度を再商品化に対抗する脱商品化への動きとして注目している。グローバル資本主義のもとでの労働市場と福祉国家との連携強化による動きが、労働力の一層の商品化を推進するアクティベーションとして表出しており、それに対抗する論理として労働力の「再脱商品化」という概念を打ち出している。「再脱商品化」は労働の意味や生活の質を問いなおす運動と捉えられている（205-220頁）。この点で「再脱商品化」概念は、本章の最終節における筆者自身の認識と共通点がある。
(2) 政府は施行の初年度に約1万7000人の希望退職者を想定していたが、実際は約5万人が利用した（Buksti, 1984, p.226）。
(3) 構造的失業をめぐる議論では、労働者が持つ技能の供給と市場が求める技能の需要とのあいだのミスマッチ、中央レベルで決定される高くて硬直的な賃金制度、寛容な社会的給付、厳格な雇用保護規制などが構造問題を引き起こす要因と見なされる。
(4) 「シティズンシップとは、ある共同社会の完全な成員である人びとにあたえられた地位身分である。この地位身分を持っているすべての人びとは、その地位身分に付与された権利と義務において平等である」（マーシャル・ボットモア、1993、37頁）。これはT.H.マーシャルのシティズンシップ論の一節である。中でも、彼はその社会的権利（社会的シティズンシップ）について、「経済的福祉と安全の最小限を請求する権利に始まって、社会的財産を完全に分かち合う権利や、社会の標準的な水準に照らして文明市民としての生活を送る権利にいたるまでの、広範囲の諸権利のことを意味している」（同、16頁）とする。この解釈に依拠すれば、戦後福祉国家の拡大と発展に伴って、市民の社会的シティズンシップが拡充していったこ

第 **8** 章　福祉国家の変容と脱商品化・再商品化

とは肯定的に評価できる。

　これに対しアクティブ・シティズンシップとは，戦後福祉国家の行き詰まりの中で，そうした拡充に対するアンチテーゼとして提唱されたものである。もともとイギリスのサッチャー政権下で使われた用語であったが，財政危機やコミュニティの崩壊を前に再構築を迫られたマーシャル的な社会的シティズンシップは，さらに左派陣営によって彼が本来重視していたはずの義務の側面を前面に押し出すものへと再解釈されていった。要するに，マーシャルのシティズンシップにおける「能動的（acitve）」な側面の「再発見」である。それゆえに，そこでは権利と義務の互酬性が強く主張されことになる。したがって，左派からも経済的自立の義務を求める論調が強くなり，「福祉から就労へ（welfare-to-work）」の理論的な根拠となっていった（Óskarsdóttir, 2007, p.28）。ニュー・レイバーの「第3の道」は，義務や責任を重視するその共同体主義的な発想を指摘されることがある。これは，そもそもマーシャルのシティズンシップ論がそのような側面を備えていたからである。他方でこれとは別途，市民共和主義にルーツを持つシティズンシップがあるが，これについてはたとえばDwyer（2004）を参照されたい。

(5)　政府は1989年に『労働市場における構造的問題に関する白書』を発表している。

(6)　Johannes Kananen は「前半期間」と「後半期間」がなにゆえ区別されていたのかを，社会委員会の報告書を引用しながら興味深い分析をしている。彼によると社会委員会は，排除のリスクにさらされていない失業者，つまり失業以外の問題を抱えていない者には，積極的労働市場政策への参加は自発的になされるべきであるが，他方で多次元的なリスクにさらされている失業者は，前者と等しい権利を得るべきではないと述べていた。失業以外の多様な困難に直面する者は，自らのためにデザインされたアクティベーションのプログラムへの参加拒否が，給付の打ち切りになるのは当然の結果であると同委員会は考えていた。ゆえに，比較的早く就労可能な者には参加の権利がより尊重され（前半期間），逆に就労困難な者には参加の義務がより強調される（後半期間）政策デザインとなった（Kananen, 2014, pp.132-133）。不利な条件をかかえている者ほど，義務が強化されクライアントの選択肢が限定されるというデンマークのアクティベーションのパターナリズムをここに確認できる。

(7)　2011～2015年の左派連立政権によるアクティベーション政策の動向は，嶋内（2015）を参照されたい。また，2015年6月18日に総選挙が実施され，同政権はわずか1期で下野することになった。社会民主党に議席の増減はなく第1党を維持したものの，左派政党間で連立を組むことが不可能となり政権交代となった。最大の勝利を挙げたのは極右のデンマーク国民党であった。同党は左派党を抜き第2党に躍進したため入閣するかどうか注目を集めたが，入閣交渉で合意にいたらず，得票率わずか19.5％で第3党に転落したLøkke Rasumussen率いる左派党の単独少数派政権が誕生した。この新右派政権は全体として社会保障を削減し，労働を割に合うものへと変えることで労働力供給を増加する政策への転換を宣言している（Regeringen, 2015, p.10）。

(8) 以下の記述は筆者が2010年3月22日に同団体へ実施した調査（半構造化インタビュー）に基づいている。
(9) 同制度のもとで育児休暇を取得した者は，子どもを公的な育児施設に預けることができない。
(10) これは工業社会における比較的標準化された男性稼ぎ手を中心に構成された分析概念であり，その点はジェンダー平等の視点から批判を受けることになった。
(11) 再商品化としての公共政策は積極的労働市場政策に限らない。消極的な給付制度もまた再商品化政策として機能している。たとえば失業給付である。デンマークの失業給付は形式上の所得代替率が90％であり，寛大な失業保険制度と見なされている。しかし保障額に上限額が設定されている。したがって，低所得層には手厚い給付となるが，中間層以上にとっては事実上の定額給付に近い。中高所得層に対しては，再商品化を妨げないように設計されている。
(12) 北欧の研究者たちによる次の指摘は，北欧諸国がいかに再商品化を意識しながら福祉国家の制度設計をしてきたのかを示すものである。「北欧諸国は怠け者にとってパラダイスであり，北欧諸国は人々を労働市場に依存させないことを追求してきたと考えるかもしれないが，それは大きく事実とかけ離れている。多くの施策が完全雇用を目的としている。より広くは社会全体において教育，積極的労働市場政策，育児，税制，公的扶助，保健，そして様々な社会的ケアのすべてが労働市場への参加を可能にすることを目的としているのである」(Kvist et al., 2012, p.7)。
(13) エスピン-アンデルセンの脱商品化概念を，「再商品化」に対抗する「新しい脱商品化」概念に再構築しようとする試みとして田中（2011）が，また脱商品化に加えて脱家族化の概念も検討対象に入れ，既存の両概念をより広く解釈しようとする論考として山森（2004）が参考になる。

引用参考文献

エスピン-アンデルセン，G.／岡沢憲芙・宮本太郎監訳『福祉資本主義の三つの世界：比較福祉国家の理論と動態』ミネルヴァ書房，2001年。

嶋内健「就労アクティベーションから教育アクティベーションへ：デンマークにおける公的扶助改革」福原宏幸・中村健吾・柳原剛司編著『ユーロ危機と欧州福祉レジームの変容：アクティベーションと社会的包摂』明石書店，2015年。

嶋内健「就労アクティベーションからワークフェアへ？：デンマーク」福原宏幸・中村健吾編著『21世紀のヨーロッパ福祉レジーム：アクティベーションの多様性と日本』糺の森書房，2012年。

田中拓道「脱商品化とシティズンシップ：福祉国家の一般理論のために」『思想』No.1043，2011年3月。

福原宏幸・中村健吾編著『21世紀のヨーロッパ福祉レジーム：アクティベーションの多様性と日本』糺の森書房，2012年。

マーシャル，T. H.・ボットモア，T.／岩崎信彦・中村健吾訳『シティズンシップと社

会階級：近現代を総括するマニフェスト』法律文化社，1993年。
山森亮「脱商品化と脱家族化の政治経済学」『経済理論』第41巻第2号，2004年7月。
若森章孝『自由主義・国家・フレキシキュリティの最前線：グローバル化時代の政治経済学』晃洋書房，2013年。
Bredgaard, T. og P. K. Madsen, "Arbejdsmarkedspolitikkens Mål og Midler," i T. Bredgaard et al., *Dansk Arbejdsmarkedspolitik*, København : Jurist-og Økonomforbundets Forlag, 2011.
Breidahl, K. N., "Social Security Provision Targeted at Immigrants : A Forerunner for the General Change of Scandinavian Equal Citizenship?," in S. Betzelt and S. Bothfeld (eds.), *Activation and Labour Market Reforms in Europe : Challenges to Social Citizenship*, Basingstoke : Palgrave Macmillan, 2011.
Buksti, J. A., "Policy-making and Unemployment in Denmark," in J. Richardson and R. Henning (eds.), *Unemployment : Policy Responses of Western Democracies*, London : Sage, 1984.
Carstens, A., *Aktivering : Klientsamtaler og Socialpolitik*, København : Hans Reitzels Forlag, 1998.
Compston, H. and P. K. Madsen, "Conceptual Innovation and Public Policy : Unemployment and Paid Leave Schemes in Denmark," *Journal of European Social Policy*, Vol.11(2), 2001.
Cox, R. H., "The Social Construction of An Imperative : Why Welfare Reform Happened in Denmark and the Netherlands but Not in Germany," *World Politics*, Vol.53, No.3, 2001.
Dwyer, P., *Understanding Social Citizenship : Themes and Perspectives for Policy and Practice*, Bristol : Policy Press, 2004.
Edling, N., "Limited Universalism : Unemployment Insurance in Northern Europe 1900-2000," in N. F. Christiansen et al., *The Nordic Model of Welfare : A Historical Reappraisal*, Copenhagen : Museum Tusculanum Press, 2006.
Eichhorst, W. et al., "Bringing the Jobless into Work? : An Introduction to Activation Policies," in W. Eichhorst et al., *Bringing the Jobless into Work? : Experiences with Activation Schemes in Europe and the US*, Berlin : Springer, 2008.
Folketinget, *Danmarks Riges Grundlov*, København : Folketinget, 2009.
Goul Andersen, J., "Citizenship, Unemployment and Welfare Policy," in J. Goul Andersen et al., *The Changing Face of Welfare : Consequences and Outcomes from a Citizenship Perspective*, Bristol : Policy Press, 2005.
Høgelund, J., *Orlov i Norden*, TemaNord 1996 : 612, København : Nordisk Ministerrådet, 1996.
Jensen, P. H., *Activation of Unemployed in Denmark Since the Early 1990s : Welfare or Workfare?*, Center for Comparative Welfare State Studies, Ålborg :

Åalborg University, 1999.
Jensen, P. H. and B. Pfau-Effinger, "'Active' Citizenship : The New Face of Welfare," in J. Goul Andersen et al., *The Changing Face of Welfare : Consequences and Outcomes from a Citizenship Perspective*, Bristol : Policy Press, 2005.
Jørgensen, C., Labour Market Reform Agreed, in European Industrial Relations Observatory On-line, 2002. (http://www.eurofound.europa.eu/eiro/2002/10/feature/dk0210102f.htm 2008年2月7日アクセス)
Kananen, J., *The Nordic Welfare State in Three Eras : From Emancipation to Discipline*, Farnham : Ashgate, 2014.
Kvist, J., "Activating Welfare States : Scandinavian Experiences in the 1990s," Research Programme on Comparative Welfare State Research Working Paper 7, Copenhagen : Socialforskningsinstitutet, 2000.
Kvist, J. et al., "Changing Social Equality and the Nordic Welfare Model," in J. Kvist et al., *Changing Social Equality : The Nordic Welfare Model in the 21st Century*, Bristol : Policy Press, 2012.
Larsen, F. and M. Mailand, "Danish Activation Policy : The Role of Normative Foundation, the Institutional Set-up and Other Drivers," in A. Serrano Pascual and L. Magnusson (eds.), *Reshaping Welfare States and Activation Regimes in Europe*, Brussels : P. I. E. Peter Lang, 2007.
Lind, J. and I. H. Møller, "Activation for What Purpose? Lessons from Denmark," *International Journal of Sociology and Social Policy*, Vol.26, No.1/2, 2006.
Lindsay, C. and M. Mailand, "Different Routes, Common Direction? Activation Policies for Young People in Denmark and UK," *International Journal of Social Welfare*, Vol.13, No.3, 2004.
Madsen, P. K., "Denmark : Flexibility, Security and Labour Market Success," Employment and Training Papers 53, Geneva : International Labour Office, 1999.
Oorschot, W. van and P. Abrahamson, "The Dutch and Danish Miracles Revisited : A Critical Discussion of Activation Policies in Two Small Welfare States," *Social Policy and Administration*, Vol.37, No.3, 2003.
Óskarsdóttir, S., "From Active State to Active Citizenship? The Impact of Economic Openness and Transnational Governance," in B. Hvinden and H. Johansson (eds.), *Citizenship in Nordic Welfare States : Dynamics of Choice, Duties and Participation in a Changing Europe*, London : Routledge, 2007.
Regeringen, *Sammen for Fremtiden*, Regeringsgrundlag, 2015.
Rosdahl, A. and H. Weise, "When All Must Be Active : Workfare in Denmark," in I. Lødemel and H. Trickey (eds.), *An Offer You Can't Refuse : Workfare in International Perspective*, Bristol : The Policy Press, 2000.
Siim, B., *Vocabularies of Citizenship and Gender : The Danish Case*, Aalborg :

Aalborg Universitet, 1998.
Torfing, J., "Workfare with Welfare : Recent Reform of Danish Welfare State," *Journal of European Social Policy*, Vol.9, No.1, 1999.
Torfing, J., *Diskursive Forhandlingsnetværk i Aktiveringspolitikken*, Centre for Democratic Network Governance, Roskilde : Roskilde Universitet, 2003.
Walker, R., "Denmark : Policies to Combat Unemployment and Low Incomes," in R. Walker, R. Lawson and P. Townsend (eds.), *Responses to Poverty : Lessons from Europe*, London : Heinemann Educational Books, 1984.

第9章
国際社会政策の誕生とフランス労働総同盟

深澤　敦

1　国際社会政策の実現と日本の遅れ

　多国間条約に基づいて締約国が実施する厳密な意味での国際社会政策は，1900年のパリ万博の際に開催された国際労働会議で創設が決定され，翌年最終的に設立される国際労働者保護立法協会（Association Internationale pour la Protection légale des travailleurs : International Association for Labour Legislation）の要請によってスイス連邦政府が召集した（1905年と1906年の）ベルン国際会議において審議・採択された「マッチ製造業における黄燐の使用禁止条約」と「女性の夜業禁止条約」によってスタートする。しかし，第一次世界大戦前に唯一実現されたこれら二つの多国間条約は，その調印国も批准国（蘭領インドを除いて）もヨーロッパ諸国に限定されており，新大陸やアジアなども含む真にグローバルで全般的な国際社会政策が本格的に開始されるためには，不幸にも第一次世界大戦という人類の巨大な試練を経なければならなかったのである。さらに，「一般的に言って，その［第一次世界］戦争までは労働規制に関する国際協定の問題はアカデミックな段階にとどまっていた」（[　]内は引用者，以下同様）のであり，国際労働者保護立法協会を中心とした「労働者階級の保護のための戦前の運動は，"インテリ"の仕事であったし，また労働者諸組織からの支持をほとんど得ていなかった」のが実態である。

　ところが，こうした戦前の状況とは大きく異なって，本格的な国際社会政策の誕生が，第一次世界大戦の終結を公式に確認する「講和条約の中に挿入すべき労働者諸条項（Les clauses ouvrières à insérer dans le traité de paix）」というス

ローガンの形でまず労働組合によって開始され，かつ強力に担われたことは日本ではあまり知られていない。また国際社会政策に対する一般的な関心の希薄さも影響して，女性に対する雇用上の「間接差別」問題に象徴されるように未だにグローバル・レーバー・スタンダードからの日本の乖離状況はそれほど大きく改善されてはいないと考えられる。(4) 本章では，国際社会政策に関するこのような日本の状況を克服し，国際的なスポーツのルールと同じように経済や産業における「競争条件の国際的平等化」を担うグローバル・レーバー・スタンダードに合致した社会政策を実現する必要性を明らかにするためにも，第一次世界大戦の勃発を契機に世界の労働組合運動，中でもフランス労働総同盟がいかなる状況のもとでこうしたグローバル・レーバー・スタンダードの設定に関わる国際社会政策の誕生に決定的な貢献を果たしたのかについて，主として1916年までに分析の重点を置いて明らかにしたい。

2 「講和条約の中に挿入すべき労働者諸条項」というスローガンの提起

このスローガンの出現に対して最初の直接的契機を与えたのは，すでに戦争は勃発していたがアメリカはまだ参戦していない1914年11月に開催されたAFL（American Federation of Labor, アメリカ労働総同盟）のフィラデルフィア大会で11月21日に採択された以下の決議である。つまり，「AFLの大会は，戦争の終結に際して恐らく開催されるであろう全般的な講和会議を見込んで……執行委員会が［講和会議と］同じ時期かつ同じ場所で諸国の組織労働者の代表者会議を招集する権限を与えるものであるが，それは労働者（toilers）の利益を擁護し，それによって**より永続的な平和のための基礎を築く**（laying foundations for a more lasting peace）のに貢献する友愛的関係の回復に役立つような提案がなされ，そのような措置が講じられるようにするためである」(5)（太字による強調は引用者，以下「強調原文」などの付記のない場合は同様）という決議である。本決議を大会に提案したAFL会長サミュエル・ゴンパーズ（1850～1924）は，このような各国の労働者代表の国際会議開催に二つの展望を与えている。その

第**9**章　国際社会政策の誕生とフランス労働総同盟

一つは,「講和会議と同じ時期かつ同じ場所で開催される,すべての国の組織労働運動の代表者会議は,すべての国の住民大衆の利益と意見が表明されうる組織された経路となり,かくして講和会議のメンバーはこれを考慮せざるをえなくなるであろう」というものである。もう一つは,「われわれの審議をボルシェヴィッキの押し寄せ (a Bolshevik stampede) から守ることを望むならば……講和会議の開催地以外で国際 [労働] 会議を開くことを考えるのは私には全く不本意だったし,講和会議の開催地で [の国際労働会議で] は,われわれの審議において敵国の労働代表は,彼らの外交代表が講和会議で占めるのと同じ立場に立つだろう」という展望である。つまり,講和会議の公式代表に対する労働者諸組織からの圧力強化と同時に,ボルシェヴィッキや旧敵国の労働者代表の影響力に対する緩和効果を狙って,「講和会議と同じ時期かつ同じ場所」での国際労働会議の開催が AFL によって提案されたわけである。ただし,このような二重の展望が最初から,かつ同じレベルで公に表明されていたわけでは決してなく(とりわけボルシェヴィッキの影響力の阻止は1917年11月のソヴィエト政権樹立以降のことだと考えられる),上述の AFL 決議に示されているように「より永続的な平和のための基礎を築く」ことを目指した労働者側からの圧力強化が,主要な戦略的展望であったことは間違いないであろう。

　ところで,この AFL 決議を早くも1914年末に受け入れるとともに,それをより具体化するスローガンとして既述の「労働者諸条項」問題を提起したのはフランス労働総同盟(Confédération Générale du Travail：CGT)の多数派である。CGT 書記長のレオン・ジュオー(1879〜1954)は,後の1918年5月5〜6日にアメリカの労働者代表を CGT 本部に迎えた折に,「すでに1914年11月に,われわれは AFL の招請に応えて,提案された国際会議の考えを受け入れた」ことを明らかにしている。しかし,正式な機関決定としては1914年12月6日の CGT 委員会(Comité confédéral)において,スカンディナヴィアの中立諸国の社会主義者によって提案されていた国際会議への参加要請に対して,いかなる返答もしないことを賛成22票(反対20票,棄権2票)で決定する一方で,「その数日後に,CGT 委員会は AFL の提案を受諾した」のである。そして,翌

215

1915年2月初頭には「労働者インターナショナルへ，各国の［労働組合］中央組織へ（À l'Internationale ouvrière, Aux Organisations centrales nationales）」と題されたCGT声明がL. ジュオー名で労働者インターナショナルと各国の労働組合ナショナルセンターに送付され，「平和の努力は，それが有効になされるためには，**この戦争を最後の戦争にするという目標を目指さなければならない**」し，その目標に向かって「1°秘密条約体制の廃止，2°民族自決（nationalités）の完全な尊重，3°（軍備の全廃を促すべき措置として）軍備の即時的・国際的制限，4°諸国間のあらゆる紛争に対する強制仲裁への訴えの実施」に基づいて「恒久的平和（une paix durable）のための基礎を築く助けとなる」諸国の労働者組織代表の国際会議開催に関するAFL提案の承認・受諾が世界に表明される。次いで同年2月14日にロンドンで開催された同盟国側（イギリス，フランス，ベルギー，ロシア）の社会主義政党・労働組合国際会議における決議案委員会で，ジュオーはCGT代表団の名において「**講和の締結に際して，国際労働者立法の諸問題が社会主義的方向で提起され，解決されること**，つまりすべての国の労働者が民主主義諸国でそれらの国の労働者と同等の社会的保証（des garanties sociales）を得ることによって世界市民という社会主義的名称が一つの現実となることを要求する」という項目を決議に付加することを提案する。しかし当委員会では，これは決議を重くするという理由で退けられる。時期尚早かつ表現が抽象的すぎたためと思われるこの国際的失敗を経て，1915年5月1日に，通常のメーデーのデモ行進や休業はなされなかったにしても（それらの復活は休戦後の1919年を待たねばならない），夕方にCGTセーヌ県連によって組織された大集会がパリで開催され，そこでジュオーは，AFL提案をより明確化して「今や労働者階級は**自らの願望が将来の講和条約の中に組み込まれる**ようにするために闘いを推し進めなければならない」という具体的方針を公表するのである。かくして，こうした労働者階級の「願望」の条約化がアメリカからではなく，まずフランスから提起されたのは，最初の労働条約であると同時に，その後の他の二国間条約には欠如している労働条件の相互的コントロールをも規定した既述の1904年の仏伊二国間条約や1906年のベルン条約

第**9**章　国際社会政策の誕生とフランス労働総同盟

（これにアメリカは少しも関与していなかった）の経験をふまえたものであったと考えられる。それは，後述するようにCGT委員会やジュオー自身（彼は，盲人となった彼の父と同様にマッチ製造工だったし，また1905年にはCGT委員会におけるマッチ製造工労連の代表だったから，ベルンで翌年に採択された「マッチ製造業における黄燐の使用禁止条約」が，他産業の組合活動家はともかく，彼には強いインパクトを与えていたと思われる）がこれらの前例を強調していることからしても全く明白であろう。

　ところで，CGT多数派は上述のように「この戦争を最後の戦争にするという目標」を掲げながら，当面はポアンカレ大統領によって1914年8月4日に発せられた国内諸政党・諸階級の「神聖連合（l'Union sacrée）」の呼びかけに応じて「戦争協力体制」に与したのであるが，それに反対する少数派が政治権力からの弾圧（とりわけ多数派幹部に与えられた徴兵猶予に対して，少数派ミリタンの徴兵と前線派遣）に抗してCGT内部に台頭し始める(16)。そして，戦争に反対する少数派の最初の明確な外的表明がこの1915年のメーデーを期して発せられる。つまり，少数派の中核をなす金属労連が戦争勃発以降は発行を停止していた月刊機関誌『金属労働連合（*L'Uion des Métaux*）』を再刊し，しかも検閲による空白のある版とは別の完全版がメーデーの数日前に秘密裏に各地に送付されたのである（これを受け取った作家のロマン・ロランは，「その号は私を大いに歓喜させた(17)」と送り主のアルフレッド・ロスメール宛書簡に記している）。その冒頭に掲載された（後述するメライムの執筆とされる）「われわれの態度，われわれの思想」と題する声明では，「**この戦争はわれわれの戦争ではない！**(18)……支配者たち（gouvernants）に対するわれわれの全き自由や独立を保持することが不可欠であり，戦争のための彼ら特有な活動にわれわれを結びつけ，盲目的に彼らに従うなら，国内でためらわずに支配者の側に与した人たちを批判し，戦後に労働者インターナショナルの前に完全に独立して姿を現す権利や論拠，道徳的力を失うとわれわれは考えた。……われわれの友人の中で，殺戮と戦争によってもたらされた荒廃の行為を強化するためにCGTの精神的権威を支配者たちへの奉仕に役立てることを望んだ［多数派の］人々……彼らが，プロイセンの軍国主義の

みが戦争の原因だとわれわれに述べたときに，われわれは戦争において同等の責任を有するすべての支配者たちの意図に由来するヨーロッパや世界の帝国主義的軍国主義が存在すると応じた」(19)(太字は原文イタリックで，この文と「われわれの友人の中で……CGTの精神的権威を支配者たちへの奉仕に役立てることを望んだ人々」の個所が検閲版では削除されている)ことが明らかにされる。まさに，「これは，検閲や官庁権力，軍当局に公然と抗して，労働組合の反対派が戦争に対して——しかも，それ[一撃]が反響を見出すに違いない時期に——与えた最初の大きな一撃であった」(20)のである。そして，この号の刊行に続いて，皮革労連と帽子労連の二つの産別労連および五つの県連合が金属労連との見解の一致を表明するに至るのである。(21)

実はこうしたCGT内部の対立は，ジュオーが労働者階級の願望を「講和条約の中に組み込む」ことを提唱した既述のメーデーのパリ集会でも起きていたのである。この集会では，ジュオー以外にも多数派のセーヌ県連書記のブレッド(22)と宝石労連書記のヴィクトール・ルフェーブル(および事前には知らされていなかったが，イギリスのドック労働組合書記のベン・ティレット)(23)のみが演説し，少数派には全く発言が許されなかったばかりでなく，その提出した集会決議が読み上げられることもなく多数派の決議だけが挙手で採択されるやいなや，解散の指示が発せられた。これに抗議して，少数派の皮革労連の臨時書記であるガストン・ブリッソン(1887～1918)が演壇に登り，「百人ほどの労働者が演壇の周囲に結集した」状況のもとで「**平和のための国際労働者の即時活動の必要性を主張した**」決議を読み上げ，それが少数派の労働者によって承認されている。(24)かくして，これまでは主としてCGT委員会の内部に封じ込められていた対立が，1915年のメーデーを契機に多数派の封じ込めを打ち破ってその外部の労働者にもかなり知られるようになる(とはいえ，非公式CGT日刊紙である*La Bataille Syndicaliste*もフランス社会党の日刊紙*L'Humanité*も，この集会におけるこうした少数派の「台頭」について黙して何も報じてはいない)。(25)

以上のように，第一次世界大戦の勃発を契機とするCGTの多数派と少数派の対立は，「この戦争を最後の戦争にするという目標」を掲げつつも当面は戦

第**9**章　国際社会政策の誕生とフランス労働総同盟

争に協力し，敵国でも命がけで反戦活動を展開する少数派労働運動との国際連帯を拒否する多数派と，「この戦争はわれわれの戦争ではない」のだから早急に戦争を終わらせうるような「平和のための国際労働者の即時活動」を要求し，反戦のスローガンのもとに国際労働運動の再構築を目指す少数派との対立であった。そして，CGT多数派が上述のAFL提案を受け入れることができたのは，まさにそれが**戦争終了後にのみ**（敵国をも含む）国際労働運動の再結集を提唱していたからである。この点については，金属労連の書記アルフォンス・メライム（Alphonse Merrheim, 1871〜1925）が戦争中に初めて開催される1918年7月のCGT（第13回）全国大会で多数派に対して次のように指摘することになるであろう。つまり，「AFLの提案……それは国際関係の回復に賛成だったであろうか？　そうだったが，しかし［それは］戦争が終わってから，つまり外交官たちが講和のテーブルの周りに集まったときであり，それゆえに諸君は当時その提案を受け入れたのだ。もし，それが即時の［国際関係］回復に賛成だったなら，諸君はそれを拒絶したであろう。……一方は戦争中に国際関係の即時回復に収斂する活動を望み，他方は外交官たちが講和の諸条件を審議するときにわれわれが結集することになるAFL提案を受け入れた」のであると。ただし，メライムは，長時間に渡る議論の後に少数派もAFL提案の受諾決議に次の文章を付加する同意を多数派から得たので賛成投票したことを明らかにしている。それは，「**ヨーロッパ合衆国という形態のもとでさえ資本主義諸政府は平和を有効に保障することに対して常に無力であり**，この平和はすべての国の労働者階級が自らの権利と相互の義務についての深い自覚と，またそれによって労働者インターナショナルの中で活動しながら組織諸勢力の真の実行力をも組織の中で獲得するときにしか最終的なものにならず，かつ確保されえないことを全世界の労働者の思想の中に浸透させるために活動するという明確な約束をするために［CGTは］AFL提案を支持する」というものである。かくして，CGT多数派は，1914年12月にAFL提案への少数派の賛成を得るために内容的には重大な譲歩を余儀なくされていたわけであるが，しかし「すべての国の労働者階級」の自覚と実行力の獲得・強化にとって不可欠と思われ

219

る（戦争に反対して闘っている）敵国の少数派との連携を一貫して拒否（つまり，CGT 少数派が要求した付加決議を無視）し続けながら，戦争中は同盟国の労働諸組織に対してのみ「講和条約に挿入すべき労働者諸条項」というスローガンの実現を積極的に働きかけていくことになる。

そして，このスローガンに関する最初の機関決定が，既述の1915年メーデー集会におけるジュオー演説から2週間ほど後の5月13日のCGT 委員会でなされるのである。この日の委員会では，「1914年11月以降に戦争に対する多数派 (majoritaire) の態度決定において主要な役割を担った建設労連の指導部が一つの決議案を提出し」，それに基づいて多数派にとって画期的な以下の決議が採択される。

つまり，「**国の防衛に対して惜しみなく大きな貢献を果たした労働者階級**は，ヨーロッパの戦争を終わらせる講和条約の締結に際して，自らに固有な利益の防衛のために発言する権利を有し，そのうえ**その利益はすべての国のプロレタリアの利益に合致している**ことに鑑み，また経営者層が労働者階級の諸要求のそれぞれに反対するために国際競争を引合いに出すのであるから，**労働諸条件に関してこの競争を消滅させるために来るべき講和条約を利用する**必要があり，したがって特に労働時間（一日の労働時間，イギリス週），連続操業工場（3交替システムなど），女性や児童の特別保護，社会保険（労災，職業病など），産業毒物，労働組合の保障などに関する**労働者保護を国際的な仕方で保障する経済的な労働者諸条項**（des clauses économiques ouvrières）**をこの条約の中に挿入する**ことが不可欠であることに鑑み，[CGT 委員会は]1°これらの労働者諸条項を自らの議事日程に直ちに乗せること，2°このプロジェクト実現のための積極的宣伝を直ちに開始すること，3°AFL 提案に従って開催されることになる国際労働組合会議の議事日程にこの問題の記載を提案すること，を決定する」というものである。

これは，戦時 CGT 多数派の基本路線（「参加政策」と「経済改革」の路線）の大枠を規定しているきわめて重要な決議である。というのも，この決議は，**まず一国のレベルで「国の防衛に対して惜しみなく大きな貢献を果たした」**（「参

加政策」)からこそ労働者階級は戦争終了後に「自らに固有の利益の防衛のために発言する権利」(とりわけ「経済改革」)を獲得しうるとする論理を前面に打ち出し，次に「その利益はすべての国のプロレタリアの利益に合致している」がゆえに国際的レベルで「労働諸条件に関してこの［国際的引下げ（ダンピング）］競争を消滅させるために来るべき講和条約を利用する必要」(国際的「参加政策」)を提起し，そのためにこそ「労働者保護を国際的な仕方で保障する経済的な労働者諸条項をこの［講和］条約の中に挿入する」(国際的「経済改革」)という具体的戦略（以下では「労働者諸条項」戦略と略記）を初めて明確に提示したからである。

3　CGT 少数派の反撃と「労働者諸条項」戦略の体系化

　1915年のメーデーにはリヨンで，それから1週間ほど後にナントとサン・ナゼールで反戦集会に参加し，地方の状況を把握する巡回から5月17日にパリに戻った金属労連のメライムにとって，同年5月30日のCGT委員会は多数派への反撃に出る次の重要なチャンスを与えるものとなる。というのも，この委員会では樽製造労連の書記である少数派のアルベール・ブルドロン（1858〜1930）によって「間近な平和の必要性についてプロレタリアートの意見表明を可能とする全国労働者会議の開催」が提案され，しかも（メライムのモナット宛1915年6月2日付書簡によれば）戦争が勃発してから初めての産別労連や県連・労働取引所のこの全国会議を，7月14日ないし8月15日に開催するという原則に関する賛成が19票（反対が10票，棄権が6票）を獲得したからである。そして，機関誌『金属労働連合』のメーデー号，とりわけ冒頭の「われわれの態度，われわれの思想」に対するCGT委員会での激しい攻撃と全国会議開催に反対するジュオーの執拗な奔走にもかかわらず，1ヶ月後の6月30日のCGT委員会でも全国会議をパリで8月15日に開催する方針が決定され，さらに同年7月29日のCGT委員会において「彼ら［多数派］が結局それを甘受し (ils l'ont avalé définitivement)」，「［全国］会議問題が最終的に解決された」のである。とはい

え，会期は少数派が要求していた2日ではなく1日（午前と午後のセッション）に短縮され，また議題は「戦争状態によって労働組合に引き起こされた一般的状況の検討。遵守すべき態度」（全国会議に関する1915年7月30日付通達）に限定された。[46]

　1915年8月14日にパリのCGT本部の小ホールで開催された，小学校教員労組の開戦以降初めての全国会議[47]に続いて，翌日に同本部の大ホールで開催された労連・県連・労働取引所の全国会議には，参加組織は少数にとどまるであろうという予想に反して38労連の代議員68名，34県連の代議員46名，46労働取引所の代議員58名（合計で118組織を代表する172名の代議員）が結集する[48]。そして，冒頭の挨拶[49]に続く最初の討論が議題を巡って始まり，会議招集の通達では平和の問題が議題として挙げられていないが，メライムはこれこそ本質的問題であると主張し，ジュオーもそれについての議論を避けたいとは思わないと応じる[50]。かくして，戦前から改良主義者として有名な書籍労連の書記長オーギュスト・クフェール（1851～1924）の反対にもかかわらず，3票を除く満場一致でこの根本問題を議題とすることが決定され[51]，「その二つのセッションは，議題に上るはずではなかった問題であるこれまでのCGTの態度に関する議論によって全く占められて[52]」しまうのである。

　この全国会議で多数派は戦争協力・継続の立場を擁護し，「われわれは戦争に対する戦争をしており，平和を望むと言うのは危険であり，［戦争へのこのような］気力を失わせる活動はもってのほかで，われわれは騙されてはならず，この戦争を最後の戦争にしなければならない[53]」と主張する。とりわけジュオーは，「［反戦・反軍国主義を唱えた］戦前のCGTは空しい煽動をしすぎたが，［今や］われわれは成果［達成］政策（une politique de réalisations）を支持する[54]」ことをCGTの全国レベルの会議において「おそらく初めて[55]」提唱する。そして，この「成果［達成］政策」に沿って，「国際連盟（Fédération des Nations）の創設可能性」を展望するとともに，講和会議と同じ場所かつ同じ時期に労働者の国際会議を開催するという既述のAFL提案が組織されたすべてのプロレタリアに受け入れられることを求める多数派の決議が，賛成79票（反対[56]

27票,棄権10票)で採択されるのである。

　これに対して少数派は,「この戦争はわれわれの戦争ではない!」し,戦争による「屍はもう沢山である!」のに,「各交戦陣営は他の陣営の疲弊をあてにして『消耗戦(guerre d'usure)』という言葉を作り出した」ことを厳しく糾弾しながら,「**講和の諸条件に関する即刻の検討を要求する**」とともに,「すべての国において,プロレタリアートの最も健全で最も自覚的な部分を束縛する最も確実な手段であった『神聖連合』を破棄し……自らの全力を尽くして**講和の早急な締結**のために努力することがCGTの義務である(57)」とするメライム・ブルドロン決議を提出し,賛成27票を獲得する。その内訳は,全国労連が8票(金属,樽製造労連に加えて小学校教員,皮革,陶磁器,帽子,ブラシ・細工の各産別労連と演芸労組),県連が12票,労働取引所が7票である(58)。

　ところで,この少数派決議も,「現代の諸国民の経済活動はますます国際化しており,世界プロレタリアートの経済闘争の発展にとって最も好ましい諸条件を創出しうるのは諸国民間の経済的戦争ではなく,相互の譲歩を通じた自由な条約制度(un régime de conventions libres)である(59)」と述べ,こうした「自由な条約制度」を「講和の諸条件」の一つと考えており,この点に関しては多数派と一致しているように見える。しかし,その条約制度を多数派のように戦争中は同盟国側でのみ準備し戦争に勝利した後に旧交戦国をも含め世界に提案するのではなく,戦争を即刻停止させるための講和の条件として提起している点に大きな相違があることを見落としてはならないであろう。というのも,メライムが1915年6月7日付アルベール・トマ宛書簡で述べているように,「彼ら[前線にいる兵士]がわれわれに期待しているのは平和のための活動であって,戦争のための活動ではない。……ドイツにおける平和のための真の努力は,その努力が相互の活動への信頼に支えられてフランスにおける必然的帰結を有しないならば存在しえないであろう(60)」からである。それなのに「CGTは,ドイツの社会主義的少数派や,イギリス独立労働党,イタリア社会党,ロシア社会主義者の多数派の平和への努力,およびバルカンの社会主義政党の戦争への反対をあまりにも無視した(61)」ことが少数派決議で厳しく批判されているのである。

この観点からして，誠に「メライムは国際主義者であったし，フランスとドイツの労働運動が統一し［平和に］不可欠な圧力を加える場合のみ，講和の決定がヨーロッパの諸政府に強制されうると考えていた」(62)のである。

　こうして，彼はブルドロンとともにCGTの全国会議から数週間後の1915年9月5～8日にスイスの首都ベルンから10kmほどのツィンメルヴァルトで開催された反戦社会主義者・労働者の国際会議（スイス，イタリア，オランダ，ロシア，バルカン・スカンディナヴィア諸国の代表に加えてドイツからも4人の代議士と6人の労働者代表が出席）(63)に参加し，特別に「仏独社会主義者・組合活動家の仏独共同宣言」を発し，「今日，各国の狂信的排外主義者たちは併合による地方や領土の獲得という目的をこの戦争に付与しているが，このような主張はもしそれが実現されたなら将来の戦争の原因となるであろう。……こうした併合主義的主張に反対し，すでに何百万人もの人間の生命の喪失を引き起こしたこの戦争の終焉を早めることが今日かつてないほど彼ら［果断な少数派］がなすべきことである。……それゆえに，われら独仏の社会主義者と組合活動家は，この戦争はわれわれの戦争ではない！と主張する(64)」ことになる。そして，帰国後に彼はツィンメルヴァルト会議の宣言や決議の普及に努力し，1915年11月の7日と21日の準備会議を経て同年12月9日には，「国際活動委員会（Comité d'action internationale）」の事務局（その書記は建設労連元書記のレーモン・ペリカ）が任命され，この委員会は翌1916年初頭に「国際関係回復委員会（Comité pour la reprise des relations internationales）」と名称変更され，その書記にメライムが就任する。(65)

　このような少数派の動向に対してCGT多数派は，最初の全国会議で自らの決議を3対1の圧倒的多数で可決させることに成功したとしても，討論は少数派のリードに押されて戦争と平和の問題に集中してしまい，ジュオーが期待した既述の「成果［達成］政策」についての検討がなされえなかったことから，**まず**1915年10月に「体系的活動へのアピール（Appel à l'action méthodique）」を各全国労連・県連・労働取引所に発し，この成果実現政策をテコにして多数派の強化・攻勢を図ることになる。このアピールでは，「去る8月15日に開催さ

第9章　国際社会政策の誕生とフランス労働総同盟

れた全国会議では，時間の乏しさゆえにCGT委員会が議題とすべきだと考えた経済的次元の諸問題の検討に着手しえなかった。［しかし］これができなかったことが，極度に労働運動に関わる諸問題についてなされるべき解決策の検討を戦争の［終了］後まで避ける理由となってはならない。……**膨大な犠牲に同意したであろう労働者階級**は，自らの階級的利益の領域において自由に態勢を整える権利を持っているはずである」として，既述の1915年5月13日のCGT委員会決議における「国の防衛に対して惜しみなく大きな貢献を果たした労働者階級」という観点と同じ論拠に基づき，四つの主要な経済問題が提起されている。それらは，①戦争によってもたらされた損害の賠償，②わが国の産業の漸進的な発展を保障するのに適した労働の再編と諸条件，③外国人労働力，④家賃を含む生計費の諸問題であり，これらの研究プログラムこそ「生産の実施において労働者に帰属する管理役割の実現への第一歩」と見なされており，CGT委員会はこうした研究・活動プログラムを検討するためにフランスの全主要都市で最初の巡回会議を組織する。

そして，このアピールに続いてCGT委員会は「世論の注意を引き付け，好意的な意見の反応を作り出すために，**講和条約の中に挿入すべき労働者諸条項**のプログラムを検討し，作成する」のに必要なドキュメントを通達として配布する。これはきわめて詳細で，その後の多数派の国内・国際戦略を規定する誠に重要で包括的な内容の長文通達である。そこでは，まず「戦前からの，また戦乱から生じたわれわれの諸要求のすべての探究を講和の後に延期しないことが賢明であるように思われる。われわれの要求綱領や直接的要望の諸項目をいっそう正確にし，**なんらかの成果**（quelques réalisations）**を今すぐ獲得する**ためにわれわれの努力を強めなければならない。……**この戦争は**，もしそれが隷属している諸国民に自由と政治的・経済的独立，秘密外交の廃止，軍縮および諸国間［紛争］の強制仲裁をもたらすならば，**自由と解放の戦争となりうる**。［また］戦争を終結させる講和条約は**ヨーロッパ合衆国の最初の土台**（la première assise des Etats-Unis d'Europe）となりうるのである。それゆえに労働者諸組織はこれらの観点を世論において優勢なものとし，講和条約の中に挿入さ

せるよう努力しなければならない(69)」と主張される。さらに「国際[労働]立法の起源」として，その父であるロバート・オーエンから始め，1890年3月のベルリン労働問題会議を経て既述の国際労働者保護立法協会の創設と活動までを詳述し，とりわけ「最初の労働条約はまさに1904年4月15日に仏伊間に調印された条約であった(70)」ことを強調しつつ本条約の目的を詳細に明らかにした後で，これに続く他の二国間諸条約をも列挙し，また今後の国際条約に含まれるべき労働問題として，社会保険，労働時間の制限，労働者の衛生・安全，有害・危険物生産に関する統制と統計，移民の諸問題を詳しく論じ，最後に「これらすべての問題を労働者インターナショナルのわれわれの同志とともに検討し，講和条約のための会議と同じ場所かつ同じ時期の開催をAFLが提案している国際労働組合会議の議題とすることが肝心である。……かくして，その国際労働組合会議は，講和条約の中へのこれら労働者諸条項の挿入を要求するための最高の精神的権威を有するであろう(71)」と締め括られる。そしてCGT委員会は，この長文通達についての理解を深めるために2回目の宣伝巡回（tournée de propagande）をフランスの全主要都市において組織する（この巡回諸会議に関する1915年11月26日付通達では，議題として「女性労働力問題」が付加される(72)）。さらに注目すべきなのは，本通達こそ後述する1916年7月にイギリスのリーズで開催される国際会議におけるジュオー報告の大部分をなすということである。

4　「労働者諸条項」戦略の国際化とILOの創設

　CGT委員会は，これまで明らかにしてきたような理論的かつ組織的準備のうえに1916年メーデーに向けて新たな通達を加盟組織に送り，メーデー前後の1週間あるいは5月中に小規模の地域・県組合大会を開催して，同一県連内の組合諸組織間の連携を回復するとともに「労働者諸条項」や解決すべき他の諸問題について検討することを要請する。そして，1916年メーデー当日にCGT委員会が組織した特別会合にイギリス(73)，イタリア（その3人の参加者の1人が社会党代議士のアンジョロ・カブリニ[Angiolo Cabrini]である），ベルギーの代表が

第**9**章　国際社会政策の誕生とフランス労働総同盟

参加し，同年7月にイギリスで「労働者の観点から講和の一般的諸条件を検討するために，連合国のプロレタリアートの国際会議⁽⁷⁵⁾」を開催することが決定される。⁽⁷⁴⁾

こうして1916年7月5～6日にイギリスのリーズで開催された「プロレタリアートの国際会議」には，上記メーデーの特別会合に招かれた連合国側の4ヶ国のみの代表者，しかもイタリアについては「労働組合運動の少数派を代表していた⁽⁷⁶⁾」にしか過ぎない組合幹部と代議士カブリニが参加する。そのうえ，この会議のための準備資料としてCGTは「労働立法を調整し国際化するための尽力に関する歴史的概観」と題されたレポートを事前（6月）に提出し，それに基づいてジュオーが当日の報告を行っている。実は当レポートのほとんど全文が既述の1915年5月13日のCGT委員会決議と前述の長文通達から構成されており，ただ最後に「結論」として「1789年の革命は"人と市民の諸権利"を明らかにし，確立した。現在の戦争は"労働者の国内的・国際的諸権利"を宣言することに帰着しなければならない⁽⁷⁸⁾」などの数フレーズが付加されている。ただし，当会議の討論では初めからイギリス代表たちは，公式の講和会議と同じ時期・同じ場所での国際労働会議の開催というAFL提案は「現実的ではないし，またフランスとベルギーの国土が解放される前に中欧諸帝国の労働者代表と会うことを望まないので⁽⁷⁹⁾」それは受け入れられないと主張する。しかし，AFL提案への支持を何度も表明してきたフランスの代表からの反論によって，国際労働会議を開催するという原則自体は維持される。とはいえ，開催の時期（これは公式の講和会議より前の開催が主張された）と場所，および参加を要請する国や団体に関する決定は棚上げされた⁽⁸⁰⁾。こうして，リーズ会議はCGTに完璧な勝利をもたらしたわけでは決してないが，ベルリンにあった労働組合インターナショナル本部書記局の移転問題に絡んで戦時中はパリがその通信事務局，ジュオーが臨時通信員に指定され，彼は採択された「労働者諸条項」に関する通達を会議終了後に各国の組合ナショナルセンターに送付し，その戦略の国際化に向けて最初の重要な一歩を踏み出すことが可能になったのである。

しかし他方で，国際会議開催の元々の提案者であるAFLのゴンパーズは，

リーズ会議の「労働者諸条項」要求決議に対して，それが労働者の要求のみで「全社会の重要問題について考慮」しておらず「将来のより良き世界秩序のための建設的計画に貢献しないために大いに不満だった」し，1916年12月にボルチモアで開催されたAFL大会では「戦時中に労働問題に関する……いかなる国際的提案も考慮ないし提示することを拒否する」という声明が発せられる。また，ゴンパーズは公式の講和会議と同時・同所での国際労働会議開催という最初の提案を「戦時中に普及した［国家との］協力をふまえて修正し，賃金労働者が講和会議それ自体のメンバーとなるべきであると提案した」のである。そして，この新提案について審議した1917年1月25日のCGT委員会では，「AFLがその最初の提案を放棄したことを遺憾に思うにしても，講和会議に先立って労働者代表が国際会議を持つことを不可欠な条件としてこの第二の提案を受け入れねばならない。……こうして労働者代表は，将来の講和条約の中に挿入させる必要がある諸条項や一般的諸問題について意見を一致しうるであろう」というアピールが採択される。

　そのうえ，リーズで採択された「労働者諸条項」戦略は，上述のようなゴンパーズとAFLの抵抗に遭遇しながらも，その後に国際的支持を少しずつ広げていく。とりわけ1917年6月8日にストックホルムで開催された国際労働組合会議には，北欧諸国のみならずドイツとオーストリア・ハンガリーの代表も参加し（リーズ会議の参加国にも招待状が送られたが，それは検閲当局によって押収され，当該国のナショナルセンターにまで届かなかったとされる），この会議から「1916年7月にリーズで採択された決議における，すべての国の組織労働者の利益のための注目すべき提案に敬意を表する」という電報がジュオーに送られる。さらに，1917年10月1日にベルンで開催され，ストックホルムとほぼ同様な国が参加した国際労働組合会議（それにCGTは参加を望んだがフランス政府のパスポート発行拒否によって欠席を余儀なくされ，イギリスとベルギーの労働組合は参加を拒否した）では，「検討された労働者諸要求の承認と実施のために労働組合が自らの全エネルギーを注いで発言し，それぞれの政府にそれを伝えるよう切に要請する」動議が可決され，「諸政府は講和条約の社会篇の作成に組合代表をも参加

第**9**章　国際社会政策の誕生とフランス労働総同盟

させるよう促された(86)」のである。

かくして，終戦後の1919年2月5〜9日に「旧敵国」のドイツやオーストリア，ハンガリーからも参加してベルンで開催された国際労働組合会議（公式の講和会議はパリで開催されたが，そこでの開催はフランス政府によって拒絶された）において詳細な「国際労働憲章プログラム」が審議・可決されたばかりでなく，1919年1月25日の公式の講和準備会議（全体会議）によって任命され，ベルンの国際労働組合会議とほぼ同時期の同年2月1日から3月24日まで開催された国際労働法制委員会（Commission de Législation Internationale du Travail）においては，AFLのゴンパーズがその議長となり，2名のフランス委員の1人であるルイ・ルシュール（産業復興相）の代理としてジュオーが，イタリア委員の1人にカブリニが任命され(87)，そこでの議論を通じてヴェルサイユ講和条約の第13編「労働」が準備され，ILOの成立に至ったのである。

以上のような歴史的経過からして，まさに「労働会議によって規定されたプログラムの多くが……講和条約の労働編の序文に反映されているために，労働者階級の戦時の要求が最後にはILOの創設に直接的に貢献したばかりでなく，〔外交〕交渉を担った政治家に対するその影響を通じて間接的にも寄与した(88)」のであり，そこにおけるフランスの役割は国際労働法制委員会のイギリス委員2名の中でも中心的役割を果たしたジョージ・バーンズ（George Barnes, 1859〜1940)(89)によっても承認されている。つまり，1919年4月11日のパリ講和準備会議（全体会議）で当委員会の報告がなされた際にバーンズが述べているように，「それ〔報告ドキュメント〕はすべての国の中でも，とりわけフランスにおいて何年にも渡って要求され，ビジョンと見なされてきたものを具体的形態にしている(90)」と。しかしながら，そのビジョンがCGT少数派との既述のような激しい対抗関係の中から形成されたことを看過してはならないし，またそのことの意味を問う必要があるように思われる。

注
(1) ただし，1904年4月15日に締結されたフランスとイタリアの二国間労働条約（労

働監督制度の共通化による労働条件の相互的コントロールをも対象としたこの条約は，1902年の国際労働者保護立法協会ケルン総会におけるフランスの労働局長フォンテーヌとイタリアの大蔵大臣ルザッチの意見交換に多くを負っている）を嚆矢として，戦前にも移住労働者の相互的保護を目的とした二国間の労働条約・協定は少なからず締結されている（飼手・戸田，1960，10-11頁参照）。

(2) Barnes (1926, p.35).
(3) Riegelman (1934, p.57).
(4) 深澤（2011）参照。
(5) Shotwell (1934, volume two, p.3). なお，オランダの社会主義者トルールストラ (Pieter J. Troelstra) は，このAFL決議より2ヶ月ほど前の1914年9月には，「戦争が終わったとき……外交官たちの講和会議と並行して会議を開き，国際仲裁裁判・軍備縮小といったプロレタリアートの平和綱領を表明できるよう……社会主義者の国際会議を開こう」（西川，1989，218-219頁）という提案をすでに発していた。
(6) Gompers (1943, volume two, p.393＝1969，下巻，467頁).
(7) *Ibid.*, p.475＝下巻，539頁.
(8) Georges et Tintant (1962, p.256). なお，本書によれば，「1914-1918年戦争中のCGTの政策は，国際的領域にあっては他の領域以上に**ジュオーの政策**であった」(p.208，強調は原文イタリック) とされる。また，少子高齢化が著しく進展していたフランスでは，20歳代が中心であったドイツと異なって20～45歳の多数の男性が徴兵されていたが（1914年8月1日から15日までの2週間だけで288万7000人，その後の10ヶ月間で274万人もの男性が徴兵された。深澤［1984上，21頁］参照)，当時30歳代半ばであったジュオーは，特別に徴兵猶予され，「国民救援委員会（Comité du Secours national）」の委員となり，「一般の下院議員たちの規定をも超える特別な制度を享受しているがゆえに，彼の地位はほとんど無任所副大臣の身分である」(Rosmer, 1936, p.252) と評されている。
(9) C.G.T. (1916 [1918のミスプリント], p.45) ; C.G.T. (1919, p.86). ただし，CGTの機関誌『人民の声』では，「CGT事務局は1915年の初めにAFLから『講和会議の開催と同じ場所かつ同じ日に労働組合ナショナルセンターの国際会議開催』を目指すという提案を受け取った」(*La Voix du Peuple*, N°726, Numéro spécial, Décembre 1916, p.5) とも書かれている。
(10) 1902年9月に開催されたCGTモンペリエ大会（第7回全国大会）では，それまでCGT内部で自立性を保持していた労働取引所 (Bourses du Travail) がCGTの地域別組織（県連ないし地域連合 [Uinons départementales ou réginales] など）として統合され（これがCGTの労働取引所連盟セクションを形成)，CGTはこのセクションと産業・職業別連盟セクションから構成され，これら二つのセクションを統合し，「全国大会の決定を執行する」(規約第20条) 中央機関としてCGT委員会が創設された。
(11) Monatte (1921, p.7). ちなみに，この書状は，「［現在の戦争を］ヨーロッパのための解放の戦争，自由をもたらしうる戦争と考え」(*ibid.*, p.9)，「中立諸国の社会

第**9**章　国際社会政策の誕生とフランス労働総同盟

主義者たちによって平和を目指して企てられた［国際会議開催の］努力に対する自らの共感を拒絶した」（*ibid.*, p.6）CGT委員会の多数派に抗議して，ピエール・モナット（1881～1960）が委員の辞任を表明し，組合諸組織や活動家たちに送ったものであるが（これは，それまで封じ込められていた反戦派による最初の外部表明であった），この国際会議は1915年1月17～18日にコペンハーゲンで開催され，そこで採択された諸国間（紛争）の強制仲裁，軍縮，秘密外交の廃止，諸人民の「自由意志（libre arbitre）」（つまり民族自決）の承認に関する決議は次に述べる1915年2月初頭のCGT声明にも取り入れられるし（Georges et Tintant, 1962, p.213），さらに「講和の諸条件が労働者たちの協力なしに，また彼らの意に反して決められるのを避けるための不可欠な措置」（Rosmer, 1936, p.188）として民主主義・社会主義諸政党の国際会議を遅くとも講和交渉の開始時に開催するよう求めている（以上はどれも決議I）。なお，それまでは兵役補助勤務に属していたモナットが，辞任後の1915年2月5日に現役動員されたことに注目する必要があろう。

⑿　C.G.T.（1916, p.29）。ただし，モナット辞任後の少数派も，後述のように労働者階級が平和を真に保障しうるための条件を付してAFL提案には賛成投票をしている。

⒀　*L'Humanité* du 2 février 1915.

⒁　Chambelland et Maitron（éd.）(1968, p.98)。なお，この決議案でも「国際労働者立法」の問題が既述の1904年の仏伊の二国間労働条約から着想を得ていることは明瞭であろう。

⒂　Louis（1924, p.142）.

⒃　これは，次に述べるように少数派の基軸をなす金属労連の書記である「メライムのすべての潜在的支持者を動員し前線に送り，かつ多数派を支持する人々に対しては徴兵猶予（deferments [sursis d'appels]）を与える」（DeLucia, 1971, p.199）という権力の露骨な労働者分断戦略である。

⒄　Chambelland et Maitron（éd.）(1968, p.133)。なお，メーデーのこの号は1万7500部印刷され，すでに4月25～26日には発送されている（*ibid.*, pp.124-125）。

⒅　この言葉は，直接的には1915年4月1日のイギリス独立労働党週刊紙 *Labour Leader* に掲載されたリープクネヒト，チェトキン，ローザ・ルクセンブルクらのドイツ社会主義者の声明の中にあり，それに呼応したものである。ただし，金属労連の財政担当書記ラウル・ルノワール（1872～1963）はすでに1914年9月3日のCGT委員会で，政府のボルドー移転に伴うCGT書記局の同地への移転を提案したジュオーを批判して「この戦争はわれわれの戦争ではない」と明言していたが（Rosmer, 1936, p.172），当時42歳のルノワールも1914年12月8日に動員され，組合活動から25ヶ月間も離れることを余儀なくされている（C.G.T., 1919, pp.200-201）。

⒆　*L'Union des Métaux*, N° 61, Août 1914-Mai 1915, p.1. ちなみに，第一次世界大戦がこうした「ヨーロッパや世界の帝国主義的軍国主義」による市場獲得戦争であることを明確に示すフランスの閣議決定が早くも1914年8月19日になされている。つまり，それは「外国市場において，ドイツ人およびオーストリア・ハンガリー人の産業家によって販売されていた商品をフランス製品に置き換えるための努力をわ

れわれの輸出業者がなしうる」(*l'Humanité* du 20 août 1914) ように，外国市場についての特別調査を開始することを決定したものである．それゆえに，このメーデー号でも「フランスで戦争を利用してドイツの国外販路を獲得することを要求した人たち」(p.1) が批判されているし，また1917年12月にクレルモン・フェランで開催されたCGT臨時大会でオート・ヴィエンヌ県連書記のジャン・ルージュリは，「人は正義の戦争だとわれわれに語っていたのに，我が国においてこの考えの背後で支配者たちは征服の欲求，帝国主義的欲求をもまた抱いていたし，それは公表されはしなかったが秘密裏に首尾よく成し遂げようとされた．彼らは征服に賛成だったし，それが戦争中に証明された」(C.G.T., s. d. [1919], p.63) と述べるであろう．

(20) Rosmer (1936, p.256).
(21) *Ibid.*, p.262；Kriegel (1964, p.105)；Papayanis (1985, p.90).
(22) このジュスタン・ブレッド (1879～1961) もジュオーとならんで「国民救援委員会」の委員に任命され，その活動を通じて彼も「重要人物」となり，ジュオーと同様に自動車が使えるように「政府が配慮」しており，これは戦前の改良主義的サンディカリストの側からさえ批判されていた (Archives de la Préfecture de Police de Paris, BA/1605, Rapport du 7 septembre 1914).
(23) ティレットも戦前は組合運動の左派であったが，戦争の勃発後は「好戦的愛国主義者 (jingo)」となり，この集会の翌日にポアンカレ大統領を訪問し (Comité de Défense Syndicaliste, 1916, p.6)，両者とも「この会見について相互の満足感を表明した」(Rosmer, 1936, p.260) のである．
(24) Rosmer (1936, p.260).
(25) 1911年4月27日から刊行されていた *La Bataille Syndicaliste* は，第一次世界大戦が勃発すると戦争協力の立場を明確にし，内務省から資金援助を受けていたとされる (Horne, 1991, p.125, note 8)．そして，少数派が「軍の検閲より厳しい」同紙の「予防検閲」や国防債券の広告掲載などに対する批判を強めると，多数派はその財政赤字を理由に1915年9月末には「[同紙の] 理事会を労働者組織に対してより独立させ，全く自由に広告を載せるようにする」(Archives Nationales (AN), F7/13574, Rapport du 6 septembre 1915, 'A La Bataille Syndicaliste') ためにその廃刊が決定され，*La Bataille* という「労働者組織の介入のない（何もつかない）『闘争"Bataille"』(tout court)」紙が同年11月3日から発刊される（深澤，1996下，33頁，注27，参照）．
(26) C.G.T. (1919, pp.203-204).
(27) *Ibid.*, p.204. なお，少数派の要求によって付加されたこの重要な部分は，所々に表現の微妙な相違はあるにしても，1915年2月初めに発せられる既述の「労働者インターナショナルへ，各国 [労働組合] 中央組織へ」と題されたCGT声明にもほとんど取り入れられている（声明のこの部分がメライムの執筆であることについては，Rocher [1934, p.22] 参照）．その中で重要な相違は，とりわけ太字で強調されている箇所であり，声明では「ヨーロッパ合衆国」が「世界合衆国 (des Etats-Unis du monde)」に変更されているとともに，「資本主義諸政府は平和を有

効に保障することに対して常に無力であり」の部分が全面的に削除されている。この削除は単なるミスプリントではなく，フランス政府の戦争遂行に現に協力している多数派にとって，決して受け入れることのできない「声明」部分だったからだと考えられる。
(28)　そして，こうした CGT 多数派の行動は，この付加部分の表現が抽象的なものにとどまっていたことによって助長されたと思われる。
(29)　Horne (1991, p.321).
(30)　これはイギリスから開始された，日曜の全日休業に加えて土曜の午後も休業する労働週のことであり，フランスでは女性の多い産業から始まった1917年5～6月の大ストライキを通じて1917年6月11日法で部分的に実現されることになる。
(31)　C.G.T. (1919, p.60).
(32)　戦争への協力を正当化するこのような論理は，反戦・平和を主張する少数派にとって全く受け入れることのできないものであり，この決議が採択された5月13日の CGT 委員会には後述のように地方を巡回していたメレイムが欠席していたと考えられ，多数派はこの機会を利用して自らの戦争協力を正当化しうる新たな戦略を可決させたように思われる。なお，残念ながら戦時中の CGT 委員会の議事録は保存されていないようである（Georges et Tintant, 1962, p.162)。
(33)　後述する1917年初頭の AFL の新提案に従って，戦争終了後の1918年12月に開催された最初の CGT 全国委員会で採択される「最小限綱領」の中では，「講和会議への労働者の参加（La Participation ouvrière à la Conférence de la Paix)」自体が要求されるであろう。
(34)　ただし，その間にメレイムは5月6日頃に一時パリに戻っており（Chambelland et Maitron, 1968, p.130 ; Rosmer, 1936, p.264)，彼自身が P. モナット宛の1915年6月2日付書簡で，「私はリヨンでは4日，**ナントとサン・ナゼールなどでは10日ほど過ごした**。私が訪れた15の集会では素晴らしい同志に会った。皆が CGT に対して，その無為と政府寄りの活動に対して激怒している。全員が例外なく戦争にはうんざりしている」(Chambelland et Maitron, 1968, p.100，強調は引用者）と書き送っている。この強調部分から，彼は5月13日にはパリを離れてロワール・アトランティック県（ナントに近く，鋼鉄・非鉄金属産業で有名なクエロン［Couëron］にも訪れている）などにおり，その日の CGT 委員会に欠席していたと推測される。
(35)　Chambelland et Maitron (1968, p.133). なお，5月9日（日曜）の午前中に開催されたサン・ナゼールでの集会には50人ほどが参加し，メレイムは「すべてのミリタンが知りたがっており，CGT の取った立場に誰一人として賛同していない。この観点からして，私はリヨンより良い印象を得ている」(Rosmer, 1936, p.263) とサン・ナゼールからの1915年5月10日付ロスメール宛書簡に記している。またロスメールもモナット宛の1915年5月17日付書簡で，この巡回からメレイムが得た地方のミリタンについての「彼の印象は良好で，［ロワール・アトランティック県では］彼がリヨンから持ち帰った印象よりも好ましくさえある」(Chambelland et Maitron, 1968, p.133) ものであったと伝えている。

(36) なお，既述のように検閲を無視した『金属労働連合』の1915年メーデー版を刊行したメライムの逮捕がこの時期に噂されており，陸軍省次官官房（sous-secrétariat d'Etat au ministère de la Guerre）に1914年10月に入省し，1915年５月にその次官に就任する社会党のアルベール・トマはメライムに彼の件が閣僚会議で議論されているから慎重に振る舞うよう警告を与えている（Papayanis［1969, p.267］；1918年７月のCGT大会で読み上げられたメライムの1915年６月７日付トマ宛書簡，C.G.T.［1919, p.191］参照）。そして，反戦・平和運動の主要な担い手であるメライムが他方で軍需生産に最も直接的に関わる金属産業の労働組合の最高指導者であるがゆえに，「戦争のために提供される理論的根拠を切り崩し，かつ軍需物資の生産を妨げることによって，メライムは精神的意味と物質的意味の両方において戦争努力を蝕んでいた。……もし彼が"愛国主義 vs 平和主義"の問題で労働運動の支配権を獲得していたならば，フランス政府は国内戦線において深刻な状況に直面していたであろう」（DeLucia, 1971, p.200）と見なされている。

(37) 当時57歳のブルドロンは，1915年２月14日にロンドンで開催された連合国側の既述の社会主義政党・労働組合国際会議にメライムとともに反戦・少数派代表として参加している。

(38) AN, F7/13574, Rapport du 8 Juillet 1915, "MERRHEIM（Alphonse, Adolphe）", p.6. この報告ではメライムが全国会議の開催を提案したとされているし，また彼がブルドロンに指示して提案させたと多数派は言っていたようであるが，以下の注(40)に示すメライムの書簡によればどちらも事実ではなく，この提案はブルドロン独自のイニシャティブによるものであり，メライム自身「私にとって驚き（une surprise）であった」と述べている。

(39) Chambelland et Maitron（1968, p.99）.

(40) その開催に対する原則的支持が多数となったのは，（メライムのモナット宛1915年７月30日付書簡によれば）ブルドロンが「その提案を［委員会における］通信の読み上げの終わりにのみ提出し，J［ジュオー］はその内容を調べることなく読むことを余儀なくされ，彼の宦官の相棒たち（sa coterie d'eunuques）に予告することができなかった［からであり］……それから幾度かの［CGT 委員会の］会議において，Jおよび他の者はその採決を取り消そうと試みた」（*ibid.*, p.142）のである。いずれにせよ，この投票結果は内務（警察）官僚にとっても驚きであり，賛成投票した大部分のミリタンの即時動員が提起されたほどであった（DeLucia, 1971, p.224）。

(41) この攻撃に対抗するために，1915年６月26日の委員会では「CGT 委員会の弾劾に対する金属労連の声明」が発せられ，「われわれの思想がかつてないほど心の底から力強く平和に向けられ，ドイツの労働者を代表する少数派と有効な活動に対する考えを一致しなければならないときに……CGT 委員会がわれわれの組合機関誌で厳正に表明されたわれわれの態度とわれわれの思想を裁くための法廷として振る舞うのを見ることはわれわれにとって耐えがたいことである」（Chambelland et Maitron, 1968, pp.102-103）と反論している。なお，メライムがこの声明を読み上

第 9 章　国際社会政策の誕生とフランス労働総同盟

げ，金属労連の執行委員マリウス・ブランシャール（1879～1931）とともに退場した後，ジュオーが書記長を辞任すると言い出したために彼に対する信任投票がなされ，信任32票，不信任11票，棄権5票という結果になっている（DeLucia, 1971, pp.227-229）。

(42)　ちなみに，メライムのモナット宛1914年9月29日付書簡によると，戦争が勃発してから初めて開催された既述の1914年9月3日のCGT委員会も，ジュオーは「どうしても召集したがらなかった」が，しかしメライムの執拗な努力によって開催されるに至ったとされる（Chambelland et Maitron, 1968, pp.35-36 ; Monatte, 1958, pp.144-146 ; Rosmer, 1959, pp.238-239）。

(43)　AN F7/13574, Rapport du 8 Juillet 1915, "MERRHEIM (Alphonse, Adolphe)", p.6. なお，この1915年6月頃に，権力筋ではメライムがジュオーを放逐してCGT書記長になることが危惧されており，当時44歳のメライムの活動に対する監視が強化され，かつ退役兵の彼の身分を取り消すことが検討されている（DeLucia, 1971, p.200）。

(44)　Chambelland et Maitron (1968, p.142).

(45)　*Ibid.*, p.141.

(46)　C.G.T. (1919, p.15). ところで，後者の議題に掲げられている「遵守すべき態度（Attitude à observer）」とは，『金属労働連合』メーデー号冒頭の「われわれの態度，われわれの思想」に対抗して，多数派にとって「遵守すべき態度」（とりわけ既述の「参加政策」と「経済改革」の路線）を全国会議で承認させるという意図の現れであるように思われる。

(47)　この会議の開催は反戦派のメーヌ・エ・ロワール県のミリタンたち（とりわけルイ・ブュエ［Louis Bouët］）の努力に多くを負っている。彼らは，反戦派のマリー・マユゥ（Marie Mayoux）のイニシャティブによって1915年6月13日にトゥールで開催された小学校教員ミリタンの会議で，すでに開催の原則が可決されていたCGTの全国会議と同時期に小学校教員組合の全国会議を開催することを提唱したが，このときには連合国の勝利まで戦争を継続することを支持していた小学校教員組合全国連盟の臨時書記であるフェミニストのエレーヌ・ブリオン（彼女は後に「若きルイーズ・ミシェル」と呼ばれるようになるが）や財政担当書記のフェルナン・ロリオらは開催を支持せず，この会議では何も決定されなかった。しかし，メーヌ・エ・ロワール県の小学校教員組合が同年7月15日の総会において，「CGTがその8月15日の会議で，平和の樹立に貢献するであろう国際会議を呼びかけるよう促す」（Bernard et al., Tome II, s.d. [1966], p.17）とともに，その前日にCGT本部で小学校教員組合の全国会議の開催を求める決議を採択すると，同年7月25日の全国連盟委員会（Conseil fédéral）もこの決議に従い8月14日の全国会議開催を決定したのである（A. クリージェルは，この「7月25日に開催された小学校教員の連盟委員会の議事録は，平和主義の活動と戦争以降初めての労働組合の真の対決［会議］を遂に召集するという決定との間の連関をよく示している」[Kriegel, 1964, p.107, note 3] と記している）。しかも，この全国会議は，「平和の回復をもたらす

ために交戦・中立諸国の労働者諸組織との即刻の協調行動を求める」(Bernard et al., Tome II, s.d. [1966], p.19) ことを CGT の全国会議に参加する全国連盟の代議員に対して委任し，ブリオンやロリオもこの決定に忠実に従うことを声明するに至る。かくして，小学校教員組合全国連盟は CGT 少数派の砦の一つとなったのである。

(48) C.G.T. (1919, p.15). なお，多くの組合員が戦時動員されている状況下でのこれだけの参加は，多数派と少数派の双方の努力によるにしても，とりわけ組合の執行機関を掌握している前者が全国会議に向けて周到な準備をしたことを物語っている。

(49) この挨拶で議長の理髪師労連書記アレクサンドル・リュケ (1874～1930) は「『権利と文明の防衛』のための戦いを称賛し」(Bernard et al., Tome II, s.d. [1966], p.20)，またジュオーは「戦争は，人間として身を落とすことなくそれに決着をつけるのにふさわしい手段を提供することができないとすれば，非難すべきでない事実である」(*ibid.*) と述べて戦争協力を正当化し，招待されたイギリス労働組合総連盟 (General Federation of Trades-Unions：GFTU) のウィリアム・アップルトンも「[戦争に対する] 造反者は300万人［の英組合員］のうちで2万人であり……他の人々は勝利するまで戦争を継続することに賛成しており，自国の自由のために最後まで戦うであろう」(*ibid.*) と徹底抗戦論を展開している。なお，イギリス GFTU からはジェイムズ・オグレイディもこの全国会議にすでに参加し発言しており (DeLucia, 1971, p.232)，両者は後述のように翌1916年メーデーに開催される CGT 委員会の特別会合にも招待されるであろう。

(50) Bernard et al., Tome II, (s.d. [1966], p.20).

(51) *Ibid.*

(52) C.G.T. (1919, pp.15-16).

(53) Bernard et al., Tome II, (s.d. [1966], p.20).

(54) Bouët (s.d. [1969], p.201).

(55) Rosmer (1936, p.359).

(56) なお，採択時には欠席していたが，翌日に多数派決議への賛成を表明した2票を加えて，賛成票は81票であったという通達を CGT は出しており (*ibid.*, p.357)，各組織それぞれ1票で参加組織数118と票総計 (81＋27＋10＝118) とが一致する。

(57) *Ibid.*, pp.352-354.

(58) *Ibid.*, p.354.

(59) *Ibid.*

(60) C.G.T. (1919, p.191). また，金属労連が1915年7月24日の CGT 委員会に提示した（ドイツの少数派との会合に多数派と少数派それぞれ1名の代表を出すことを撤回し，1名のみとすることを決定した同年7月17日の CGT 委員会に対する）抗議文でも，「ドイツにおける平和のための真に強力な運動は，フランスで同様に共鳴して強められる運動が並行して存在する場合にしかありえないだろう」(*ibid.*, p.209) と主張されている。なお，1915年8月15日の CGT 全国会議の数日前（8月10日ないし11日）にベルンで開催されたこのドイツ少数派（社会民主党の機関誌

第**9**章　国際社会政策の誕生とフランス労働総同盟

　　　Vorwärts［前進］で，征服戦争を批判した1915年 6 月19日付声明「Das Gebot der Stunde（時の要請）」を発し， 2 年後の1917年 4 月には独立社会民主党を結成することになるベルンシュタインとカウツキー）との会合（Georges et Tintant, 1962, p.230）にはフランス社会党のピエール・ルノーデルとともに，こうして CGT からはジュオーのみが参加し，（この 2 人はどちらも戦争勃発後に「相互の活動への信頼」を生み出すような「平和のための真の努力」をほとんどせずにフランスで戦争に協力してきたことから当然予想されたことであるが）「この会合の結果，戦争に反対する国際運動に乗出すことは可能ではないということになった」（C.G.T., s.d. ［1920］, deuxième partie, p.239）と彼は後に述べている。
(61)　Rosmer (1936, p.353).
(62)　DeLucia (1971, p.230).
(63)　Picard (1927, p.150). なお，獄中に囚われていて参加できなかったリープクネヒトは，この会議に書簡を送り，とりわけ「フランスの親友諸君，われわれは諸君の悲劇的な状況の特別な困難さを知っている。……われわれの闘争が諸君の闘争となるために，われわれが諸君を援助すると誓うのと同様に，われわれを援助してほしい」（Rosmer, 1936, p.553）と呼びかけている。
(64)　Rosmer (1936, pp.377-378). この仏独共同宣言にフランス側はメライムとブルドロン，ドイツ側はアドルフ・ホフマンとゲオルグ・レーデブーアの代議士 2 人が署名している。
(65)　Gras (1971, pp.144-147)；*Dictionnaire biographique du mouvement ouvrier français*, Tome 38, 1990, p.205.
(66)　*La Bataille Syndicaliste* du 18 octobre 1915 et *l'Humanité* du 19 octobre 1915.
(67)　C.G.T. (1919, p.19).
(68)　*Ibid*, p.60.
(69)　*Ibid*., pp.60-61. この通達でも，上記のアピールと同様に「この戦争は労働者階級になんらかの補償をもたらさなければならない。……戦場において自らの血を大量に流したであろう労働者階級は，より多くの安寧（bien-être）と自由の分け前を要求する権利をまさに有する」（*ibid*., p.61）とされ，さらに既述の1915年 5 月13日の CGT 委員会決議で指摘されていたのと同様に「［ブルジョワジーは］われわれの要求の多くに反対して国際競争という口実を対置した。この最終的口実を彼らから奪い取り，条約の中にいくつかの労働者条項を挿入するために講和を利用しなければならない。それは国際競争という口実をわれわれの雇用主から剥ぎ取るためばかりではなく，また主としてすべての国のプロレタリアートがこれらの条項から利益を得るようにするためである。かくして，ヨーロッパの労働者階級の生活水準が少しでも高められるようになるがゆえに，わが国は正義と連帯の思想を世界に広めたという栄光を持つであろう。［また］こうして，われわれを世界合衆国連盟（Fédération des Etats-Unis du monde）へと向かわせる国際条約のネットの新たな編み目が織られるであろうからである」（*ibid*.）と高らかに宣言されている。
(70)　*Ibid*., p.63.

(71) *Ibid.*, p.71.
(72) *Ibid.*, p.20.
(73) イギリスからの代表は，前年8月15日のCGT全国会議に招待され発言した既述のアップルトンとオグレイディの2人である（前注(49)参照）。
(74) C.G.T.（1919, pp.71-72）.
(75) *Ibid.*, p.72.
(76) Georges et Tintant（1962, p.236）.
(77) Shotwell（1934, volume two, pp.5-22）. ここにはリーズ会議用に英文に翻訳されたレポートがそのまま掲載されている。
(78) *Ibid.*, p.22.
(79) C.G.T.（1919, p.72）.
(80) *Ibid.*
(81) Gompers（1943, volume two, pp.391-392＝1969, 下巻, 466頁）.
(82) *Ibid.*, p.393＝下巻, 467頁.
(83) *Ibid.*
(84) C.G.T.（1919, p.30）.
(85) Sassenbach（1926, pp.60-61）.
(86) *Ibid.*, p.64.
(87) Conférence de la Paix 1919-1920（1922, pp.1-3）.
(88) Riegelman（1934, p.55）.
(89) ゴンパーズは葉巻工，ジュオーが既述のようにマッチ製造工だったが，バーンズは機械工で1891年には典型的な熟練工組合として有名な合同機械工組合（Amalgamated Society of Engineers）の書記長になり，第一次世界大戦時には大臣（1916年に年金大臣，1917年に教育大臣）となっている。
(90) Shotwell（1934, volume two, p.392）.

引用参考文献
飼手真吾・戸田義男『I.L.O. 国際労働機関』日本労働協会，1960年。
西川正雄『第一次世界大戦と社会主義者たち』岩波書店，1989年。
深澤敦「フランスにおける第一次大戦時労働力政策の展開―労働力導入・配置政策を中心として―(上)(下)」『近畿大学労働問題研究』第18号（2月），第19号（7月），1984年。
深澤敦「フランスにおける第一次大戦時『行動委員会（PS・CGT・FNCC）―救済・連帯活動の分析を中心として―(上)(下)』」『立命館産業社会論集』第32巻第2号（9月），第32巻第3号（12月），1996年。
深澤敦「国際社会政策論：国際社会政策（ILO）と日本」『立命館産業社会論集』第47巻第1号（6月），2011年。
Barnes, George, *History of the International Labour Office*, London, Williams and

第9章　国際社会政策の誕生とフランス労働総同盟

Norgate Limited, 1926.
Bernard, François, Louis Bouët, Maurice Dommanget et Gilbert Serret, *Le Syndicalisme dans l'Enseignement. Histoire de la Fédération de l'Enseignement des Origines à l'Unification de 1935*, Tome I et Tome II, Grenoble, Collection "Documens" de l'Institut d'Etudes Politiques de Grenoble, s.d. [1966].
Bouët, Louis, *Trente ans de Combat, Syndicaliste et Pacifiste*, Blainville-sur-Mer (Manche), L'Amitié par le livre, s.d. [1969].
C.G.T., *La Majorité Confédérale et la Guerre*, brochure, Paris, Imprimerie nouvelle, 1916.
C.G.T., *La Délégation Ouvrière Américaine en France, Compte Rendu des discours*, siège de la C.G.T., 1916 [1918].
C.G.T., *Compte Rendu de la Conférence Extraordinaire des Fédérations Nationales-Bourses du Travail-et Unions de Syndicats, tenue à Clermont-Ferrand les 23, 24, 25 Décembre 1917*, Paris, Maison des Syndicats, s.d. [1919].
C.G.T., *XIXe Congrès National Corporatif (XIIIe de la C.G.T.), tenu à Paris du 15 au 18 Juillet 1918, Compte Rendu des Travaux du Congrès*, Paris, Imprimerie nouvelle, 1919.
C.G.T., *XXe Congrès National Corporatif (XIVe de la C.G.T.), tenu à Lyon du 15 au 21 Septembre 1919, Compte-Rendu des Travaux*, Villeneuve-Saint-Georges, Imprimerie l'Union Typographique, s.d. [1920].
Chambelland, Colette, et Jean Maitron (éd.), *Syndicalisme Révolutionnaire et Communisme. Les Archives de Pierre Monatte*, Paris, François Maspero, 1968.
Comité de Défense Syndicaliste, *L'Action de la Majorité Confédérale et la Conférence de Leeds*, deuxième Édition, brochure, 1916.
Conférence de la Paix 1919-1920, *Recueil des Actes de la Conférence, Partie IV Commissions de la Conférence (Procès-verbaux, Rapports et Documents), C Questions Générales, (4) Commission de Législation Internationale du Travail*, Paris, Imprimerie nationale, 1922.
DeLucia, Michael Sabatino, *The Remaking of French Syndicalism, 1911-1918 : the Growth of the Reformist Philosophy*, Ph.D., Brown University, 1971.
Georges, Bernard et Denise Tintant, *Léon Jouhaux : Cinquante ans de Syndicalisme, Tome I, Des Origines à 1921*, Paris, Presses Universitaires de France, 1962.
Gompers, Samuel, *Seventy Years of Life and Labor. An Autobiography*, New One-Volume Edition with a new Introduction by Matthew Woll, New York, E. P. Dutton & company, INC, 1943.（S・ゴンパーズ自伝刊行会訳『サミュエル・ゴンパーズ自伝　七十年の生涯と労働運動』上・下巻，日本読書協会，1969年）
Gras, Christian, *Alfred Rosmer (1877-1964) et le Mouvement Révolutionnaire International*, Paris, François Maspero, 1971.

Horne, John, *Labour at War : France and Britain 1914-1918*, Oxford, Oxford University Press, 1991.

Kriegel, Annie, *Aux Origines du Communisme Français 1914-1920, Contribution à l'Histoire du Mouvement Ouvrier Français*, Tome I, Paris, Mouton & Co., 1964.

Louis, Paul, *Le Syndicalisme Français d'Amiens à Saint-Étienne (1906-1922)*, Paris, Félix Alcan, 1924.

Monatte, Pierre, 《Lettre de Démission au Comité Confédéral (Décembre 1914)》 in *Les Cahiers du Travail. Un Coup d'œil en Arrière*, Paris, Editions de la Bibliothèque du Travail, 15 Mars 1921.

Monatte, Pierre, *Trois Scissions Syndicales*, Paris, Les Éditions ouvrières, 1958.

Papayanis, Nicholas, *Alphonse Merrheim and Revolutionary Syndicalism, 1871-1917*, Ph.D., The University of Wisconsin, 1969.

Papayanis, Nicholas, *Alphonse Merrheim : The Emergence of Reformism in Revolutionary Syndicalism 1871-1925*, Dordrecht, Martinus Nijhoff Publishers, 1985.

Picard, Roger, *Le Mouvement Syndical durant la Guerre*, Publications de la Dotation Carnegie pour la Paix Internationale, Paris, Les Presses Universitaires de France, 1927.

Riegelman, Carole, "War-Time Trade-union and Socialist Proposals," in James Shotwell (ed.), 1934, volume one, 1934.

Rocher, J., *Lénine et le Mouvement Zimmerwaldien en France*, Paris, Bureau d'Éditions, 1934.

Rosmer, Alfred, *Le Mouvement Ouvrier pendant la Guerre : de l'Union Sacrée à Zimmerwald*, Tome I, Paris, Librairie du Travail, 1936.

Rosmer, Alfred, *Le Mouvement Ouvrier pendant la Première Guerre Mondiale : De Zimmerwald à la Révolution Russe*, Tome II, Paris, Mouton & Co., 1959.

Sassenbach, Johan, *Vingt-Cinq Années de Mouvement Syndical International*, Amsterdam, Édition de la Fédération Syndicale Internationale, 1926.

Shotwell, James (ed.), *The Origins of the International Labor Organization*, volume one, volume two, New York, Columbia University Press, 1934.

あとがきと謝辞

　本書を出版するきっかけとなったのは，立命館大学産業社会学部が50周年を迎える節目にあたり，叢書シリーズの刊行が決定されたことであった。本学部では創設以来，産業社会学や労働社会学の研究者を中心として，労働・雇用に関わる貴重な研究業績が積み重ねられ，その後の研究の発展に少なからず影響を及ぼしてきた。たとえば，故・小山陽一教授が中心となってスタートさせ，後に故・辻勝次教授らへと引き継がれたトヨタ自動車の調査研究は，日本的な企業経営の特徴を明らかにし，1980年代以降の企業社会論の興隆に重要な寄与をもたらしたものである。したがって，本書の出版を提案した当初は，学部における産業・労働研究の軌跡と展開を振り返るといった主旨の刊行物を念頭に置いていた。

　結果的に，本書は当初の想定とは異なり，労働に関わりを持つ研究を行っている教員や院生の論文集として完成を見ることになった。本書では，網羅的とは言えないが，現代社会における貧困・格差・排除の問題を論じるうえで，見逃せない重要な論点――たとえば，雇用の多様化，長時間労働と過労死・過労自殺，周縁的労働，労働組合，グローバル化，移民労働，再商品化政策，国際労働政策等――を幅広く取り上げている。また，全体として，労働問題にアプローチする研究には多様な接近方法や分析手法が存在していることも，ある程度示せたのではないだろうか。それらとは，理論的研究と事例分析，マクロ・メゾ・ミクロの分析視角，質的研究と量的研究，歴史的分析，国際比較研究等である。

　執筆者が初めて顔を合わせた会議で，本書の全体を貫く共通の問題意識として「格差」や「社会的排除」を取り上げることを提案したのは，篠田武司特任教授（当時）であった。篠田氏自身は「社会的排除と選択可能性」（仮題）を

テーマとした論文を寄稿する予定だったが，2014年11月に急逝された。篠田氏が2014年9月に提出された論文構想では，社会的包摂に向けた政策の一つであるアクティベーション戦略に関わる考察を行うものとされていた。以下は，その論文構想からの抜粋である。

> 「アクティベーション戦略を支えるべき社会規範，ノルムは何なのかを考えてみたい。戦略は価値，規範に支えられてこそ，ゆるぎない政策・現実となるからである。ここでは，それをアマルティア・センの「Capability」の概念から考えていきたい。こうした規範論からあらためて社会的包摂とは何かを考えてみたい。そして次いで，あらためて戦略を遂行する上での国家の役割を考えたい。ここでは，「社会投資国家」，「ケア国家」という概念をあらためてクローズアップすることである。逆にそれは福祉社会論を見つめなおすことでもある」。

代わりに本書に収録した篠田論文（第3章，共著）は，もともと国際シンポジウム向けに日本の労働市場の現状に焦点をあて，ヨーロッパのフレキシキュリティ・モデルとの対比の観点から分析したものだった。篠田氏が，政策形成の基盤となる人々の価値観や規範の側面をどう理論化し，今後の福祉社会をどのような姿として構想していたのか，この論文が完成に至らなかったことが残念でならない。

最後に，本書には学部における産業・労働研究の伝統が反映され，引き継がれていることを感じている。それは，産業や労働の「改革」を論じる志向性であり，また，産業化や労働過程のあり方が個人の人権と社会における平等を侵すものであってはならない，という価値観であろう。第1章の木田論文によると，批判的実在論の大きな特徴とは，「経験されようとされまいとアクチュアルに実在する出来事，それは何によって実在するのか，それを生成させている実在とは何かを，「深さ」において実在的ドメインとして捉えること」（29頁）である。労働について研究する者には，現代の労働の構造・関係・因果を実在

あとがきと謝辞

的（real）なものとして捉えられる洞察力や感覚が欠かせない。そのためには，人間の現実的（real）な生における労働の重みを出発点に，誠実な研究を続けていくことが重要である。本書の編集・執筆は改めてそのことを認識する機会を与えてくれた。次の新たな50年の歴史に向けて，次代に少しでも貢献できる研究を積み重ねていきたいとの思いを新たにしている。

　末筆ながら，筆者一同，出版に際してご支援をいただいた立命館大学産業社会学部および立命館大学校友会に，この場を借りて御礼の意を表したい。また，ミネルヴァ書房の梶谷修氏・中村理聖氏には，度重なる内容・スケジュール変更でご迷惑をおかけしたが，最後まで辛抱強くお付き合いいただいたことに，心からの感謝を申し上げたい。

　2015年9月

編者を代表して　櫻井純理

索　引
(＊は人名)

あ　行

＊アーチャー，M.　25
ILO　11, 229
アイデンティティ　203, 204
アクチュアルなドメイン　26-29
アクティブ・シティズンシップ　187, 207
アクティベーション　66-68, 183, 187, 188, 191, 193, 195, 196, 201
　社会的――　184, 194-196, 203, 204
　就労――　184, 189, 204, 206
新しい貧困論　17
＊アップルトン，W.　236, 238
アブダクション（仮説形成的推論）　16
アルバ・ユニオン　157
アンダークラス　22, 38
育児休暇／育児休業　125, 127, 198-200, 204
一億総中流社会／中流社会　2, 13-14, 17
移民　6, 193
　アジア系――　170
因果力（casual power）　15, 26, 29
インフォーマルな制度　42, 46, 47, 50, 51
＊ウェーバー，M.　27
AFL（アメリカ労働総同盟）　214
　――決議　215, 230
　――提案　216, 219, 222, 227, 228, 233
エージェンシー　27
エージェンツ（エージェント）　34
＊エジェル，S.　37
SSM調査　23
＊エスピン-アンデルセン，G.　201, 208
＊遠藤公嗣　89, 147, 164
大阪過労死問題連絡会　139
＊大竹文雄　21

＊オグレイディ，J.　236, 238

か　行

海外送金　167
階級（class）　13
　――間格差　22
　――関係　15, 16, 30
　――区分　31
　――構成表　34
　――構造　30
　――闘争　16
階級分解論　17
階級理論　13
介護者支援　130
外在的／偶然の関係　30
階層（stratum）　14
　――流動性　19
階層性（stratification）　26, 37
開放システム（open system）　37
科学的実在論　38
格差拡大社会　20
格差固定化社会　20
格差社会　2, 5, 13
格差の制度化　23
＊角田修一　22
下向-上向　36
家族手当　99, 101, 110
下部構造　16
＊カブリニ，A.　226, 229
下流社会論　18, 23
過労死／過労自殺　71, 79
過労死弁護団全国連絡会議　139
過労死を考える家族の会　139, 142
関係（relation）　15, 26, 29

245

形式的（formal）── 30
　　実質的（substantial）── 30
完全雇用　187
管理社会　13
企業（中心）社会　13, 17, 153
規制緩和　64
帰属原理　15
基礎的平等化　37
希望格差論　18, 23
基本給　99, 100, 105
休暇制度　68, 184, 196, 197, 199, 201, 203-206
窮乏化　25
教育休暇　68, 197, 199, 200
教育・健康格差　22
業績原理　15
競争原理社会　14
競争条件の国際的平等化　214
勤労倫理　186-188
＊クズネッツ, S.　24
組合規制　95, 98
＊グリーヴン, S.　38
　グローバリゼーション（グローバル化）／グローバリズム　38, 64, 65, 78
　グローバル資本制　22
　グローバル・レーバー・スタンダード　214
ケアの社会化　127-129
経験的ドメイン　26
傾向性（tendency, liability）　37
経済的格差　2-5, 22
形態転換　16
KT　151, 157
現代自動車　154
限定的な専門性　154
現場性　141
構造（structre）　15, 26, 29
構造主義／構造・機能主義　33
構造的失業　185, 186, 189, 205, 206
高齢社会　13

＊ゴードン, A.　90
　国際労働者保護立法協会　213, 226
　国際労働法制委員会　229
　互酬性　191, 196
＊後藤道夫　6, 22
　個別労働紛争解決制度　76, 77
　コミュニティ・ユニオン　147, 157
　雇用（形態）格差　5, 22
＊コリアー, A.　38
＊ゴンパーズ, S.　214, 227-229, 238

　　　　　さ　行

再商品化　184, 202-206, 208
サイドストリート・プロジェクト　194, 203, 204
搾取／搾取関係　15, 31
＊佐藤俊樹　2, 20
サムスン　154
サバティカル休暇　198, 200
CGT（フランス労働総同盟）　215
　──委員会　220, 233
　──委員会決議　225, 227, 237
＊シーブルック, J.　38
＊ジェソップ, B.　61
ジェンダー　3, 7, 68, 125
仕事給　110, 113
市場原理社会　14
自然的世界　37
実在的ドメイン　15, 26
実在論　38
シティズンシップ　187, 205, 206
ジニ係数　2-3, 19
資本　13
資本家階級　15
資本制社会　13
資本―賃労働関係　15
『資本論』　24
「資本論の方法」　36
市民社会　13

事務職／事務労働者　16, 94
社会委員会　190, 191
社会運動　137
社会権　186
社会的支援システム　137
社会的シティズンシップ　206, 207
社会的排除　7, 9, 22, 196, 203
社会的包摂　7-9, 194-196, 201
『社会を説明する』　35
若年手当制度　187
＊ジュオー，L.　215, 218, 221, 222, 224, 227, 229-232, 234-236, 238
縮減（還元）　36
熟練労働者　16
　半―――　16
　不―――　16
障害者福祉　121-123
商品化　206
上部構造　33
剰余価値　15
ジョブ型（雇用／社会）　80, 81, 83, 84
ジョブ・ローテーション　197, 200, 203, 204
所有関係　15
人格的格差　22
新自由主義　13, 61-63, 68, 70
人的資本開発モデル　196, 201
生活保護　7
生活保障給　110, 113
正規雇用（者）／正規労働（者）　2-5, 16
制裁　193, 202
生産指向の普遍主義　205, 206
生産奨励給　99, 101, 103, 104, 107, 110
正社員主義　98
生成メカニズム　15, 16, 26, 29
性的役割分業　120
制度的ミクロ・マクロ・ループ論　42, 45
青年ユニオン　157
＊セイヤ，A.　30
世界合衆国連盟　237

積極的労働市場政策　65, 83, 186, 187, 189-191, 202, 203, 207, 208
積極的路線　202
絶対的格差　23
全大阪地域労組協議会　147
1960年体制　89
選択の自由　203
全日本自動車産業労働組合　99
ソイテン委員会　189, 191
相対的格差　23
相対的貧困（率）　2
創発性（emergency）　26

た　行

第3の道　18, 207
大衆社会　13
対称的関係／非対称的関係　32
＊橘木俊詔　2, 18, 19
脱家族化　202
脱産業社会　13
脱商品化　184, 186, 201-206, 208
＊ダナマーク，B.　35, 38
地域社会　203
中間階級　15
　旧―――　15
　新―――　15
中心的合成論　27
中流崩壊論　2, 37
長時間労働　70, 71, 81
ツィンメルヴァルト会議　224
＊デュルケーム，É.　27
同意約款　91
同化理論　167
土台　16
＊トマ，A.　223, 234
トランスナショナルな移民研究　169

な　行

内在的／必然的関係　16, 30

National Latino and Asian American Survey　170
『21世紀の資本』　13, 23-25, 31
日産自動車　89
＊二宮厚美　18
　日本社会不平等論　21
　日本新聞労働組合連合　149
　日本的経営　70, 72, 89, 148
　年齢給　110
　能力（主義）格差　22, 110-111

は　行

＊ハーヴェイ，D.　62
＊バーンズ，G.　229, 230, 238
　配置転換　92
　派遣労働者　7, 65, 73
＊橋本健二　21
＊バスカー，R.　25
＊濱口桂一郎　6, 71, 79, 89
＊原純輔　37
　パワーハラスメント　75, 76
＊ピケティ，T.　13, 23-25, 31
　非正規雇用（者）／非正規労働（者）　2, 7, 16, 67, 69-74, 84, 98, 148
　批判的実在論　13
　評判法　16
　貧困化論　17
　フォーディズム　42, 54, 61-64
　フォーマルな制度　46, 47, 50, 51
　福祉国家　8, 61, 62
　仏伊二国間条約（1904年）　216, 226, 229
＊ブラウン，A.　38
　ブラック企業　78, 79
　ブルーカラー　16, 110
　ブルジョアジー　15
＊ブルドロン，A.　221, 223, 234, 237
　フレキシキュリティ　67-69, 71, 82-84
　フレキシビリティ（柔軟性／柔軟化）　64, 65, 67-69, 82, 83

プレミアム賃金　101
プロレタリアート　15, 223
　――の国際会議　227
分析的二元論　27, 37
分節同化理論　168
閉鎖システム（closed system）　37
ベルン条約（1906年）　216
法則（law）　37
方法論的個人主義　27
ポスト・フォーディズム　61
ホワイトカラー　16, 110
本工化闘争　90
本工の賃金　99, 109

ま　行

＊マーシャル，T. H.　206
＊マルクス，K.　24, 31
　マルクス理論　15, 16, 27
＊三浦展　23
　身分差別　89
　無協約体制　91, 98
　メカニズム（mechanism）　26
＊メライム，A.　217, 219, 221-224, 231-235, 237
　メライム・ブルドロン決議　223
　メンバーシップ型（雇用／社会）　79, 80, 89

や・ら　行

＊山田昌弘　23
　リーズ会議　227, 228, 238
＊リープクネヒト，K.　231, 237
　リトロダクション　26
　両極分解　25
　臨時工　89, 93, 96, 97
　臨時工の賃金　102, 110
　累進課税制度　24
　連帯　141, 155, 156, 204
　労資関係／労使関係　22, 89
　労働市場　66-72, 74, 81-84

二重——— 168
労働者諸条項（戦略）　213-215, 220, 221,
　　225-228
労働者階級　15
労働争議　137, 156
労働力商品　15
ロジスティック回帰　174

わ　行

ワーキングプア　6, 7, 22

ワーク・シェアリング　68, 197, 200
ワーク・テスト　188
ワークフェア　18, 66, 67, 184, 192, 196, 201,
　　204, 206
ワーク・ライフ・バランス　68, 117, 118, 126
若者　188, 194

執筆者紹介

櫻井純理（さくらい・じゅんり）執筆分担：序章・第3章・あとがきと謝辞
　編著者紹介参照

木田融男（きだ・あきお）執筆分担：第1章
　京都大学大学院文学研究科博士課程単位取得退学。
　現　在　立命館大学産業社会学部特別任用教授。
　主　著　『変貌する社会と文化』（共編）法律文化社，1990年。
　　　　　『変容する企業と社会』（共編）八千代出版，2003年。

江口友朗（えぐち・ともあき）執筆分担：第2章
　編著者紹介参照

篠田武司（しのだ・たけし）執筆分担：第3章
　名古屋大学大学院経済学研究科博士課程単位取得退学。
　元・立命館大学産業社会学部特別任用教授，2014年逝去。
　主　著　『グローバル化とリージョナリズム（「グローバル化の現代──現状と課題」第2巻）』
　　　　　（共編著）御茶の水書房，2009年。
　　　　　『安心社会を創る──ラテン・アメリカ市民社会の挑戦に学ぶ』（共編著）新評論，2009年。

吉田　誠（よしだ・まこと）執筆分担：第4章
　編著者紹介参照

小木曽由佳（おぎそ・ゆか）執筆分担：第5章
　現　在　立命館大学大学院社会学研究科博士後期課程，修士（社会学）。
　主　著　「知的障害児の母親のワーク・ライフ・バランス──就労継続の分岐点と活用資源」
　　　　　『女性労働研究』第58号，2014年3月，153-168頁。

姜　旼廷（かん・みんじょん）執筆分担：第6章
　現　在　韓国中央大学・立命館大学共同修士課程（社会学研究科），韓国刑事政策研究院研究員。
　主　著　『労使関係の新たな地平』（共著）ハンウル出版，2013年。

玉置えみ（たまき・えみ）執筆分担：第7章
　現　在　立命館大学産業社会学部助教，Ph.D.（社会学）。
　主　著　"Lifetime Prevalence of Mental Disorders among Asian Americans: Nativity, Gender,

and Sociodemographic Correlates," *Asian American Journal of Psychology*, Vol. 5, Nov. 4, 2014, pp. 353-363.（共著）
"Transnational Home Engagement among Latino and Asian Americans: Resources and Motivation," *International Migration Review*, Vol. 1, Nov. 45, pp. 148-173, 2011.

嶋内　健（しまうち・たけし）執筆分担：第8章
　現　在　立命館大学産業社会学部非常勤講師，博士（社会学）。
　主　著　『ユーロ危機と欧州福祉レジームの変容——アクティベーションと社会的包摂』（共著）明石書店，2015年。
　　　　　『21世紀のヨーロッパ福祉レジーム——アクティベーション改革の多様性と日本』（共著）糺の森書房，2012年。

深澤　敦（ふかさわ・あつし）執筆分担：第9章
　現　在　立命館大学産業社会学部特別任用教授，博士（歴史学）。
　主　著　「フランスにおける家族手当制度の形成と展開——第一次世界大戦後のパリ地域補償金庫を中心として（上）（下）」『立命館産業社会論集』第43巻第4号（2008年3月），第44巻第2号（2008年9月）。
　　　　　「フランスにおける人口問題と家族政策の歴史的展開——第一次世界大戦前を中心として（上）（下）」『立命館産業社会論集』第50巻第3号（2014年12月），第50巻第4号（2015年3月）。

《編著者紹介》

櫻井純理（さくらい・じゅんり）
1963年　京都府生まれ。
　　　　立命館大学大学院国際関係研究科博士後期課程修了，博士（国際関係学）。
現　在　立命館大学産業社会学部教授。
主　著　『就労支援を問い直す──自治体と地域の取り組み』（共編著）勁草書房，2014年。
　　　　『自治体セーフティネット──地域と自治体ができること』（共著）公人社，2014年。

江口友朗（えぐち・ともあき）
1975年　北海道生まれ。
　　　　名古屋大学大学院経済学研究科博士後期課程修了，博士（経済学）。
現　在　立命館大学産業社会学部准教授。
主　著　『五つの資本主義──グローバリズム時代における社会経済システムの多様性』（共訳）藤原書店，2005年。
　　　　「タイにおける家計間での相互扶助の実態に関する一試論──経験的事例と制度の理論の架橋に向けて」『経済科学』第60巻第4号，2013年。
　　　　「ミクロ・マクロ・ループ論における制度と主体──現代制度学派とレギュラシオン学派の検討から」『季刊　経済理論』第42巻第3号，2005年。

吉田　誠（よしだ・まこと）
1964年　香川県生まれ。
　　　　一橋大学大学院社会学研究科博士課程単位取得退学。
現　在　立命館大学産業社会学部教授，博士（経営学）。
主　著　『査定規制と労使関係の変容──全自の賃金原則と日産分会の闘い』大学教育出版，2007年。
　　　　Innovative Arbeitspolitik?, Campus, 1998.（共著）

立命館大学産業社会学部創設50周年記念学術叢書
労働社会の変容と格差・排除
──平等と包摂をめざして──

2015年12月10日　初版第1刷発行　　〈検印省略〉
定価はカバーに表示しています

編著者　櫻井　純理
　　　　江口　友朗
　　　　吉田　　誠
発行者　杉田　啓三
印刷者　藤森　英夫

発行所　株式会社　ミネルヴァ書房
607-8494　京都市山科区日ノ岡堤谷町1
電話代表　（075）581-5191
振替口座　01020-0-8076

© 櫻井・江口・吉田ほか，2015　　亜細亜印刷・兼文堂

ISBN978-4-623-07499-0
Printed in Japan

立命館大学産業社会学部創設50周年記念学術叢書
（Ａ５判・上製・本体5500円）

労働社会の変容と格差・排除
　　──平等と包摂をめざして──
　　　　　　　　　　　　　　　　　櫻井純理／江口友朗／吉田　誠 編著

現代社会理論の変貌
　　──せめぎ合う公共圏──
　　　　　　　　　　　　　　　　　日暮雅夫／尾場瀬一郎／市井吉興 編著

社会保障の公私ミックス再論
　　──多様化する私的領域の役割と可能性──
　　　　　　　　　　　　　　　　　松田亮三／鎮目真人 編著

ポスト産業社会における東アジアの課題
　　──労働・ジェンダー・移民──
　　　　　　　　　　　　　　　　　筒井淳也／シン・グワンヨン／柴田　悠 編著

メディア・リテラシーの諸相
　　──表象・システム・ジャーナリズム──
　　　　　　　　　　　　　　　　　浪田陽子／柳澤伸司／福間良明 編著

────── ミネルヴァ書房 ──────

http://www.minervashobo.co.jp/